KB003782

하와이 이야기

布哇物語

일본 동남아시아 학술총서 11

布哇物語

하와이 이야기

나카지마 나오토 저 ― 김효순 역

보고사
BOGOSA

간행사

　고려대학교 글로벌일본연구원은 근대기 이후 동남아시아 지역에 대한 지속적이며 지대한 관심을 바탕으로 이 지역 관련 연구를 활발히 진행하였던 일본의 동남아시아 관련 연구성과를 국내에 소개하는 한편, 그들이 축적한 동남아시아에 대한 지견을 올바로 파악하고자 '일본 동남아시아 학술총서'를 기획·발행하게 되었다. 본 총서는 2021년 전 8권으로 간행한 '일본동남아시아 학술총서'의 제2단계 후속 간행물에 해당한다.

　제9권인 『남방감각(南方感覺)』(정병호 역)은 당시 인도네시아를 중심으로 하여 남양지역에 풍부한 견식을 가지고 있었던 데라시타 무네타카(寺下宗孝)가 1941년에 간행한 저서이다. 이 책은 일본 내에서 남양 열기가 고조되고 일본이 본격적으로 이 지역의 세력확대를 도모하던 시기에 주로 현재의 말레이시아와 인도네시아 지역을 중심으로 이 지역에 대한 근본적이고 항구적인 남방정책과 남방 민족의 심리를 파악하고자 하였다. 그래서 동남아시아 지역에 대한 일본의 남방정책, 말레이반도와 인도네시아 지역에 대한 서양의 지배와 개발의 역사, 무역과 경제 상황, 무역·산업·재정, 그리고 자연 지리적 환경 등을 상세하게 소개하고 있다. 그런데 이 책의 가장 큰 특징은

남방에 대한 근본적이고 항구적인 정책을 수립하기 위해서는 남방
민족의 심리와 정신생활, 풍속 습관에 대한 지식과 이해가 필요하다
고 하는 주장이다. 저자는 이를 위해서, 남방민족의 인종적 분포와
그 역사, 남방 민족의 종교 생활, 그리고 이 지역에서 전승되는 노래
와 신화·전설과 관련하여 상당한 지면을 들여 상세하게 소개하고 있
다. 그러나 이 책의 주요한 관심은 당시 세계정세의 급격한 변화와
더불어 일본이 동남아시아 지역을 중심으로 이른바 '대동아공영권'
건설을 어떻게 달성할지에 그 중심이 놓여 있다고 할 수 있다.

제10권인 『남방발전사(南方發展史)』(송완범 역)는 '남양(南洋)'으로
의 침략을 꾀했던 제국 일본의 남양 정책을 뒷받침했던 글을 쓴 게무
야마 센타로(煙山專太郎)가 1941년 3월에 일본방송출판부(日本放送出
版部)에서 출판한 저서이다. 게무야마는 도쿄제국대학을 졸업하고 와
세다대학에서 메이지부터 쇼와에 걸쳐 교편을 잡았던 서양사 전공의
학자이자 정치학자이다. 이 책은 역사학자인 게무야마답게 지구상의
남과 북에 펼쳐진 여러 세력의 성쇠를 다룬 역사론 5편을 싣고 있다.
제1편은 1932년 12월의 강연이며, 제2편은 1934년 10월에 발표한
것이다. 그 외 세 편은 당시의 라디오 방송에 사용한 원고들로 제3편
은 1939년 6월에, 제4편은 1940년 4월에, 마지막 제5편은 1941년
1월에 도쿄에서 발신했다. 이 중 마지막 방송의 제목을 따서 책명으
로 삼은 것이다. 동남아시아 전공의 권위자 야노 도오루(矢野暢)에 의
해 이른바 '난신야(南進屋)'라고 불린 게무야마의 저작은 1930, 40년
대 당시의 제국 일본의 남양 인식을 대변한다. 그것이 잘 나타나는
것이 제2편 「일본의 남진정책」에 실린 '왜구(倭寇)'의 활동을 평가하

고 "왜구의 특징인 '해양 본능'을 위축시키지 않았다면, 유럽 세력이 동남아시아에 이르기 전에 '모험심 강한 일본인'이 분명히 남쪽 섬들을 손에 넣었을 것이다. (중략) 만약 에도(江戶) 막부가 도요토미 히데요시(豊臣秀吉) 정도의 배짱과 결단력을 지니고 있었다면 타이완을 일찍부터 손에 넣을 수 있었을 것"이라는 주장에서 잘 나타난다. 이러한 '남진론'은 소위 '대동아공영'이라는 침략사상을 여과 없이 분출하고 있는 것으로 현재의 동남아지역을 일본을 위한 침략의 도구로밖에 생각하고 있지 않았음을 명확히 보여준다.

제11권인 『하와이 이야기(布哇物語)』(김효순 역)는 나카지마 나오토(中島直人)가 1936년 간행한 저서이다. 주지하는 바와 같이 일본인들이 하와이에 이주를 하기 시작한 것은 1860년대로, 하와이 왕국의 중추적인 산업으로 성장한 제당산업의 일손을 메우기 위해 시작된 노동 이민은 정주 시대(1908~1924)를 거쳐 오늘날 120만여 명에 달한다. 이렇게 관제이민 내지는 플랜테이션 노동자로서 외지 돈벌이를 목적으로 이민을 간 일본인들은 현지에 정착하며 자신들의 문화를 발생시키고 일본어로 신문잡지를 간행한다. 초기에는 내지 작가의 전재(轉載)가 주를 이루었고 차차 내지와 하와이를 왕래하는 일시 거주 작가가 나오게 되었으며, 이들이 어느 정도 정착하여 2세가 나오는 1910년 전후부터는 하와이 고유 작가가 나오기도 한다. 나카지마 나오토는 하와이이민 2세 작가로, 본서는 그의 단편 「하와이 역(ハワイ驛)」, 「하와이의 두 소년과 캠프(ハワイの二少年とキヤンプ)」, 「미스 호카노의 회초리(ミス・ホカノの鞭)」, 「사탕수수밭 화재(キビ火事)」, 「물소(するぎゆう)」, 「후추(胡椒)」, 「숲의 학교(森の學校)」, 「캠프의 환상(キヤ

ンプの幻想)」, 「카나카(カナカ)」, 「하와이 태생의 감정(布哇生れの感情)」
10편을 모아 출판한 책이다. 이들 작품에는 하와이 2세 고유 작가로
서, 나카지마 나오토의 중국인, 하와이 원주민 등에 대한 대타적 자아
인식이나 국가와 민족에 대한 개념, 낯선 자연과 이민 2세로서의 일
상생활의 애환 등이 하와이 고유의 일본어로 잘 그려져 있다.

　제12권인『자바 사라사(ジャワ更紗)』(엄인경 역)는 태평양 전쟁 때
징용되어 군대와 함께 인도네시아 자바로 향한 다케다 린타로(武田麟
太郎)가 자바섬에서 육군 보도 반원으로서 겪거나 느낀 일에 관하여
기록한 내용을 모은 것이다. 프롤레타리아 작가로 출발하여 서민적
풍속소설로 인기와 명성을 구가하던 다케다는 1942년 봄 육군과 함
께 자바에 상륙하였고, 1942년부터 1944년에 이르기까지『도쿄아사
히신문(東京朝日新聞)』이나『신 자바(新ジャワ)』등 일본과 인도네시
아의 여러 신문·잡지 매체에 자바 관련의 다양한 글을 기고했다. 스
스로 징용 기간을 연장하며 1943년까지 자바에 머무르던 그는 일본
으로 귀국한 후 1944년 말 단행본『자바 사라사』를 간행하였으며,
현재도 인도네시아 최고 특산물인 자바 사라사를 제목으로 삼은 이
책은 단연 그의 인도네시아 담론의 핵심을 담고 있다. 본서를 통해
전의를 고양시키고 전황 정보를 제공하는 것뿐 아니라 원주민들과
교류하며 문화를 시찰하고 문화 공작을 실시하는 등 전쟁 수행의 일
익을 담당하면서도, 인도네시아의 독립을 응원하고 인도네시아 문학
자들과 교류하며 현지인들과 그 문화에 남다른 애착을 지녔던 다케
다 린타로의 복잡다단한 내면과 징용 작가의 현실을 들여다볼 수 있
을 것이다.

제13권인『해협천지회(海峽天地會)』(유재진 역)는 오구리 무시타로 (小栗蟲太郎)가 일본이 진출한 영국령 말라야를 배경으로 쓴 탐정소설 이다. 오구리 무시타로는 일본의 추리소설 작가이자 비경(祕境)탐험 소설 작가로서 본명은 오구리 에이지로(小栗榮次郎)이다. 오구리 무시 타로는 한자어에 가타가나 독음을 붙여 여러 의미로 해석이 가능한 표현 방식과 서양의 철학과 예술 지식을 과할 정도로 과시하는 극단 적인 현학취미를 보여주며, 그 현학취미의 결정체가 일본 3대 기서 (奇書) 중 하나인『흑사관살인사건(黑死館殺人事件)』(1934)이다. 해외 여행은 물론이고 관동평야(關東平野) 밖을 나간 적이 없을 정도로 방 구석에서 동서양의 서적만 읽고 창작하던 오구리 무시타로는 1941년 육군보도반원으로 영국령의 말라야로 파견을 갔다 이듬해 말에 귀국 하였다. 이때의 영국령 말라야를 배경으로 직필한 탐정소설이『해협 천지회(海峽天地會)』이고 말라야의 비밀결사를 테마로 한 소설이다. 일본군이 진출한 동남아시아는 단일민족국가인 한국과 달리 여러 인 종이 존재하는 국가들로 종주국과 식민지라는 일대일의 대칭관계와 다른 구조를 보인다. 이러한 비대칭관계는 이 책『해협천지회』에서 도 일본군은 영국령 말라야에서 경제적 패권을 쥐고 항일운동을 이 어가는 중국인 화교를 숙청하고 말레이인이나 인도인을 우대하는 방 향을 취하는 식으로 엿볼 수 있다.

　제14권인『남방제지역용 일본문법교본(日本文法敎本)』(채성식 역) 은 1943년에 일본어교육진흥회(日本語敎育振興會)에서 간행한 일본어 문법서로 2021년에 〈일본동남아시아 학술총서〉에서 간행한『남방제 지역용 일본문법교본 학습지도서(南洋諸地域用日本文法敎本學習指導

書)』의 모체가 되는 책이다. 언어 유형론적으로 일본어와 큰 차이를 보이는 언어체계를 가진 남방지역 언어 모어화자를 대상으로 생경한 일본어, 특히 일본어의 문법적 사항에 대해 어떠한 교육이 이루어졌는지를 본서를 통해 엿볼 수 있다.

이들 번역서는 당시의 남양·남방, 즉 지금의 동남아시아 지역의 역사, 문화, 생활, 풍토, 언어교육, 그리고 이들에 대한 일본의 전반적인 인식 등을 일본인의 시각에서 어떻게 담아내고 있는지를 잘 보여주고 있다. 따라서 본 '일본동남아시아 학술총서'는 근대기 이후 일본이 동남아시아에 어떠한 영향력을 끼쳐 왔으며 이 과정에서 일본이 축적한 다양한 지견과 연구성과를 올바르게 파악하는 데 도움이 될 것이며, 나아가 다양한 분야에서 동남아시아 관련 후속 연구의 기초자료로 활용될 수 있을 것이다.

마지막으로 본 총서의 간행을 흔쾌히 맡아주신 도서출판 보고사의 김흥국 사장님과 세심한 부분까지 꼼꼼하게 편집을 해주신 박현정 편집장님을 비롯한 편집팀 여러분께 감사의 마음을 전하고자 한다.

2022년 12월
고려대 글로벌일본연구원
〈일본동남아시아 학술총서〉 간행위원회

목차

일러두기

1. 본서의 저본으로는 기본적으로 中島直人 『ハワイ物語』(砂子屋書房, 1936. 12.8)를 사용했다. 단, 다음은 초출 원본을 입수하여 번역하였다.
   - 「胡椒」(保高德藏 編『文學クオタリイ』 1, 東京: 大盛堂, 1932)
   - 「森の學校」(『作品』6卷下, 東京: 作品社, 1935.7)
   - 「布哇生れの感情」(『小說 : 詩と詩論別冊』東京: 厚生閣, 1932)

2. 오늘날 차별어라 하더라도 당시 하와이 이민사회의 민족적 아이덴티티를 드러내는 용어는 원문을 그대로 사용하였다.

   예: 지나(支那)

3. 각주는 역자주이며, 원주는 본문 안의 ( ) 안에 넣었다. 단, 원주에 의미 설명이 필요한 경우에는 ( ) 안의 원주 옆에 병기하였다.

   예: 칼라부스 하우스(감화원)/ 하오레(haoles, 백인), 마우카(Mauka, 산쪽)

4. 본문은 기본적으로 한국어로 번역하고 고유명사 등 원문이 필요한 경우에는 ( ) 안에 표기하였다. 단, 원문이 영어로 된 경우에는 등장인물의 언어적 아이덴티티를 반영하므로 영어(한국어)의 순으로 표기하였다.

   예: 구로가와 준(黑川順) / Pearl City(펄 시티)

하와이 역

하와이 역……그곳은 거의 이름뿐으로 어쩌다 화물열차가 멈춰 서서 비료나 가축의 군량 사료를 내려놓고 가는 정도이다.

그러니까 벽에는 흰 모래를 바르고 바닥에는 마루를 깐 네모난 건물은 폭 세 칸 정도 되는 와이아와(Waiawā) 천(川) 입구에서 기차를 전송할 뿐이다.

아니 그렇다기보다는 이 역은 이미 역의 임무를 잊고 와이아와 부락 한 가운데에서 하나의 기념비가 되었다.

시험 삼아 이 건물에 들어가서 사방의 벽을 자세히 보면 거기에는 잡다하기는 하지만, 이 부락이 지녀온 모든 모습이 연필, 잉크, 나이프, 백묵 기타 식물의 즙으로 명기되어 있다. 희노애락! 그것이 어떤 것이든 우리들은 그런 경우 뭔가의 형태로 거기에 표현을 하지 않으면 안 되는가 보다.

그것은 또 동시에 어린아이들의 집합소이기도 했다.

─── 2 ───

그런데 나는 기쁨에 넘쳐 있다.

나는 오는 9월 1일자로 호놀룰루의 카이울라니(Kaiulani) 스쿨 7학년이 되었다. 펄 시티(pearl city)의 공립학교를 마치자 7월부터 여름 방학이었다. 그리고 우리들……누나, 구마오(熊夫)와 나는 생선장수인 아버지의 마차를 타고 마우카(Mauka, 산쪽)로 파인애플 일을 하러 갔다. 그곳에서 두 달간 캠프 생활을 한 후, 어제 다시 아버지의 마차로 돌아왔다. 그리고 곧장 나는 영광스런 호놀룰루, 카이울라니 학교의 학생이 되었다.

나는 이 기쁨을 새삼 엄마에게 고함과 동시에 이 희망을 어딘가에 각인시켜 두어야 했다. 그 때 나는 이미 역을 향해 달려가고 있었다.

나는 그곳에서 역 정면에 반쯤 열려 있는 튼튼해 보이는 출입구로 기어 올라가 강 쪽을 향해 난 측면의 문을 반쯤 열었다. 그러자 가로 세로 20척, 25척 되는 크기의 실내는 약간 밝아졌고, 그 덕에 벽의 색도 확실히 알 수 있을 정도가 되었다. 화물은 하나도 보관되어 있지 않은 역의 천정은 높았다. 나는 측면 문을 마주보고 있는 남쪽 벽으로 향했다. 사방의 벽은 모두 기름때가 껴 있었고, 외설스런 낙서로 닭발처럼 지저분했다.

나는 가까이에서 다음과 같은 글을 죽 읽었다.

A. 입이 작은 오반(아주머니라는 뜻)은 바나나 아 산하고 후아네후 우네(이상해, 이상해).

미는 어젯밤 이곳을 지나가면서 이 눈으로 다 봤어.

B. 독일의 가이아 호(號)가 금강(金剛) 함대[1]에 항복하여 일본이 이겼다! 이겼다!!

C. 미는 일본 에타지마 해군병 학교에, 아아, 들어가고 싶다.

D. 어젯밤에 미가 늦게 소변을 보러 나오니 전차 역에 불이 났는데, 무슨 일일까?

E. 술에 취한 병사가 다리 위에서 차에 치었다. 머리카락이 반은 오그라들었다.

F. 오늘 저녁만큼 펄 하버(진주만)가 아름답다고 생각한 적은 없었다. 석양이 사탕수수 밭 언덕에서 와이아와 일대로 퍼지자, 긴 햇발이 저녁노을을 동반하며 언덕이 있는 곳에서 일제히 바다 속으로 흘러들었다. 그러자 바다는 금빛, 은빛 온갖 종류의 물결을 일으키며 여기저기로 굴러 다니다 와이피오 야자나무 숲이 있는 곳으로 가서 사라졌다. 낮 동안에 소나기를 만난 검은 야자나무 숲이 먹어버렸는지도 모른다. 이윽고 날이 저물었다.

G. 유키노의 ● 옆에 빨갛게 돋다난 것이 있다고 했다. 미는 아니다. 겐(健)인가? 그 녀석, 유키노의 스위트 하트일지도 몰라. 말도 안 돼.

H. 그 겐이 윌리와 함께 사탕수수를 훔쳐서 카후쿠(Kahuku)에 있는 칼라부스 하우스(감화원)에 들어갔다. 그런 노글 보이(nogle boy, 불량소년), 이곳엔 필요 없다.

I. 겐은 필요 없지만, 누나 미사요 씨는 필요하다.(구마오의 대필 생)

1　일본 해군의 첫 초노급(超弩級) 순양전함으로 발주한 금강형(金剛型) 함대. 영국에 발주된 마지막 주력함.

J. 구로가와 준(黑川順)은 다카사키(高崎)의 오리알을 매일 다섯 개
씩 훔쳤다. 아오야마(青山) 선생님에게 일러야지. 애초에 과부인
구로가와 아주머니가 잘못 된 거다. 남자만 찾으러 돌아다니고
있다. 고 투 헬(뒈져 버려라)!

K. 아칸추와 포레이, 아칸추와 포레이, 웨이(희롱하는 문구). (그리
고 연인 사이 같은 이들 남매를 그림으로 그려 놓았다.) 등등.

나는 내가 쓴 글을 찾으려 했다. 하지만 짧고 감동적인 글은 쉽게
찾을 수 없었고, 그냥 연필로 어설프게 영어로 썼다가는 지우고 썼다
가는 지웠던 다음과 같은 글이 있었다.

"미의 파파는 병이 나을까? 파파는 벌써 1년 가까이 누워만 있다.
와이파후(Waipahu)의 맥 가테간(플랜테이션의 의사)은 오늘도 와
서 휘파람만 불고 있는데, 대체 어떻게 된 것일까? 의사가 휘파람을
부는 것은 마음을 진정시키려는 것이기 때문에 믿음직스럽지 못하
다. 파파는 이제 젓가락처럼 야위었다. 마마는 여전히 환자에게만
매달려 있다. 가끔씩 한밤중에 잠이 깨면, 마마는 방 안쪽 불단 아래
에 있는 파파의 침상 옆에 엎드려 훌쩍훌쩍 울고 있다. 어느 날 밤
파파가 갑자기 신음하듯이, '미안해!'라고 했지만, 마마는 뭔가 열
심히 기도를 올리는 듯 무슨 뜻인지 알 수 없는 소리를 내고 있었다.
그와 관련하여 가여운 것은 마리에 누나다. 누나는 누나대로 취사
장(키친)의 아궁이에 불을 때며 울고만 있다. 학교도 계속해서 가지
못하니, 하오레(haoles, 백인) 학교는 낙제할 것이 뻔하다. 어린 요
시코와 미쓰메는 적당한 곳을 찾지 못했는지, 늘 둘이서 취사장(키

친) 옆 물웅덩이 근처 화단 옆에 딱 달라붙어 웅크리고 앉아 다른 곳으로 놀러가는 일도 없었다. 미는 돼지와 말이 먹을 꼴을 베어오고난 후에는 닭에게 모이를 준다. 아아, 해질녘처럼 늘 어두운 집. 나는 슬펐다. 파파의 병, 빨리 나았으면!"

이는 5년 전 우리 집 일가에 대해 쓴 것 같다. 그 무렵 아버지는 실수로 자기 마차에 치였고, 그 후유증으로 1여 년 동안 자리보존을 하고 있었다. 그것은 정말로 암울하고 절망적인 한 해였다.

그 오른 편 아래에 희미하게 다음과 같은 글도 보인다.

"미에게도 형이 있었다. 시게루(茂) 형. 이름이 좋다. 열여덟. 미하고 일곱 살 터울. 그 형하고 어젯밤 처음으로 같이 잤는데, 덩치가 커서 기분이 나빴다. 웃을 때 오른쪽 눈썹 끝이 위로 치켜 올라가고 어린아이처럼 이를 드러내며 웃는다. 시게루 형은 화가라고 한다. 일본 사무라이 그림이나 여자 그림을 엄청 많이 가지고 있다. 어려운 일본 책도 산더미처럼 가지고 있다. 이야기를 하는 것은 별로 좋아하지 않는 것 같다. 형제라고 해도 어렸을 때부터 같이 크지 않았기 때문인지 아무래도 남 같고 별로 친근감이 들지는 않는다. 미가 꼴이 담긴 무거운 다래끼를 등에 지고 돌아와도 집 입구에 앉아서 무슨 뜻인지 알 수 없는 미소만 짓고 있을 뿐이다."

이것은 3년 전 형을 일본에서 불러들였을 때의 일인 것 같다. 그런데 그 옆에 조금 더 새 잉크로 다음과 같이 적혀 있었다.

"역시 시게루 형은 집 식구들하고는 맞지 않았다. 캠프에서도 별로 일도 하지 않고 그림만 그리는 형과 그런 형을 미워하는 파파. 마마는 중간에 끼어서 양쪽에서 혼이 난다. 형은 언젠가 파파에게 매를 맞고 나서 옆에 가지도 못하게 되었다. 3년 전 불러들였을 때 기뻐하던 일가족은 지금의 사태는 상상도 못했을 것이다."

그러나 그 때, 나는 그 글에서 눈을 돌렸다. 그리고 새로운 여백을 발견하고는 새 샤프펜슬을 번득이며 있는 힘껏 쓰기 시작했다.

"9월 1일! 얼마나 참신하고 기쁜 날이었던가? 오늘 처음으로 호놀룰루의 학교에 갔다. 아버지는 아침 첫 기차로 호놀룰루의 어시장에 생선을 사러 간다. 나도 첫 기차. 파란 셔츠를 입고 조리(草履)[2]를 신은 훤칠한 파파의 모습. 중산모를 쓰고 니커 보커(knickerbockers) 바지[3]에 맨발을 한 나의 모습. 그 둘이 펄 시티에서 만나 같은 기차를 탄다. 그러나 우리는 같은 칸에 탈 수는 없다. 아버지는 이등칸(내지는 삼등칸)을 탔고, 학생인 나는 어쩔 수 없이 일등칸이다. 나는 아버지가 불쌍했다. 그러나 파파는 오히려 나를 자랑스럽게 여기고 있을 지도 모른다. 첫 기차는 호놀룰루로 통학을 하는 학생으로 가득하다. 모두 눈이 희망으로 빛나고 있다. 학교에서는 아침에 국기 게양식이 끝나면 장중한 드럼(작은 북) 소리를 신호로 이천 명이 되는 학생들이 말없이 각자 교실로 들어간다. 그 장엄하고 엄숙한 모습은 어지간해

2　일본식 짚신.
3　무릎 근처에서 졸라매게 되어 있고 품이 넉넉한 활동적인 바지. 도련에서 주름을 잡아 조인다. 원래 네덜란드의 남자 옷에서 볼 수 있었던 것으로, 19세기 후반에 자전거의 보급과 함께 그 이름이 알려지게 되었다. 등산·스포츠에 이용된다.

서는 상상이 안 될 것이다. 미의 선생님은 미스 루이즈. 교실은 38호.
본관 뒤 2층에 있다. 미스 루이즈는 카나카(Kanaka)⁴이다. 오늘 여러
가지로 주의를 받았는데, 눈이 부리부리해서 칠판을 배경으로 '주의!'
라고 하며 잔뜩 흘겨볼 때는 무섭다. 제2의 미스 호카노가 아니라면
좋겠지만. 아 츠아우는 미의 옆. 하마다(浜田)는 훨씬 앞. 알레스는
바로 앞. 주근깨 투성이 알레스 녀석, 입학을 하지마자 교사들의
비위를 맞추기 시작한다. 로즈가 카메하메하⁵ 학교에 간 것은 좀
서운했다. 이번에 호놀룰루로 이사를 갔으니까 이제 만날 기회도
별로 없을 것이다. 호놀룰루는 늘 밝고 활기차다. 규슈야(九州屋) 여관
뒤 도미가와 히데오(富川秀夫)를 갑자기 찾아갔더니 깜짝 놀랐다.
둘이서 아알라 공원(Aala Park)에 가니 가설흥행장의 오랑우탄이 도
망을 쳤다 해서 난리 법석. 오랑우탄은 공원 가로수 위로 해서 이러저
리 도망을 다녔지만 결국 고리가 달린 밧줄에 걸려 붙잡혔다. 그
모습이 비장하기도 하고 우습기도 해서 모두 한바탕 웃었다. 그래서
미하고 히데오도 한없이 웃다가 헤어졌다."

――――― 3 ―――――

어느 날, 내가 '오리의 다이알로그'에 대해 즐거운 공상을 하면서

---

4 카나카족(Kanakas)을 말함. 팔라오, 미크로네시아, 마샬제도 등 섬의 주민을 부르는
   속칭. 광의로는 태평양 제도 일반을 일컫는다.
5 카메하메하1세(Kamehameha I, 1758~1819)는 하와이제도를 통일, 1810년 하와이
   왕국을 건국하여 초대 국왕이 된 인물. 뜻은 '고독한 사람', '조용한 사람'.

선로를 따라 학교에서 돌아오는데, 유키노가 역 안에서 울고 있었다.

"유키노, 왜 그래?"

내가 오리 문답을 멈추고 묻자,

"아칸추하고 포레이가……"

라고 하며 목이 메일 정도로 오열을 했다. 보니 정강이 쪽에 찰과상이 있었다.

"때렸어?"

내가 묻자, 고개를 끄덕이며,

"난 아무 짓도 안 했는데, 둘이서 따라와서……"

라고 하며 또 우느라 목이 메었다.

나는 힘이 센 유키노가 울 정도니 어지간히 혼이 난 것이 틀림없다고 생각했다.

나는 측면 출입구로 바깥을 내다보았다. 그러자 그들은 강변을 따라 난 길로 덤불에 가려져 보였다 안 보였다 하며 맞은편에 있는 집으로 쏜살같이 도망치고 있었다.

"좋아!"

나는 아칸추가 미웠다.

그날 밤, 유키노와 구마오 네 집에 갔다. 셋이서 아칸추 남매를 혼내주기로 한 것이다. 구마오 네 부모님은 태평양 쪽으로 고기잡이를 나가셨고, 구마오 혼자 그물을 잇고 있었다. 걔네 집은 맞은편 강가에 있는 양어장 위에 반쯤 접하고 있다.

아칸추들은 강을 건너 비스듬히 마주보고 있다. 세 사람은 주머니와 앞치마에 자갈돌을 감추고 강을 따라 올라갔다. 그리고 자갈돌이

미치는 지점에 이르자 우선 귀를 쫑긋 세웠다. 그 남매들의 집은 닭장처럼 함석으로 되어 있었는데, 유키노 네 밭에 있는 망고 나무 앞 카카이(갈대의 일종)에 가려 보일락 말락 할 만큼 낮다.

"원, 투, 쓰리!"

우리들은 일제히 자갈을 던졌다. 그러자 어두운 하늘에 '딱', '딱', '딱' 하는 소리가 세 번 또렷하게 들려왔다. 그와 동시에,

"갓 뎀 선 오브 비치!(God damn son of bitch, 이 자식들아!)"

하며 갑자기 놀란 수탉처럼 오두막에서 뛰쳐나와 고함을 지르는 새된 목소리가 들렸다. 아칸추 네 놋포 할아버지 같았다.

"□□[6]!"

우리들은 풀숲에 숨었다. 그리고 잠시 후에 할아버지가 중얼거리면서 다시 집안으로 들어가는 것을 기다렸다가 다시 한 번 일어서서 제각각 자갈을 던지고 구마오 네 집 쪽으로 달려갔다.

그러자 이번에는 할아버지가 흥분을 해서 두 손을 내밀고 떨며 무슨 뜻인지 모를 중국어를 퍼부었다.

그러나 방심은 금물이다. 우리들은 오늘밤 안에 역습이 있을 것을 알고 협의를 했다. 그 결과 우리는 오늘밤에 철저히 그들 남매를 응징할 필요가 있다고 생각했다. 유키노가 가장 강경했다. 우리들도 유키노에게서 여름 방학 동안 있었던 일을 듣고는 찬성을 했다. 그들은 우리들이 없는 동안 옳다구나 싶어 여기저기에서 망고를 마구 따먹고 알을 훔치며 돌아다니는 난장을 부렸다.

---

6 미상.

강을 건너기로 했다. 그러나 바다가 만조라서 도저히 강을 그대로 건널 수가 없었다. 해파리가 거품처럼 떠 있었다. 그래서 양어장에 있는 작은 배를 강에 띄었다. 세 사람은 자갈돌, 서치라이트, 곤봉을 준비하고는 가슴이 뛰었다.

얼마 지나지 않아 과연 구마오 네 집과 오리 집 지붕 위에 따닥따닥 하는 돌멩이 소리가 났다. 집에서 자고 있던 오리들이 놀라서 갑자기 난리를 쳤다. 백여 마리가 난리를 피우니 걸려 있는 램프가 좌우로 흔들렸다.

우리들은 바스락거리는 소리가 날까 봐 덤불에 닿지 않으려고 조심하며 살금살금 그들에게 접근했다. 그들은 아직도 돌을 던지고 있었는데, 반응을 살피려는 듯 일순 동작을 멈추었다. 그 순간 우리들은 갑자기 일어나서 가까이 있는 그들에게 함성을 지름과 동시에 비 오듯 돌을 퍼부었다.

"테이스트 디스 유. 바보들아!(이거나 먹어라, 이 짱꼴라들아!)"

"컴 온, 아칸추. 아이 픽스 유 나우!(자, 방금 전 당한 거 복수하는 거다!)"

유키노가 숨을 헐떡거리며 빠르게 고함을 쳤다.

"유 네버 포겟 디스!(잘 기억해 둬, 알겠어!)"

갑작스런 복병을 만난 아칸추들은 얼이 빠져 비명에 가까운 고성을 지르며 물러갔다. 우리들은 도망을 치는 그들에게 강한 서치라이트를 비추며 비웃어 주었다.

"치어(cheer)! 치어!"

----- 4 -----

그 다음 날은 토요일.

우리들은 소나기가 한 바탕 지나간 후에 강어귀에 이는 잔잔한 물결처럼, 대담하게 노는 법을 배운다. 낚시에 물리고 구슬치기에 물리면 가장(假裝) 놀이를 했다. 언젠가 와이아와 전체 어린이 스물 몇 명이 남녀 복장을 서로 바꿔 입고서는, 화관을 쓰고 손에 석유통을 든 채 하모니카를 불기도 하고 노래를 부르기도 하며 줄을 지어 돌아다니다가 펄 시티의 아오야마 선생님 눈에 띄고 말았다. 선생님은 어딘가 절에 재를 올리고 오신 것 같았다. 선생님은 모자를 벗고 살짝 웃으며 가셨지만, 우리들은 갑자기 풀이 죽어 버렸다. 와이아와의 학생들은 모두 품행점수가 미가 될 것이라고 하며. 카카이로 집을 몇 개나 짓고 자는 흉내를 냈다. 그럴 때면 누군가 아 산의 바나나 밭에 가서 익은 바나나를 송이 째 서리해 왔다. 그리고 자기 집 키친의 상태를 아는 사람은 그곳에서 제일 좋은 것—예를 들면 생선 프라이—을 지참해야만 한다. 이미 파인애플 시즌도 지났기 때문에 화물열차는 우리에게 무뚝뚝했다. 그래도 와이아와에서 오는 열차는 가끔은 우리들에게 바나나를 두세 개씩 던져 준다. 그러면 우리들은 카카이 속을 달리거나 밭 안으로 뛰어들거나 하며 그것들을 찾아냈다. 그리고 꼭 어디에서인가 보고 있던 오구치(小口) 씨나 그 아주머니가 '헤이 유!' 하고 야단을 치며 우리들을 반성하게 한다.

저녁이 되어 펄 시티 쪽에서 절의 종소리가 들려오면 우리들은 슬슬 돌아갈 채비를 한다. 유키노는 돌아가는 길에 모두에게 축음기를

들으러 오라고 했지만 방금 전 유키노 네 아버지 오구치 씨에게 야단
을 맞았기 때문에 아무도 찬성하지 않았다.

이윽고 고기잡이에서 돌아온 야베(矢部) 아저씨의 나니와부시(浪花
節)[7] 소리가 밤바람이 되어 들려왔다.

일요일. 공부를 하는 날이다.

이 날은 우리 일본 학교 상급생들이 유일하게 수업을 받는 날이다.

하오레(백인) 학교를 졸업하고 상급학교에 가기 어려운 사람도 일
주일에 한번 모이는 날이다.

어쩐지 서로 나이가 든 것 같은 기분이 든다.

여자들은 어딘지 모르게 어른스럽다.

그만큼 서로 조금씩 조심을 하게 된 것 같다.

이날 학교는 바빴다. 정오에 우리 상급생들의 수업이 끝나면, 그
이후부터는 일요학교.

학교에서 종을 치면, 뒤편에 있는 가톨릭 교회의 탑에서도 종소리
가 천천히 울려 퍼지기 시작한다.

학교의 아오야마 선생님은 토요일 밤에는 어른들에게 설교를 하고
일요일 낮에는 우리들에게 불경을 읽는 법과 일본의 괴담에 대한 이
야기를 해준다.

그것이 끝나면, 오후부터 우리들의 자유가 시작된다. 우리들은 펄
시티에서 놀다가 와이아와로 돌아간다. 하루해가 얼마나 길던지! 우

---

7 샤미센(三味線)을 반주로, 주로 의리나 인정을 노래한 대중적인 창(唱).

리들은 서둘러 돼지 스무 마리, 말 두 마리를 위해 꼴을 베어야 한다. 역 부근은 이 마을과 이웃마을에서 몰려든 낚시꾼들 무리로 가득하다. 일요일에는 일을 하면 안 된다고 하니 말이다.

--------- 5 ---------

어느 날 아침, 나는 기차를 놓칠 뻔 했다. 그뿐만이 아니다. 오늘 도시락 값 5센트를 아직 받지 못해서 아버지를 따라가서 조르려고 선로를 달려가니 평소 펄 시티 다리를 건너고 나서 만나는 하행열차가 이미 와 버렸다. 나는 망했다고 생각하며, 그 열차를 피할 생각으로 와이아와(waiawa) 역의 팻말이 서있는 곳에 멈춰 서서 그것이 지나가기를 기다렸다. 그런데 어찌된 일인지 서서히 스피드를 낮추며 달려온 기차는 역 앞에서 멈추어 버렸다. 그런 일은 언젠가 이전에도 한번은 있기는 있었다. 그래도 나는 이상하게 생각하며 팻말이 있는 곳에서 타려고 하는데, 갑자기 '어멋!'하는 시끄러운 소리와 함께 하얀 모자에 하얀 드레스를 입은 여자가 차장에게 손목을 잡힌 채 객차에서 뛰어 내려왔다.

"땡큐 유. 굿 바이."

이렇게 말하며, 젊은 차장과 전방에서 웃고 있는 기관수를 향해 인사를 하는 사람의 얼굴을 보니, 카히나리가 아닌가?

나는 카히나리답게 호들갑스럽다고 생각했다. 그녀는 몰라볼 만큼 완전히 변해 있었다.

"카히나리!"

내가 조심스럽게 말을 걸자 그녀는 순간 쏘아보는 듯한 눈으로 내쪽을 돌아다보았다. 나라는 것을 바로 알아보고, 반가움에 순간 눈을 감았다가 다시 입을 열고 '오우!'라고 외치더니 커다란 눈을 반짝이며 내게 다가왔다. 그리고 열여섯답지 않게 어른스런 그녀는 '헬로, 디어!'라고 하며 나를 끌어안았다. 나는 그녀의 과장된 몸짓에 당혹스러웠다.

"나오토, 홧 스쿨 나우?(지금, 무슨 학교 다녀?)"

그녀는 이렇게 물었다.

"호놀룰루."

"오, 호놀룰루. 센트루이스?"

그리고 새삼 나의 복장에 시선을 던졌다.

나는 대답했다.

"노, 카이울라니."

"오, 카이울라니! 댓 굿!(카이울라니! 잘 됐네!)"

그녀가 말끝을 늘이며 말했다.

나는 변해버린 그녀가 어쩐지 우스워졌다. 내가 웃자 그녀도 비로소 긴장된 기분이 풀렸는지 얼굴에 웃음을 띠었다.

그러나 나는 당시로서는 편안한 기분이 될 수 없었다.

"웰, 굿 바이."

그녀는 노래하듯 대꾸했다.

그리고 큰 소리로,

"마아아!"

하며 멀리 불러 댔다. 그렇게 몇 번이나 응석을 부리듯 길게 내뽑
았다. 그러자 맞은편에서 아마 그녀의 엄마 목소리 같았다. '그래—'
라는 메아리가 들려왔다.

돌아보니 삼사백 미터 떨어진 야자나무 밑 둥에 그녀의 엄마가 나와
서 손수건을 연신 흔들어 대고 있었다. 카히나리도 손수건을 흔들고
있었는데 밭으로 난 길을 가로질러 목소리와 함께 달리기 시작했다.

나도 달리기 시작했다. 달리면서 나는 2년 전에 와이파후(Waipahu)
의 중국인 애인과 집을 나간 그녀를 생각했다. 외동딸인 그녀. 육십을
넘긴 부모를 남기고 간 그녀. 그녀는 정말로 돌아온 것일까?

아버지의 모습은 이제 보이지 않았다.

펄 시티 다리 바로 앞에서 마침내 상행 열차를 만났다. 나는 창문
에서 어떤 학생이 아는 체를 하며 고개를 내밀고 모자를 내밀었나
싶었다.

아아, 드디어 이번 학기 들어서 처음 지각을 했다.

미스 루이즈의 커다란 눈.

"지저스 크라이스트!"

나는 카히나리가 원망스러웠다.

6

논의 벼가 상당히 자랐다.

화물열차가 한 시간에 걸쳐 짐을 내렸다. 오구치 씨네 골분비료(骨

粉肥料, 밭에 주는 거름)가 오십 포. 다카사키 씨네 겨와 옥수수(오리의 모이) 열 포. 오다(小田) 씨네 밀(닭 모이) 다섯 포. 아 산의 골분비료(바나나 나무 거름) 서른 포. 우리 집 보리(말 먹이) 세 포와 골분비료(채소 거름) 일곱 포. 그 외에 비료와 조개류 모두 합쳐서 십 수 포.

그것들이 역 안 한쪽에 높이 쌓여 있었다. 이로써 우리들에게는 절호의 놀이터가 생긴 것이었다.

우리들 무리에 카히나리를 새로 끼워주기로 했다. 아칸추 남매들하고도 화해를 했다. 다만 심술쟁이 구로가와 준이 가끔씩 자기 멋대로 하려 해서 돌파매질을 해서 집으로 쫓아보냈다. 그러면 겁쟁이(게으름뱅이=레이지 본[lazybones]이라고도 한다.)는 꼭 그것을 깡마른 어머니(과부)에게 일러서 우리들을 야단을 맞게 하려고 했다. 그러나 그 고함소리를 듣고 맞은편에서 오리를 기르는 다카사키 네 아주머니는 웃으며 말했다.

"마마, 아이들 싸움에 너무 참견하지 않는 게 좋을 것인데. ……"

그러자 구로가와 준 네 엄마가 이쪽을 휙 돌아보며 남자처럼 대꾸를 한다.

"쓸 데 없는 참견은 필요 없어, 쓸 데 없는 참견은 ……"

"흥!"

그리고 다카사키 네 아줌마는 예쁘장한 얼굴의 코에 주름을 모으며 오리 집 쪽으로 갔다. 그러자 준 네 엄마도 자기네 집 쪽으로 갔다.

그런데 우리들은 구로가와 준 네 엄마가 어떻든, 준 네 엄마하고 다카사키 아줌마의 싸움 결과가 어떻든, 그런 것은 관심이 없었다.

"하느님이 알겠지!"

코 옆에 흉터가 있는 구마오가 이렇게 말했다.

아니나 다를까 한 시간도 채 되지 않아서 구로가와 아주머니는 준을 데리고 와서,

"같이 놀아주렴."

라고 한다.

우리들은 하늘만 쳐다보며 대답을 하지 않았지만, 잠시 후 준 쪽에서 먼저 웃거나 땅콩을 주거나 해서 다시 원래대로 사이가 좋아진다.

카히나리가 우리 무리에 끼었기 때문에 이제 어른이 된 우리 누나도 그렇고 미사코 씨도 그렇고 학교 재봉이나 집안일을 하는 짬짬이 같이 논다.

모두 다 같이 술래잡기를 한다.

우리들은 어두컴컴한 화물 사이를 쥐새끼들처럼 이러저리 찾아다니며 숨는다.

어느 날 유키노가 술래일 때 나하고 카히나리는 가장 안쪽 벽과 화물 사이에 있는 좁은 곳에 숨게 되었다. 그 때 카히나리가, '나오토!'라고 한숨을 쉬듯 낮은 목소리로 말했다. 나는 가슴이 바짝 오그라들었고, 순간 그녀가 하는 대로 내버려 두었다. 그러나 시큼하고 보이쉬한 그녀의 얼굴을 피하다보니 2년 전의 일이 문득 떠올랐다. 오하이(ohai)[8] 꽃이 잔뜩 핀 나뭇가지로 만든 오두막. 무화과나무 위에서 한나절 동안 같이 하모니카를 분 일. 둘 다 아직 어렸던 그 시절.

---

8 한국어로는 공작실거리나무. 영어로는 Peacock flower, Red bird of paradise, Mexican bird of paradise, Dwarf poinciana, Pride of Barbados 등 다양함.

그러나 그녀는 이제 어른이다. 나는 집요한 그녀의 손을 뿌리쳐야
했다.

그때 머리 위에서, '나오토!' 하고 부르는 소리가 들렸다. 나는 나무
라는 듯한 그 목소리의 울림으로 누난가 하고 생각했다. 깜짝 놀라서
위를 올려다보니, 쌓여 있는 짐더미들 위에서 고개를 내밀고 있는
것은 유키노였다.

나는 일어서서 그녀를 향해 주먹을 쥐어 보였다. 그러자 유키노는
머리를 움추렸다.

나는 카히나리를 그대로 두고 다른 곳으로 숨으려고 했다.

그리고 몇 번 술래가 바뀐 후 내가 차례가 되었다. 에카히, 에르아,
에코르, 에하, 에리마, 에오노, 에히쿠, 에와르, 에이와, 우미……나는
천천히 카나카어로 숫자를 셌다. 눈을 뜨자 여기저기서 소곤거리는
소리가 났다. 나는 살금살금 제일 많이 숨는 장소를 살펴보았다. 그런
데 구마오가 자꾸만 미사요 씨에게 구애를 하고 있었다. 그러나 미사
요 씨는 난처해하며 팔꿈치로 쿡쿡 찔렀다. 그때마다 가슴언저리까
지 늘어뜨린 유리구슬 목걸이가 가볍게 짤랑거리는 소리를 냈다. 나
는 세 살이나 더 먹은 미사요 씨에게 구애를 하는 구마오가 우스웠다.
웃음이 터져나오려는 것을 손으로 억지로 누르고, 제이의 은신처를
찾아갔다. 아칸추하고 포레이, 그러나 걔네들은 그냥 나란히 숨어있
을 뿐이었다. 제삼, 제사의 은신처. 그리고 마지막으로 다시 구마오가
있는 곳으로 가 보았다. 그러자 구마오와 미사요 씨는 세 자 정도
떨어져서 웅크리고 앉아 있었다.

———— 7 ————

오구치 씨네 일꾼 시모노(下野) 씨네 집에서 계모임이 있었다.

나는 엄마 대신 갔다.

커피와 빵이 나왔다. 그리고 각자 가지고 간 종이 조각을 차례대로 읽었다.

"38불 10센트."

약간의 동요가 있었고, 마쓰키(松木) 씨가 쌓여 있는 금화와 은화에 손을 댔다.

유키노도 오구치 씨 대신 왔다. 그녀는 끝까지 오피히(전복 말린 것)를 나이프로 자르며, 흥미가 없다는 듯 그것만 먹고 있었다.

그곳을 나와서 '안녕, 잘가', '안녕, 잘가' 하며 어두운 길로 접어들었다. 내가 선로 쪽으로 돌아갈까 밭두렁 길 쪽으로 돌아갈까 망설이고 있는데, 유키노가 종종 걸음으로 다가와서 아직 시간이 이르니 들렸다 가자고 작은 소리로 말했다. 나는 내일은 학교에서 귀찮은 레시테이션(recitation, 암송)이 있어서, 이제부터 그것을 연습해야 하기 때문에 밭두렁 길로 빨리 돌아가려고 했다. 그러자 오피히를 하나 주겠다며 주머니에서 주먹 크기만 한 새 오피히를 꺼내 내 손에 쥐어 주었다. 내가 무심결에 그것을 손에 쥐었을 때 그녀는 내 팔에 매달렸다. 나는 멈춰서서,

"유키노!"

하며 나무랐다. 유키노는,

"오늘 있었던 카히나리하고의 일은 아무한테도 말하지 않을게, 나

오토."

라며 애원조로 말했다.

"바보! 하려면 해봐! 그 대신 아칸추하고 무슨 일이 있으면 난 몰라!"

이렇게 말하고 그녀에게서 무심결에 받은 오피히를 밭으로 내동댕이쳤다. 유키노는 말없이 서 있었다.

돌아가다 말고 다시 한 번 돌아보았을 때, 유키노는 좀 이상해 했다. 나는 그녀가 불쌍하다는 생각이 들었다.

— 8 —

5월 이후, 형은 이제 집에 한시도 붙어 있지 않았다. 엄마는 그 먼 야마베 콤팡(콤파니라는 뜻, 모임)까지 형의 빨래나 형이 좋아하는 소다수를 들고 갔지만 형은 그 때도 엄마를 만나려 하지 않은 것 같다. 왜냐하면 형이 언젠가 돈 10불을 아버지에게 빌리러 왔을 때, 늦게 퇴근을 한 아버지가 입구에 앉아 있는 형을 갑자기 '이 찌질한 녀석아!'라고 하며 때렸다. 형은 그 때 저항도 하지 않고 한마디 말도 없이 슬리퍼를 끌고 그대로 돌아갔는데, 형은 그때 엄마가 아버지에게 자기가 한 말을 일부러 일렀다고 생각하는 것 같았다. 엄마는 그 때 일을 슬퍼하며 가끔 운다. 생선을 다 팔고 열 시가 지나 돌아온 아버지에게 엄마가 이제 기분 좀 풀라고 애원을 하자, 아버지는 꼭두각시 인형처럼 눈썹을 꿈틀거리며 그냥 한마디 하고는 혀를 끌끌 찼다.

"됐어! 그런 자식은 그냥 내버려 둬!"

어느 날 마우이(Maui) 섬에 사는 가와카미 노보루(川上昇) 씨(형이 일본에 있었을 때의 친구)에게서 오랜만에 편지가 왔다. 어느 토요일, 학교에서 돌아온 나는 엄마의 심부름으로 그것을 들고 캠프에 갔다. 다른 친구들은 모두 사탕수수 밭일을 하러 갔고 캠프는 비어 있었는데, 형은 자기 방에서 혼자 그림을 그리고 있었다. 커다란 도화지에 선녀를 그리고 있었다. 내가 겁먹은 목소리로 '시게루 형'하며 말을 걸자 낮은 계단이 있는 입구에 나타나서는, '나오토냐?'라고 힘없이 대답을 하며 당혹스러운 듯 도화지를 치워 버렸다.

"형, 무슨 그림 그리는 거야?"

내가 물었다.

"응, 이거?"

형은 대답을 하고는 다시 내 쪽을 보며 되물었다.

"왜 왔어?"

"이거."

나는 노보루 씨에게서 온 편지를 내밀었다.

"편지네, 누구한테 온 거지?"

이렇게 말하며 재빨리 받아들고 뒤집어 보았다.

"노보루네!"

형은 다소 활기찬 표정을 지으며 두세 번 앞뒤를 뒤집어 보았다. 그리고 다시 나를 보고 물었다.

"아직 더 볼일 있어?"

나는 우물쭈물하며 대답했다.

"노!"

"잠깐 기다려!"

갑자기 명령조로 말하더니 한두 번 기침을 하고 편지 봉투를 찢기 시작했다. 한쪽 눈썹만 쭉 올라가고 입을 앙다문 형의 그 때 모습은 형이 그리는 일본 사무라이 그림하고 똑같았다. 나는 형이 편지를 다 읽고 나면 형에게 무슨 말을 할까, 이번에 새로 다니기 시작한 호놀룰루의 학교 이야기를 할까, 생각했다. 일하면서 와이파후의 야학을 다니고 일본에서 일본화(日本畵) 통신강의록을 주문해서 공부를 하고 있는 형을 생각하면 어쩐지 주눅이 들어서 말을 붙이는 것이 부담스러웠다. 아버지하고 그렇게 된 것은 아버지의 고집스런 성격 탓도 있지만, 생각의 차이라 어쩔 수 없다, 엄마에게 좀 고분고분해도 되지 않을까, 엄마는 아버지 편만 드는 것도 아니다, 생활도 생활이지만, 어쨌든 네 살 때부터 그림을 그린 것도 그렇고 하와이에 와서도 그렇게까지 그림을 그리려고 하는 것을 보았기 때문에, 형의 기분을 존중하기도 하고 또 엄마로서는 어렸을 때부터 같이 살지 못했던 만큼 더 동정과 애정을 기울이고 있기도 하다, 그런 일들 때문에 엄마는 종종 울고 있다. 형에게 이렇게 이야기하려고 했지만, 그런 이야기는 더욱 더 하기 힘들었다. 그래서 방안을 둘러보니 한쪽에 크게 자리를 잡고 있는 책상자와 그 위나 옆에 이리저리 정리가 되어 있는 그림에 눈길이 미쳤다. 그래서, 그래 그림하고 책에 대해 이야기하자, 이렇게 결심했다.

그 때 형이 편지를 다 읽은 것 같았다. 내가 그쪽을 돌아보며,

"형, 비스마르크(Bismarck) 같은 그림은 이제 안 그려?"

라고 다소 힘을 주어 물었다.

"응? 비스마르크?"

형은 눈썹을 움직이며 되물었다.

"형이 언젠가 일본에서 와서 바로 나한테 준 그림 있잖아."

내가 이렇게 덧붙이자,

"비스마르크란 말이지?"

라고 혼자말처럼 중얼거렸다.

나는 왜 그렇게 빨간색을 좋아하느냐 하며 방금 전의 그림을 염두에 두고 물어보려 했지만, 그 눈썹이 움직일 것 같아서 그만두었다. 그리고 이번에는,

"형, 무슨 책 읽고 있어?"

라고 물었다.

"응?"

형은 다른 생각을 하는 것처럼 옆을 보고 있다가 내가 보고 있으니까 엷은 미소를 지으며 대답했다.

"뭐, 하와이 출신이 뭐 그런 걸 알겠어?"

나는 그 때 형이 두렵게 여겨졌고, 괜한 질문을 했다고 후회했다.

이제 슬슬 일을 마치고 캠프로 돌아오는 사람들이 있었다. 나도 말이 없는 형 앞에서 마음이 편치 않아 와이아와로 돌아가야겠다고 생각하고 있는데, 어디에서인가 갑자기 탕탕 하는 맑은 소리와 함께 뭔가 비명 소리 같은 것이 들려왔다. 지금까지 조용하던 캠프에 갑자기 동요가 일었다. 내가 이상하게 생각하자 형만큼 키가 큰 남자 한명이 계단으로 뛰어 올라와서 형에게 같이 가자고 말을 붙였다.

"나카지마! 격검(擊劍) 하자!"

　　그러나 형은 그저 웃기만 할 뿐,

　　"난, 싫어."

라고 힘없이 대답했다. 그 남자는 방안으로 들어와서 형을 억지로
끌고 나갔다.

　　목욕탕 앞 공터에는 방금 전 사탕수수 밭에서 돌아온 모습을 한
사람들이 모여 있었다. 옆 다케시타(竹下) 콤팡에서도 용사 몇 명과
구경꾼들이 와 있었다.

　　한 그룹이 끝났다. 이번에는 드디어 형의 차례였다. 형은 아까 자
신을 억지로 끌고 온 남자하고 시합을 하게 되었다. 그러나 형은 '면
(面)!'⁹을 쓰고 보호대에 죽도를 들고 하는 이런 시합을 좋아하지 않
다. 그런 형의 태도를 보고 상대 남자는 경멸스런 표정을 짓더니 순간
고압적인 눈빛으로 바뀌었다. 관중은 억지로 시합에 나온 형을 불쌍
하게 여김과 동시에 반쯤 흥미를 보이기 시작했다.

　　나는 어쩐지 그 자리에 있기가 힘들어져서 데크가 있는 뒷곁으로
가서 쭈그리고 앉아 있었다.

　　이윽고 응원소리와 함께 죽도가 뒤얽히는 소리가 들려왔다. 그러
나 상대 남자의 소리밖에 들리지 않는 것 같았다. 관중들이 와하고
웃는 소리가 들려왔다. 나는 이상하게도 살기가 끓어올랐고, 또 한편
으로는 억지로 형을 시합에 끌고 나간 캠프 사람들을 생각하며 거칠
게 침을 내뱉었다. 갑자기 신음을 하는 듯한 소리와 함께 찢어지는
듯한 비명소리가 일었다. 관중들의 웃음소리가 멈췄다. 나는 무슨 일

9　검도에서 얼굴을 보호하는 보호구.

이 일어난 걸까, 반쯤 불안한 심정으로 일어섰다.

폭발하는 것 같은 그 소리는 뜻밖에도 형이 지른 것이었다. 형은 두 어깨를 거칠게 위아래로 움직이면서 위협을 하는 듯 기합소리를 내며 상대 남자를 '면!', 몸통, 손목 등 닥치는 대로 두들겨 패기 시작했다. 관중들은 형의 이 모습에 얼이 빠져 있었다. 상대 남자는 형의 맹위 앞에 저항할 여지가 전혀 없었다. 형은 점점 더 상대를 압박해 갔다. 그 때 피를 토하는 듯 일갈을 내지르며 상대를 공격하는가 싶더니, 그 남자는 비틀비틀 뒷걸음질치며 관중들 속으로 고꾸라졌다. 그러자 이번에는 형이 '면!'이라고 하며 넘어진 상대의 정수리를 내리쳤다. 관중들이 이상하게 동요를 일으켰다. 그러나 형은 개의치 않고, '오오!'라고 외치며 여전히 죽도를 들고 부들부들 떨며 곧추섰다.

그때 상대는 죽도를 거두며, 기다리라는 손짓을 했다. 관중들도 형을 둘러싸고 달랬다. 그러자 형도 죽도를 거두었다.

면을 벗자 상대 남자는 형 앞으로 가서,

"어이, 나카지마! 억지로 하자고 해서 미안해. 잘못했어."

라고 하며 사과를 했다. 그에 대해 형은 딱히 인사도 하지 않았다. 하지만, 그 때 형의 눈은 빨갛게 핏발이 서 있었고 눈꼬리는 무섭게 치켜 올라갔다.

도구를 다 벗고 나니, 상대 남자는 팔이고 옆구리고 온통 붉은 자국이 나고 부어올라 있었다. 형은 아무데나 닥치는 대로 마구 상대를 때린 것 같았다. 그 남자는 옆 사람에게 형의 눈이 무섭게 빛이 나서 바로 볼 수가 없었다고 고백하고 있었다.

시합은 아직 이어지고 있었지만, 형은 옆에 있는 나를 돌아보며,

"나오토, 돌아가지 않을래?"

라고 물었다. 그 목소리는 비교적 냉정했지만, 나는 뭔가 지금까지 느낀 적이 없었던 압박감을 느끼며,

"갈래."

라고 하며 돌아가려고 했다. 그러자 형도 그대로 따라왔다. 나는 형의 이 뜻밖의 행위에 기뻐하며, 형과 나란히 걸었다. 나와 형이 이렇게 함께 걷는 것은 오랜만이었다.

아직 얼굴이 상기되어 있는 형은 걸으면서 말했다.

"나오토, 나 격검 잘 하지?"

"응."

"그런 상대라면 얼마든지 있어도 마찬가지야."

이렇게 말하는 형의 어조는 어딘가 모르게 격한 구석이 있었다.

"하지만 무서워."

나는 그 때 그만 이렇게 말하고 말았다.

"그래?"

형은 기분 나쁘게 웃었다.

얼마 안 있어 다케시타 캠프에 이르렀다. 그곳을 벗어나자 네거리가 나왔다. 그곳에서 형은,

"와이파후에 갈 거야. 잘 가."

형은 다시 아까 같은 표정을 짓더니, 사탕수수 밭 사이로 난 길을 따라 곧장 와이파후 쪽으로 걸어갔다. 나는 뭔가 찜찜한 기분으로 그곳에 서서 형의 뒷모습을 바라보았다. 키가 크고 앞쪽으로 중산모를 꾹 눌러쓰고, 하와이에 와서도 낮에는 기모노를 입고 게타를 신은

형의 모습을 …….

나는 이윽고 넓은 국도를 동쪽으로 걸으며, 와이아와에 돌아가서 오늘 있었던 일을 엄마한테 어떻게 이야기할까, 고민하기 시작했다.

---------- 9 ----------

카이울라니 스쿨에 다닌 지 약 한 달이 되었다. 이제 같은 반 친구 서른 명하고는 다 아는 사이가 되었다. 방과 시간, 특히 점심시간은 축제처럼 떠들썩하고 즐겁다. 나는 매일 다른 것을 먹었는데, 상급 클라스 여학생들이 만든 스튜 라이스가 가장 맛있었다. 스펠링 시험은 매일 있었는데, 90점이 세 번이고 나머지는 백점. 전부 백점은 세 명 뿐. 나와 같은 성적인 사람이 다섯 명. 미스 루이즈와 펄 시티의 미스 호카노의 차이를 말하자면, 미스 루이즈는 밝은 사람이라서 스펠링 시험 때 교실을 순회하다가 가끔씩 노트를 들여다보며 틀린 곳이 한군데도 없으면 머리를 쓰다듬어 준다. 나에게는 세 번 '굿'이라고 하며 머리를 쓰다듬어 주었다. 그 대신 자로 손바닥을 두 번 맞기도 했다.

오늘 다 같이 학교 맞은편에 있는 카메하메하 학교의 비숍 박물관에 갔다 그곳은 자연과학에 관한 박물관으로 저명하다. 카나카의 유령, 폴리네시아의 유적. 진기한 어족(魚族), 물고기 뼈. 그런 것들이 모두의 눈길을 사로잡는다. 조금 어두컴컴한 넓은 관내에 하와이 민족의 영혼의 눈이 빛나고 있는 것 같아서, 보고 있는 동안 점점 음산해졌다. 또한 방부제 탓인지, 이상한 냄새가 떠돈다. 밖으로 나오자 로즈가 웃으며 기다리고 있었다. 잔디 위에 앉아서 요즘 어떻게 지내 는지 서로 이야기했다. 언제나 총명한 로즈.

다음 주 수요일은 아마 와이키키 해안으로 소풍을 갈 것이다.

왕성한 지식욕, 의미 있는 일상!

——— 10 ———

10월 1일.

구로가와 준 일가가 갑자기 이사를 가 버렸다. 어부 일을 그만두고 8번 다케시타 콤팡 사탕수수 재배를 하게 된 것이다. 갑자기 이사를 가게 된 이유는 강어귀를 사이에 두고 이웃해서 살고 있는 오리 농장 집 다카사키 아줌마와 구로가와 아줌마가 서로 성격이 맞지 않기 때 문이라 한다.

그러나 더 자세히 말을 하는 사람들은 남자 문제와 관련이 있다고 한다.

남자─그것은 독신인 야베 씨라고 하기도 하고 또 우리 집 옆에 사는 다사카(田坂)를 말한다고 하기도 한다. 야베 씨는 신명이 나서 돌아다니는 유키노를 따라다니는 것을 보기도 했고, 이웃집 쓰토무 (勤) 네 아버지인 다사카 아저씨는 아줌마도 있고 그렇게 과묵한 사람 이─.

또 다카사키 아줌마는 우리 엄마하고 친자매처럼 사이가 좋기도 하고 무슨 일이든 터놓고 이야기하는 사이라서 그런 일이라면 다 터놓았을 것이고, 무슨 일이든 다 내게 이야기해 주는 우리 엄마는 나에게 바로 이야기해 줄 것인데— 이상한 일이다.

유키노 네 엄마가 그렇게나 많은 벼농사를 통제할 수 있는 것은 대부분 일꾼 시모노 씨와 물 공급자인 바나나 할아버지 아 산, 그리고 젊은 소작인 요코이(橫井) 씨를 잘 다룬데서 오는 것으로, 그것은 말해서는 안 되는 와이아와의 비밀스런 영광이지만, 이번 일이 사실이라면 그게 단순한 정사로 끝날 수 있을까? 아아 와이아와의 통제와 색욕의 문제! 세상은 억측으로 가득 차 있다. 어른들이 하는 일은 우리들로서는 이해가 가지 않는다. 카히나리가 아는 척을 하는 것을 보니 그 아이도 그런 실수를 저지른 것은 아닐까? 카히나리 다음은 지금 상황으로는 아마 오구치 유키노일 것이다.

—— 11 ——

카히나리는 집에 돌아오고 나서는, 매일 자기 집 툇마루에 흔들의자를 가져다 놓고 그곳에 앉아 우쿨렐레를 연주하며 노래를 부르고 있었다. 그러나 삼십 분 이상 노래를 부르고 나면, 그 다음에는 그냥 우쿨렐레를 손톱 끝으로 튕기고 있을 뿐 다른 생각을 하는 것처럼 한두 칸(間)[10] 정도 앞쪽에 있는 마룻바닥을 바라보고 있다.

10 거리의 단위로 약 1.8m.

조 노인은 허구한 날 오두막 안에서 좋아하는 포이(poi)[11]를 만들고 있다. 아내인 라카는 아침부터 저녁까지 집 앞 바다에 들어가서 물고기나 게를 잡는 것이 낙이다.

그런데 카히나리가 펄 시티교 끝에 사는 펠레 자매와 매일 밤 다리 근처에 나와 있다는 소문이 들려왔다.

"그러니까 나오토, 이제 그런 펠레 자매하고 노는 카히나리하고는 어울리지 마."

고지식한 누나는 예의 그 비평적인 눈빛으로 말한다.

그러고 보니 카히나리는 역에서 모이는 우리들의 모임에도 통 얼굴을 내밀지 않게 되었다.

그런 소문이 나고 이삼 일 지나서, 밤에 구마오 네 집에 놀러가다가 와이아와 역 근처에서 군인 둘이 누군가를 기다리는 표정으로 담배를 피우고 있는 것을 보았다.

나는 구마오에게 그 이야기를 했다. 그리고 둘이서 가보니, 군인들은 이미 그곳에 없었다.

다음날 과연 카히나리가 집을 나갔다는 사실을 알게 되었다. 라카 할머니는 개를 옆에 두고 슬퍼서 하루 종일 와인을 마시며 울고 있었다. 조는 소리는 내지 않았지만, 오두막에서 천천히 포이를 만들며 가끔씩 손으로 코밑을 문지르고 있었다.

불쌍한 조와 라카.

마당에는 하와이오렌지가 노랗게 가지를 늘어뜨리고 있었다.

---

11 하와이의 토란 요리. 타로토란을 짓찧어서 만든 것으로, 하와이의 주식.

──── 12 ────

구로가와 준 일가가 사탕수수 경작지로 이사를 간지 아흐레 되던 날, 갑자기 구마오 네 일가족 세 명이 또 이사를 가게 되었다. 구로가와 준들과 같은 8번 콤팡이다. 그곳에서 구마오도 사탕수수를 재배하는 일을 하러 다닐 것이라고 한다. 그렇게 하기로 약속을 하고 자전거를 받았다고 하며 구마오는 빨간 칠을 한 자전거를 보여주었다.

나는 슬펐다. 지금 나와 가장 친한 친구가 먼 곳으로 가는 것이다. 서로 돕던 친구들, 자주 같이 잠을 자던 사이, 그리고 방학 때면 매년 아버지의 마차로 함께 파인애플 일을 하러 다니던 사이.

구로가와 준, 그리고 카히나리, 거기에 나의 구마오, 그들과의 이산(離散). 열흘도 되지 않는 동안 일어난 일들이다.

이사를 하는 날 나는 호놀룰루에서 평소보다 일찍 돌아와 보았다. 내가 돌아오기를 기다리고 있었다고 하며 이미 짐을 다 실은 트럭은 우리 집 뒤쪽 길에서 기다리고 있었다. 내가 그곳으로 뛰어올라가자 트럭은 흔들리며 사탕수수 밭 울타리를 따라 움직이기 시작했다.

──── 13 ────

구마오가 가버리자 와이아와는 갑자기 쓸쓸해졌다.

그러나 아침에 내가 호놀룰루 역에서 기다리고 있자니, 구마오는 매일 아침 그랬던 것처럼 다케시타 콤팡에서 새 자전거를 타고 나를 만나러 왔다. 드디어 준이 엄마하고 같이 사탕수수 밭 일을 시작했다는 이야기와 구마오 자신도 이삼일 안에 역시 사탕수수 밭 일을 할 것이라는 이야기를 했다. 기차가 움직이기 시작하자, 그도 역시 빨간 칠을 한 자전거를 타고 중산모를 흔들어대며 원래 왔던 길을 되돌아갔다.

구마오가 없어지고 나자, 나의 당면 문제는 아칸추 남매의 태도가 갑자기 도전적으로 바뀌었다는 것이다. 나는 그들의 갑작스런 습격을 경계해야 한다고 생각했다. 나는 역 안 화물 위에 누워 뒹굴거리며 아무 생각 없이 벽에 있는 낙서를 읽고 있었다.

"다카사키 아줌마는 다사카 아저씨하고 비리키아(큰일)가 될 것 같다.……"

이런 낙서가 있었다. 그 때 내 머릿속에 요즘 거의 매일같이 우리 집 키친 옆을 말도 하지 않고 이리저리 눈알을 굴리며 지나가는 가무잡잡한 다사카 아저씨가 떠올랐다. 그러나 지금 나는 딱히 흥미가 생기지는 않았다. 그보다 어쩐지 와이아와 역이 별로 재미가 없어진 것이 슬펐다.

나는 일어나서 아무 생각 없이 입구 쪽으로 바깥을 내다보았다. 해질녘이 되어서 바다에서 돌아오는 다카사키 씨네 오리 떼들이 푸드덕거리며 모여들어 강어귀는 시끌시끌했다.

그때 나는 등 뒤에서 인기척을 느꼈다. 그리고 돌아본 순간 아칸추가 뭔가 하얀 것을 나를 향해 던졌는가 싶었다. 그 때 그것이 내 얼굴에 와서 터졌다. 맹렬한 악취가 코를 찔렀다. 썩은 달걀을 던진 것이었다. 나는 그들을 쫓아가려고 했다. 그러나 너무 서두르는 바람에 측면 입구 계단에 걸려 넘어지고 말았다. 그리고 하마터면 강물에 빠질 뻔 했는데, 푸푸 숲에 걸려 겨우 살았다. 나는 아랫입술을 꽉 물고 그들의 뒷모습을 바라보았다.

그러자 두 사람은 늘 그랬던 것처럼 '치어', '치어'(달려라 달려라)라고 열심히 외치며 몽구스처럼 자기네들 집 쪽으로 도망을 쳤다. 나는 뒤를 쫓아가는 것을 단념하고 다카사키 씨네 집으로 갔다. 그러나 집안은 깜깜하고 아무도 없는 것 같아서 세수만 하고 아픈 다리를 질질 끌 듯이 해서 밭두렁 길로 해서 유키노 네 집에 들렀다. 엄마에게 그런 모습을 보이고 싶지 않았던 것이다.

유키노가 깜짝 놀라서 오구치 아줌마하고 둘이서 보살펴 주었다.

이제 날은 완전히 저물었고, 오구치 씨는 높은 툇마루에서 맞은편 섬에 있는 사탕수수 밭에서 불이 난 것을 보고 있었다.

"이번에는 불이 꽤 크게 났군."

이렇게 말하며 오구치 씨는 망원경을 눈에 대고 보고 있었다. 만조때 차올랐던 바다(진주만)에 비치는 십 리에 이르는 불은 타닥타닥 하는 엄청난 소리와 함께 점점 번지고 있었다.

"언젠가 그랬던 것처럼 캠프가 홀라당 다 타 버리지 않으면 좋겠는데—"

이렇게 말하며 걱정을 하고 있었다.

유키노는 그런 일보다 아칸추가 또 못되게 군다는 것을 아주머니에게 자꾸만 일러주며 분개하고 있었다.

"그렇게 못된 짓을 한다면 나오토하고 둘이 같은 편이 되어서 앞으로 아칸추 남매를 때려 주면 되잖아."

아줌마는 그렇게 말하고는 두 사람 얼굴을 번갈아보며 웃었다.

"이야, 불이 엄청난데. 내일 아침까지 탈 건가봐."

아저씨는 망원경을 떼지 않고 아직도 그런 말을 하고 있었다.

---------- **14** ----------

어느 날 학교에서 돌아와 보니, 키친 옆에서 다카사키 아줌마가 엄마의 무릎에 기대어 둘이서 울고 있었다.

내가 나타나자 두 사람 모두 울음을 그쳤고, 엄마는 살짝 미소를 지으며 말했다.

"아유, 나오토 벌써 돌아왔구나."

다카사키 아줌마도 눈물을 닦으며 말했다.

"나오토, 구마오도 없어서 심심하지?"

나는 겸연쩍어 하며 그냥 웃으며 집안으로 들어갔다. 평상복으로 갈아입고 키친으로 가니 다카사키 아줌마는 벌써 돌아가고 없었다. 나는 구운 경단을 입안에 넣고 우물거리며 물어보았다.

"마마, 왜 운 거야?"

그러자 엄마는 좀 당혹스러워 하며 말을 얼버무렸다.

"다카사키 아줌마 이야기가, 노."

엄마는 말을 하려다 살짝 웃었다.

"아줌마 이야기라면, 무슨 일이 있었던 건가?"

이렇게 묻다가 나는 문득 역에 있던 낙서가 떠올랐다.

"그러고 보니, 전철역에 일전에 이런 낙서가 있었는데, 음 그러니까 어떻게 써 있었더라. 그래, 다사카 아저씨 어쩌고저쩌고 하는 내용이었어."

내가 말을 다 끝내기 전에 엄마가 손으로 막으며 말했다.

"그렇게 큰 소리로 말하지 마. 아저씨가 지나가면 안 돼."

그리고 한숨을 쉬듯이 덧붙였다.

"다카사키 네 마마도 아직 젊어서 생각이 짧아."

그래서 나는 아까 둘이서 울고 있던 상황을 대충 짐작할 수 있었다. 즉 애욕 문제로 약해지려는 자기 자신에 대해 엄마에게 이야기하러 온 것이다.

"마마, 다카사키 아줌마는 그 정도면 미인인 편이지?"

내가 말했다.

"나오토, 너는 어떻게 생각해?"

엄마가 미소를 지으며 물었다.

그런데 그날 밤의 일이었다. 형이 일하는 야마베 캠프에서 감독인 야마베 씨가 오랜만에 찾아왔다. 그러나 야마베 씨는 평소 올 때처럼 술을 마신 것 같지는 않았고, 작은 체구에 금으로 된 시계 줄을 가슴에 늘어뜨린 모습이 어딘지 모르게 엄숙해 보였다. 아버지는 아직 돌아오지 않았다. 엄마는 키친에서 와인을 권했지만 야마베 씨는 거기에는 손도 대지 않고 조용한 어조로 이야기를 하기 시작했다. 그리고 한 시간이나 지나서야 돌아갔다.

우리들은 야마베 아저씨가 무슨 일로 왔나 하고 생각했다. 그 때 엄마가 들어와서 램프 아래에 모여 있는 우리들에게 말했다.

"내일부터 잠시 시게루 형이 오게 되었어."

"무슨 일로?"

내가 물었다.

"너무 책만 읽어서 머리가 좀 아프대."

아무렇지 않은 듯 그렇게 말은 해도 엄마의 동작은 어딘가 모르게 신중했다. 우리들은 말없이 얼굴을 마주보았다.

——— 15 ———

아버지는 오전 중에는 일을 쉬기로 하고 풀의 도크에서 일을 하고 있는 고로쿠(五六) 삼촌에게 부탁해서 야마베 캠프에서 형을 데려 오기로 했다. 야마베 씨의 말로는 형은 삼촌의 원활한 성격에 익숙하다.

학교에서 돌아와 보니, 형하고 삼촌은 벌써 와 있었다. 나는 갑자기 집안이 활기를 띤 것 같아서 신이 나서 물었다.

"삼촌, 언제 왔어?"

삼촌은 벌러덩 누워 있는 형 옆에서 신문을 읽고 있었는데 내 목소리에 고개를 들고 안경 너머로 나를 올려다보며 대답했다.

"오, 나오토구나."

그러나 다음 순간 어딘가 모르게 당혹스러워 하는 것 같았다. 안쪽 방에서 평상복으로 갈아입고 나오니, 손짓을 하며 엄마가 나를 불렀다.

"나오토, 그러니까 말야, 앞으로 형이 집에 있는 동안은 될 수 있는 한 형에게 호놀룰루 학교에 가는 모습은 보이지 말아."

엄마가 귀엣말을 하듯이 말했다. 나는 아까 삼촌이 좀 당혹스러워하는 모습이 이해가 가는 것 같았다.

"형 누워 있던데, 정말 머리가 아픈 거야?"

"응, 뇌 쪽이 좀 안 좋대."

"의사를 부르면 되잖아."

"방금 전에 와이파후에서 맥 가테간이 왔어."

"괜찮은 건가?"

"응—"

그러나 엄마의 그 목소리에는 어딘가 주저하는 기색이 보였다.

저녁에 형하고 삼촌이 새로 가세한 가운데 우리들은 키친의 랜턴 아래에 있는 테이블을 둘러싸고 식사를 했다. 형을 위해서라고 하며 닭고기 수프가 나왔다. 그러는 동안에도 삼촌은 형 옆에서 형을 이리저리 달랬다. 엄마도 끊임없이 신경을 쓰며 두 사람 사이에서 맞장구를 치고 있었다. 나는 형에게 말을 하고 싶었지만, 형은 말없이 고개를 숙이고 있었고 말을 해도 귀에 들어오지 않는 것처럼 바로바로 대답을 하지 않아서, 형의 동작을 그냥 바라보기만 했다. 그러자 가끔씩 형은 갑자기 고개를 들고 이리저리 둘러보기 시작했다. 삼촌은 그 때마다 쫓아가듯이, '시게루', '시게루'하고 불렀다. 형이 삼촌 쪽으로 돌아보았을 때, 삼촌이 '시게루, 어떻게 된 거야'라고 따뜻하게 말하며 웃는 표정을 지어 보이자, 형도 좀 안심한 듯이 삼촌의 얼굴을 응시하며 쓸쓸하게 웃었다. 그 때 형의 눈은 열이 나는 것처럼 빨갛게 핏발이 서 있었고 조금 위로 치켜올라갔다.

아버지는 8시 무렵 조금 일찍감치 돌아왔다. 마차를 정리하고 집에 들어오자 형은 손을 이마에 올리고 누워 있었다. 아버지는 될 수 있는 한 명쾌하고 아무렇지 않게, '시게루, 좀 어떠냐?'하며 어색하게 웃어보였다. 형은 일어나서 아버지의 얼굴을 바라보았지만, 그저 입 가에만 미소를 띠고 있는 표정이었다. 그것은 보기에 따라서는 절망 적인 환자에게서 종종 볼 수 있는, 비애에 가득 찬 조용한 표정으로도 보였다. 그런 형의 표정도 삼촌은 놓치지 않았다.

형을 중심으로 온 집안이 묘하게 긴장되고 어두워진 느낌이었다. 나는 통학을 몰래 하듯이 해야 했다. 형은 이제 책을 읽지 않았다. 화필도 잡으려 들지 않았다. 그리고 안채 입구에 앉아서 누우려고도 하지 않았다. 삼촌은 하루 종일 어린아이처럼 '시게루', '시게루' 하며 계속해서 달래야만 했다.

그리고 사흘째 되던 날의 일이었다.

나는 학교수업이 끝나자 오랜만에 아알라(Aala) 가의 도미가와 히 데오(富川秀夫)를 방문하였다. 그 날 밤 그는 굳이 자고 가라며 나를 붙잡았다. 그러나 나는 마음 한켠에서 집 생각을 하면 걱정이 되기도 해서 주저하는 기분이 들었다. 하지만 어쨌든 히데오가 하자는 대로 둘이서 근처 일본영화 전문 상설관에 들어갔다. 그러나 그 날은 그냥 시사회였고, 변사는 박자를 맞추는 딱딱이, 북, 샤미센 등의 악기를 사용하며 스크린에 대고 목소리를 바꾸어가며 대사를 하고 있었다. 관객은 우리들 외에 일고여덟 명으로 근처 사람들이었다. 두 시간 정도 지나서 히데오는 꾸벅꾸벅 졸기 시작했고 졸려우니까 돌아가겠 다고 하며 먼저 돌아갔다.

그런데 그리고 나서 채 십분도 되지 않았을 때였다. 히데오가 숨을 헐떡거리며 데굴데굴 구르듯이 다시 돌아왔는가 싶더니 이상하게 우물거리며 흥분을 해서 말했다.

"나오토, 유의 형이 죽었어! 기차에 치여서! 전화가 왔어, 빨리 돌아가!"

그는 내 귀에 대고 고함을 쳤다. 나는 무슨 말인지 이해가 되지 않았다. 다만 '형', '죽었어'라는 말만 간신히 귀 끝에 들려왔다

그날 밤, 호놀룰루 마지막 열차인 12시 기차로 나는 도미가와를 동반하여 서둘러 돌아갔다. 마지막 열차는 당일치기로 호놀룰루 구경을 다녀오는 사람들과 풀루아(Pulua)와 쇼필드(Scofield) 병사로 돌아가는 병사들이 대부분으로, 피로와 취기에 가득 차 있었다. 병사들이 원주민 여자들과 희희락락하는 소리에 떠들썩했다.

나와 토미가와는 서로 마주보고 앉았다. 나는 유리 창문을 통해 어두운 바깥을 바라보고 있었다. 어디에선가 등대 불빛이 명멸하며 어느 새 '형', '죽음', '형', '죽음' 이런 문자를 그리고 있는 바람에 그것을 지우려고 몇 번이나 고개를 옆으로 흔들어야 했다. 그러나 나는 육신이 정말로 죽었다고 할 만큼 비통한 기분은 들지 않았다. 어쨌든 그냥 막연히, 우리 집에도 '죽음'이라는 형태로 하나의 커다란 불행이 찾아왔구나 하는 생각이 들었다. 그리고 그런 불행이 일어났을 때, 그 자리에 없었다는 점에서 뭔가 어떤 과실을 저지른 것 같은 기분이 들었고 그래서 엄마에게 미안한 마음이 들었다. 그러나 도미가와는 침착한 표정으로 조용히 말했다.

"나오토, 시게루 형이 죽었으니 슬프겠지. 그쪽에 가도 너무 기운

이 빠져 있으면 안 돼."

이 말에 나는 형과의 접촉을 기억해냈다. 그리고 두 가지 사실이 또렷하게 머리에 떠올랐다. 그것은 언젠가 아직 형이 일본에서 온지 얼마 안 되었을 때의 일로, 어느 날 형을 안내해서 호놀룰루에 간 적이 있었다. 그런데 형은 일본 서적을 파는 책방만 훑고 다니느라 그곳에서 떠나지 않고 하루를 보냈다. 어느 거리 모퉁이에 왔을 때 갑자기 그곳 전봇대에 있던 화재경보기가 울리기 시작했다. 그러자 형은 당황해서 웅얼거리며 근처를 이리저리 돌아다녔고, 출동을 한 자동차 펌프 소방수들은 심하게 야단을 쳤다. 내가 형을 위해서 해명을 하고서야 겨우 사태가 진정이 되었는데, 형은 그 상황을 전혀 이해하지 못하고 다시 책방과 화구점을 들렀다. 내가 그런 형을 울상을 지으며 바라보던 일. 그러나 지금 내 머리 속에는, 그 일이 있고나서 3년이 되기 3주일 전 마우이 섬의 노보루 씨의 편지를 가지고 형을 찾아갔을 때의 일이 방금 전 보던 영화의 연속 장면처럼 나타나서 나를 슬프게 했다. 형의 이상한 격검과 오륙백 백 미터 되는 길을 나란히 걷던 일, 그리고 사거리에 왔을 때 베레모와 일본 기모노, 게타 차림으로 뒤도 돌아보지 않고 와이파후로 가는 길을 걷고 있던 키가 큰 형 …… 그 형이 다시 내 머리에 떠오른 것이다.

바깥은 아이에아(Aiea) 바다였다.

기차는 펄 시티에 도착했다. 그러나 나는 아직 형의 죽음을 믿을 수가 없었다.

둘이서 선로를 걸으며 펄 시티의 다리를 건너자 불빛이 없는 밤 와이아와 역 부근은 완전히 캄캄해서 아무 것도 보이지 않았고, 그저 근처 신호기가 마지막 열차를 보내며 푸른빛을 발하고 있었다. 그러나 와이아와 역 가까이에 왔을 때 우리 집 방향으로 무수한 랜턴이 날아가는 것이 보였다.

역시 형은 죽은 것이었다. 많은 사람들이 나를 맞이했고, 불단 앞에 울며 쓰러져 있는 엄마에게 기다시피 가서 앉자, 엄마는 미친 듯이 내 손을 잡아끌었다.

죽은 형의 모습은 비참했다.

모두 방바닥에 아무렇게나 앉아서 이 사건을 이야기하며 서로 탄식을 했다.

그날 오후부터 형의 용태가 갑자기 이상해졌다고 한다. 형은 자꾸만 애타게 의사를 기다렸다. 삼촌이 엄마와 함께 와이파후의 의사에게 급히 사람을 보내기 위해 의논을 하고 있었다. 형은 입구에 앉아서 그 틈을 타 자꾸만 툇마루를 노리고 있었다. 거기에는 부주의하게도 커트 캔 나이프(cut cane knife, 사탕수수를 자르는 칼)가 하얗게 빛나고 있었다. 삼촌이 달래며 방으로 데리고 가려고 하자 형은 애원하듯이 '삼촌!' 하며 불렀다. 의사가 오고 저녁이 되자 형은 이번에는 눈이 안 보인다고 하기 시작했다. 삼촌과 엄마가 번갈아가며 어르고 달래자 형은 울음을 터트릴 듯 한 표정을 하고 자신의 손을 바라보기 시작했다. 그리고 식사 때였다. 갑자기 닭의 뼈가 형의 목에 걸렸다. 형은 엎어질 듯이 기침을 하더니 마침내 데굴데굴 구르듯 키친에서 밖으로 내달렸다. 바깥은 어두웠다. 삼촌과 엄마들은 동시에 뒤를 따라 밖으로 따라 나갔지만 이미 형의 모습은 보이지 않았다. 그 때 와이아와 역 앞에는 화물열차가 엄청난 기세로 달려오고 있었던 것이다. …… 아버지는 아직 돌아오지 않았다.

다음날은 정오부터 장례식이 있었다. 우리 부락을 비롯해 각 지방에서 모여든 지인, 관계자 이백여 명 가까운 사람들은 형의 관을 중심으로 마당에 있는 오래된 오하이 나무 아래에서 기념 촬영을 했다. 관 바로 뒤에 앉아서 고개를 숙이고 있는 아버지는 여전히 울고 있었다.

──── 16 ────

형의 장례식이 있고 일주일이 지나서 우리들은 아버지를 남기고 일본으로 돌아가게 되었다.

"돌아가면 시게루의 무덤과 함께 할아버지와 할머니의 무덤을 다시 만들어 줘. 그리고 할아버지와 할머니에게는 16년 동안의 불효에 대해 사과를 하도록 해."

아버지는 갑자기 머리에 백발이 늘어난 것 같았다.

출발 전날이었다. 나는 학교에 마지막으로 이별을 고하러 갔다. 미스 루이즈가 나를 보더니, '오 아이 엠 쏘리'라고 자꾸 반복하며 내 머리를 쓰다듬었다. 나는 두 달도 되지 않아서 학교를 그만 두어야 했다.

학교를 나오자 종이 울렸다. 그리고 이윽고 엄숙한 국기 게양식이 끝나자 드럼 소리가 내 귀에 들려왔다. 나는 로즈도 만나고 싶었다. 그러나 시간이 없어서 단념하는 수밖에 없었다.

저녁에는 구마오도 구로가와 준도 캠프에서 와이아와 역으로 달려왔고, 우리는 아이들끼리 송별회를 열었다. 우리들은 역의 양 문을 활짝 열고 제각각 가져온 음식을 신나게 먹었다. 우리들 주위에 있는 벽에는 천정에 닿을 만큼 가득 찬 낙서가 제각각의 모습으로 석양에 빛나고 있었다. 모두가 내 목에 이별의 꽃다발을 걸어 주었다. 그러나 아칸추 남매는 보이지 않았다. 나는 북쪽 입구 쪽에서 발돋움을 해서 그들을 불렀다. 그러나 그들의 모습은 결국 나타나지 않았다.

"그런 녀석들은 내버려 둬!"

구마오가 옆에서 말했다. 그러나 나는 일전에 싸움을 한 이래로 아직 화해를 하지 않은 것을 생각하면 마음에 걸려서 참을 수가 없었다.

집에서는 엄마가 다카사키 아줌마에게 뭔가 단단히 이르고 있었다. 아줌마는 그 때마다 신체를 앞으로 굽히듯 끄덕거리며 앞치마로 눈물을 닦고 있었다.

10월 25일, 우리들은 서둘러 아버지의 마차를 타고 그 지역을 떠났다. 그리고 그날 바로 우리 대신 와이아와로 누군가 이사를 오는 것을 보았다.

— 1933년 12월

하와이의 두 소년과 캠프

———— 상 ————

우리 아버지는 생선 장수였다. 아침에는 6시 반 기차에 올라타서 십 리나 떨어져 있는 호놀룰루의 어시장으로 나간다. 하지만 세 시간 정도 지나면, 네다섯 광주리의 숭어, 다랑어, 문어 등 생선을 떼서, 그것들을 들고 다시 호놀룰루 정류장으로 돌아온다. 그리고 이번에는 광장 나무그늘에 매어 놓은 짐마차에 그 생선들을 싣는다. 이윽고 마부석에 서 있는 아버지가 채찍으로 말등을 한 번 내려치면, 크고 높은 짐수레는 위세 좋게 언덕길을 달각달각 달려 올라간다. 이렇게 해서 아버지는 하루 종일 캠프 이곳저곳으로 생선을 팔러 돌아다닌다.

아버지는 장사치답지 않게 평소에는 별로 말이 없는 편이었다. 키가 크고 약간 마른 편이다. 눈에는 광택이 있었고 그것이 가끔은 뭔가 말을 하듯 이리저리 움직인다. 그런데 평소 말이 없던 그 아버지가 요 이삼년 동안 여름이 되면 꼭 양쪽 볼에 떨떠름한 미소를 지으며 보고를 하는 것이 하나 있었다. 그것은 이런 것이었다.

"마우카(Mauka)도 그렇고 와이아와도 그렇고 모두 타이나프(파인애플의 사투리)가 컸네, 정말로.……"

그리고 그 때마다 누나는 옛 친구 이케가미(池上) 씨를 믿고 혼자서 용감하게 본고장인 와이아와에 가는 것이었다.

원래 학생들의 여름방학(서머 버케이션)과 타이나플 일은 적지 않은 관계가 있었다. 칼끝처럼 쭉 뻗어있는 푸른 잎이 빼곡이 자란 가운데에 파인애플 송이를 단 타이나플이 몇 에이커인지 알 수 없을 만큼 넓은 밭에 줄지어 일제히 노랗게 익을 바로 그 무렵, 각 학교에서는 기말시험도 끝나고 두 달여 동안의 긴 여름방학이 시작된다. 그러면 각지에 있는 학생들은 앞 다투어 캠프 여기저기로 쏟아져 들어온다. 그러나 각 캠프는 모두 수용인원이 제한되어 있다. 그래서 운 좋게 채용이 된 사람은 일종의 긍지마저 느꼈고, 떨어진 사람들은 모처럼 맞이한 긴 방학을 하릴없이 따분하게 보냈다. 왜냐하면 캠프에서 일을 하는 것은 그들 학생들에게는 의미 있는 경험이기도 했고, 또 한편으로는 즐거운 사교활동이기도 했기 때문이다. 그렇기 때문에 그 곳에 한 번 갔던 사람은 대개 다음 해에도 또 가고 싶어 한다.

나는 그 때 이미 열네 살이나 되었다. 아버지는 최근 나에게 든든한 친구가 생긴 것을 알고 있었다. 이름은 구마오로, 이틀 전에 이곳(와이피오, Waipi'o)으로 이사를 왔다. 원래 어부의 아들이다. 그는 나보다 키도 크고 힘도 세다. 얼굴에는 그가 아직 어렸을 때 당나귀한테 물려서 생겼다는 커다란 흉터(코 옆에서 볼에 걸쳐)가 있다. 그런데 평소와 같이 아버지가 호놀룰루로 나가기 전에 내가 마굿간에서 말에게 여물을 주고 있던 어느 날 아침, 아버지가 옆에 와서 기분 좋게 말했다.

"나오토……, 너 올해 말야 나카하라(中原) 아줌마가 가 있는 마우
카에 가지 않을래? 구마오하고 같이 말야."

해질녘의 일이었다.

누나(올해는 와이아와에 다니는 것을 그만두었다.)가 가세한 일행은 아
버지의 짐마차를 몰고 사탕수수 밭 사이로 난 살짝 오르막진 언덕길
을 먼지를 풀풀 날리며 올라갔다. 아버지는 때때로 채찍으로 말 등을
살짝 때리면서 우리가 가는 마우카에 대해서 드문드문 이야기를 해
주었다. 누나는 아버지와 마부석에 앉았고, 나하고 구마오는 생선 비
늘이 말라붙어 있는 바닥에 붙여 놓은 나무 상자에 등을 기대고 주변
의 단조로운 경치를 보고 있었다. 높이가 4,5피트나 되게 새파랗게
쭉쭉 뻗어 있는 사탕수수 이파리가 사각사각 바람에 나부끼는 가운
데, 가끔씩 허리를 굽혀 일하고 있는 사람들의 상반신이 보인다. 한손
은 허리를 짚고 다른 한손으로는 손잡이가 긴 낫을 들고 잠시 쉬며
우리들 쪽을 바라보는 여자의 얼굴, 그리고 길가에는 어린아이 둘이
엄마를 기다리는 듯이 흙장난을 하며 놀고 있다. 이리 저리 몸을 흔들
리며 이제 그럭저럭 두 시간 가까이 온 것 같다. 나와 구마오는 방금
지나온 길을 돌아보면서, 와이피오에 두고 온 집은 어느 쪽일까 서로
이야기하며 고개를 들고 노을이 지기 시작한 먼 하늘을 바라보았다.
하지만 정확한 방향은 알 수가 없었다.

그리고 마침내 목적지인 캠프에 들어섰다. 캠프는 꽤 높은 지대에
있었다. 맞은편에는 녹음이 짙은 산허리에 평탄한 콜라우(Ko'olau) 산
맥이 가로지르고 있었고, 그 바로 앞에는 구불구불 기복이 있는 적토

의 언덕이 저 멀리 아득하게 이어지고 있었다. 언덕 일대에는 질서정
연하게 무수한 선을 그려 놓은 듯한 녹색 타이나프 밭이 온통 펼쳐져
있었고, 풀숲과 관목이 무리를 지어 자라고 있는 언덕과 언덕 사이에
서는 드문드문 야생 소가 어슬렁거리고 있었다. 방금 전 우리들 일행
이 마지막으로 사탕수수 밭을 빠져나온 후, 짐마차(웨건)를 몰고 있는
오른편 언덕 한 쪽 구석에는 쭉 뻗은 서양소나무(파인트리) 숲이 우거
져 있었고, 붉은 페인트색이 선명한 Pearl City co.(펄 시티 주식회사,
통조림공장)은 그 숲을 배경으로 조용히 석양빛을 받으며 세 신참자의
눈을 현혹하고 있었다. 그리고 그곳을 기점으로 부채처럼 펼쳐진 전
면의 평지에는 하얀 단층 연립 판자 주택들이 종횡으로 납작하게 줄
지어 있었다.

캠프는 지금 저녁식사 시간이라, 수없이 많은 작은 키친의 굴뚝에
서는 연기가 제각각 서로 얽히고설키며 가늘고 길게 피어오르고 있
다. 지금 막 하루의 노동을 마치고 돌아온 캠프 사람들의 왁자지껄한
소리가 고요한 사방의 풍경을 압도하며 엄청난 소용돌이를 일으키고
있다. 그 사이를 어울리지 않게 둔중한 오키나와(沖繩) 샤미센(三味線)
소리가 퍼져 나가고 있었다.

그날 밤 세 사람은 각자 자기 번호를 받고는 이상하게 흥분한 분위
기 속에서 나카하라 아주머니가 나서서 마련해준 판자주택의 방 한
켠에서 같이 잤다. 한편 누나는 이곳의 선량한 목욕탕 아주머니의
집에서 계속 지내기로 했다.

다음날 아침 일찍 사무소(오피스)에 나가니 피부가 희고 젊은 일본
인 감독이 우리 두 사람을 갈라놓아 버렸다. 그리고 구마오는 내근,

나는 외근을 하라고 지시했다.(임금은 한 시간에 8센트). 이렇게 결정이
되자, 나는 좀 실망을 했다. 왜냐하면 물론 그와 함께가 아닌 것도
이유 중의 하나임에 틀림없지만, 매일 이상한 차림을 하고 느릿느릿
염천의 밭으로 일을 나가야 하는가 싶어서 어딘가 허영심으로 들떠
있던 나는 몹시 자존심이 상하는 것 같았다. 타이나프 일이라고 하면
단순히 공장 안에서 하는 것이라고만 생각하고 있었다. 게다가 외근
이라고 하면 일에도 변화가 없이 아침부터 밤까지 풀을 베거나 익은
타이나프를 따거나 하는 단조로운 일이다. 재미있고 활기가 찬 것은
역시 구마오처럼 공장 안에서 하는 일이다. 그곳에는 웅웅거리는 기
계소리가 있다. 밭에서 옮겨다 놓은 수천 개의 타이나프가 순식간에
간단하게 속살만 남게 되고 깔끔하게 통조림으로 만들어진다. 그 동
안 눈알이 핑핑 돌만큼 그 모습은 빨리빨리 바뀐다.

그러나 나중에 안 일이지만, 나의 불리한 입장은 완전히 아버지의
부주의 때문이었다. 왜냐하면 아버지는 아는 일본인 감독(루나)에게
나에 대해 이야기할 때, 자랑을 하느라

"오카자키 씨, 우리 아들은 덩치가 커."

라고 알려준 것이었다.

그리고 마침 우리 모두가 캠프에 도착한 저녁에는 뭔가 다른 볼일
이 생겨서 공교롭게도 오카자키 감독은 부재중이었다. 아버지도 그
만 깜빡하고 있었고 일찍이 두세 번이나 이야기를 해 두었기 때문에,
이제 더 이상은 감독에게 따로 이야기를 해둘 필요도 없을 것이라고
생각한 것이다. 그래서 굳이 감독이 돌아오는 것을 기다릴 생각도
하지 않고, 우리 세 사람을 위해 자신이 특별히 요리한 생선을 이번에

새로 신세를 지게 될 식당에서 먹여주고는 마음 푹 놓고 짐마차를 타고 바쁜 자신의 장사를 하기 위해 그대로 캠프를 떠난 것이다. 이렇게 해서 나중에, 깔끔을 떠는 오카자키 감독은 말없이 귀한 콧수염에 신경을 쓰면서 나란히 서 있는 두 사람을 보고 첫눈에 경솔하게도 나보다 더 덩치가 큰 구마오를 바로 그 '생선장수 나카지마'의 아들이라고 짐작을 한 것이다. 그리고 감독은 구마오를 우대하고 반면 나는 묵살을 해 버린 것이었다.(나는 둘이 나란히 공장에 나가기를 얼마나 고대했던가?)

두 사람은 일곱 시에 출발 기적이 울리면 따로따로 좌우의 일터로 나갔다. 저녁에 돌아오면 그날 있었던 일과를 서로 이야기했다.

그는 예를 들면 다음과 같은 이야기를 한다.

―오후 두 시 무렵의 일이었다. 갑자기 공장 기계가 딱 멈추어서 평소처럼 본 기계의 벨트가 끊긴 것이라고 생각한 까탈스런 총감독(보스)은 완전히 마음이 상해서, 'Hey, what's the matter!(이봐, 무슨 일이야)!'라고 마구 고함을 지르며 기관실 안으로 뛰어 들어왔다. 하지만 뜻밖에도 얼마 안 있어 부끄러운 듯 얼굴을 붉히고 미소를 지으며 나왔다. 그러자 바로 뒤에 열 명 가까운 젊은 여성들이 꽃처럼 화사하게 나타났다. 그녀들은 엄청 신이 나 있었다. 몸집이 작은 한 여자가 손수건 사이로 장난스럽게 얼굴을 내밀며 쉰 목소리를 냈다.

"Papa! Never saw you before as that. Confused terribly?(아빠, 저런 것 본 적 없죠. 엉망이죠?)"

그러자 굵은 목소리가 부드럽게 나무랐다.

"Well, of Course, my Children. You mustn't be so naughty

here, you know.(물론이지, 얘야. 너, 여기서는 그렇게 장난을 치면 안 돼, 알겠지?)"

그리고 그들은 즐겁게 한데 모여 여봐란 듯이 계속해서 떠들어댔다. 그녀들은 호놀룰루 시에서 온 참관인들이었고, 몸집이 작은 여자는 총감독의 딸이었다. 방금 전 갑작스럽게 기계가 멈춘 것은 이들 말괄량이들의 장난 때문이었다.

그 정경을 목격한 직공들은 순간 어이가 없었다. 그러자 총감독은 늘 그랬던 것처럼 좌우 사람들에게, 'Go ahead(어서 일해)! Go ahead'라고 내뱉듯이 퍼부었다. 그리고 서둘러 그녀들에게 장내를 참관시키고 결국은 밝은 문 밖으로 다 같이 나갔다. 그 때 그들의 오만함을 비웃는 듯한 비명 소리가 일부 무리에서 나는가 싶더니, 그 소리에 맞추어 날카로운 휘파람소리와 히스테릭한 소리가 일시에 와하고 일어났다.

"누가 처음에 웃었는지, 감독한테 아부하는 사람이 없으면 좋을 텐데 말야."

마지막으로 구마오는 내뱉듯이 말했다.

나는 그곳 밭에서 잡초를 베면서 매일 듣게 되는 오키나와 노래 한두 가지를 가락을 재미있게 바꾸어 불러주기도 했고, 점심 도시락이 어찌된 일인지 자주 바뀌어 버려 곤란하다든가, 심술쟁이 대감독(루나)이 아무 때나 말을 타고 달려와서는 우리들을 몰아붙이듯이 채찍소리를 내며 혹사를 시키다가 내 모습이 눈에 들어오면 반쯤 재미있다는 듯이 남색 눈동자를 빛내며 집요하게 'Sakana(사카나)! Go on(어서 해).' 하며 꼭 사카나(생선)라고 불러서 좀 기분이 나쁘다는 등, 그에게 한탄조로 이런저런 이야기를 하곤 했다.

붉은 흙으로 지저분해진 셔츠와 바지는 깨끗이 털어서 입구의 못에 걸어 놓고 깔끔한 평상복으로 갈아입었다. 그리고 나서 고픈 배를 끌어안고 식당으로 뛰어 들어가니 바닥에는 직사각형 모양의 테이블이 두 줄로 서로 마주보고 놓여 있었고, 그곳에는 양쪽으로 사람들이 빼곡하게 앉아 있었다. 피부가 거무스름한 독신 아저씨들은 조용히 밥을 쑤셔 넣고 있다. 그 사이에서 매일 두 마리의 노새(mule)를 송아지처럼 취급하는 늠름하고 살집이 좋은 나카하라 아저씨가 땅딸막한 요리사 아주머니에게 뭔가 장난을 치는지 콧잔등에 주름을 모으며 특유의 떠들썩한 웃음소리를 주위에 흩뿌리고 있었다. 맞은편 끝 테이블에서는 밝은 대학생들 일고여덟 명이 목에 타올을 걸치고 경쾌한 '테팔레레'의 노래'에 구두로 박자를 맞추고 있다. 신나게 맥주를 들이켜는 모습이 주방에서 흘러드는 연기 속에서 그림자처럼 움직이면서 보인다. 이제 완전히 적응을 한 키가 큰 주방장 아주머니는 테이블 모퉁이를 요리조리 비집고 다니면서 분주하게 일을 하고 있다. 내가 입구 근처 테이블에 오도카니 앉아 있는 것을 재빨리 발견하고는 '올 라잇, 올 라잇' 하며 주방으로 들어갔다. 하지만 얼마 안 있어 소금구이를 한 울르와(Ulua)라는 전갱이 두 마리를 접시에 담아 내왔다.

"나오토, 있잖아, 유의 파파가 말야. 지금 방금 전까지 여기에서 기다리고 있다가 늦게 돌아오네 하고는 이거 구워주라고 했어. 지금 막 돌아가셨어. 그리고 유의 마마한테서 세탁물이 세 개 와 있어."

---

1 미상. '탭 댄스(tap dance)'와 '우쿨렐레(ukulele)'의 합성어로 추측.

"네."

고개를 끄덕이며 나는 울르와를 접시 두 개에 나누었다. 그러자 그곳에 구마오가 느릿느릿 서툰 휘파람을 불며 들어와서는,

"안녕!"

하고 아줌마 뒤에다 대고 큰 소리로 인사를 했다.

이곳의 밤은 소나무 숲부터 서서히 저물어 간다. 올빼미가 어둠을 부르듯 자꾸만 운다. 이윽고 저녁 어둠에 둘러싸인 몇 채나 되는 희끄 무레한 연립 판자 집들이 창문으로 노란 램프 불빛을 내보내기 시작 한다.

밖은 달밤도 아닌데 우쿨렐레(악기)의 띠링띠링하는 단조로운 음 색이 울음을 그치지 않는 아이를 달래는 어머니를 조급하게 만든다.

그리고 오늘밤도 두세 군데에서는 젠 체하는 하이 스쿨 보이즈나 컬리지 젠틀맨 아저씨들이 주최가 되어 일본식 골패 놀이를 하거나 유창한 도쿄 사투리 동화 모임이 질리지도 않고 계속되고 있다. 맥없 는 웃음소리가 와하고 일어난다. 계속해서 박수소리가 새어 나온다.

이 때 나하고 구마오 둘은 우리 방 딱딱한 거적 바닥 위에서 이리 구르고 저리 구르며 엉터리 씨름을 하고 있었다. 이틀 밤 연속해서 진 나는 오늘밤만은 어떻게든 그를 이겨야 한다고 생각했다. 귀찮게 엉겨 붙는 장작개비 같은 그의 팔을 나는 있는 힘껏 밀어제쳤다. 휴하 고 안도를 했다. 그 때 문득 문 쪽으로 눈길을 보내고는 깜짝 놀랐다. 그곳에는 내가 좋아하는 나카하라 아저씨가 마치 다른 사람처럼 낯 빛을 바꾸고 서 있는 것이 아닌가! 다부진 그는 입구 양쪽의 기둥을

밀어내듯이 몸을 어둠 속에서 쭉 내밀고 번득이는 눈으로 우리 두 사람을 바라보고 있었다. 그리고는 내뱉듯이 심하게 고함을 질렀다.

"그만두지 않겠어! 아니, 유들 대체 언제까지 그러고 있을 거야? 내가 몇 번이나 불렀는데 미가 하는 말이 들리지 않는 거냐?"

그는 우리 두 사람을 아까부터 부르고 있었던 것 같다. 씨름에 정신이 팔려 있던 두 사람은 그 소리를 듣지 못한 것이다. 두 사람은 왜 아저씨가 험상궂은 표정을 하고 있는지 영문을 몰라 부들부들 떨며 그 자리에 멈춰 섰다. 이마에서 흐르는 땀은 식어갔고 가슴은 점점 더 심하게 두근거려가고만 있었다. 평소와는 다른 그의 눈빛, ―대체 우리들이 무슨 짓을 했기에 그는 이렇게까지 화가 나게 된 것일까?

"유들 중에 누가 오늘 아침에 감독에게 미에 대해서 무슨 말을 했지? 바른대로 말해!"

그는 번득이는 두 눈을 공연히 내 쪽으로 보냈다. 구마오도 내 얼굴을 의심스러운 듯이 바라다본다. 나는 그의 의외의 말에 몹시 두려운 목소리로 희미하게 대답했다.

"아저씨, 미들은 몰라. 정말로, 아무것도 몰라요. ―어떻게 된 거지?"

"음, 모른다고."

나카하라 아저씨는 둘이 그렇게 잇따라 대답을 하자 어느 정도 처음의 기세가 꺾인 모습으로 곤란한 듯이 잠시 망설이더니, 다시 위협을 하는 듯한 어조로 다음과 같이 말했다.

"오늘 아침이야, 거짓말 마!"

그리고 그제서야 주위가 신경이 쓰이는지 잠시 문밖을 돌아보았다. 그러더니 이번엔 달래듯이,

"나오토, 말 안 했어, 정말로? 아저씨가 도박을 한다는 말, 감독에게 안 했어?"

어쩐지 주변을 신경을 쓰는 듯이 보였다.

"안 했어요."

"안 했어요."

우리 둘은 같은 말을 되풀이했다. 그러자 아저씨는 더 눈알을 부라리며 굵은 목소리를 지긋이 누르며 말했다.

"정말이지? 알았어. 그럼 됐어. 그런데 아저씨가 도박을 한다는 말을 어린애들 주제에 한 마디라도 하면 알아서 해!"

그는 이렇게 다짐을 하고 바로 떠났다.

두 사람은 그가 화를 내는 원인을 어렴풋하게나마 눈치 챌 수 있었다. 그는 아마 우리 두 사람 중에 누군가 한 명(6할의 의심은 나에게)이, 그의 평소 생활을 알고 있으니까 그가 심한 도박을 한다는 사실을 감독에게 밀고했다고, 어떻게 하다 보니 확실한 증거라도 잡은 것처럼 생각했던 모양이다.

나는 지금까지 늘 친절했고 귀여워해 주던 '나카하라 아저씨'를 생각하자 너무나 갑작스럽게 돌변한 그의 태도가 너무 한심하게 생각되었다.

연립 판자 집의 각 문 앞으로 나 있는 4피트 폭의 복도와 낮은 계단, 그곳으로 올라가는 입구에 앉아서 거의 매일 밤 나니와부시를 웅얼거리는, 뒤통수가 넓게 대머리가 된 남자가 놀란 표정을 하고 얼굴을 쑥 디밀었다.

"어, 어찌된 일이야?"

나는 아무 일도 아니라는 듯이 고개를 가로저으며 무표정하게 일어섰다. 너무 밝은 램프의 심지를 가늘게 하고 일찍 자기 위해서였다.

배신을 당한 기분으로 이불을 눈까지 푹 뒤집어쓰고 누워 있자니, 이윽고 옆방 남자의 나니와부시 소리가 시끄럽게 귀에 들려왔다.

이곳에 온지 벌써 여름방학의 반인 한 달 가까이나 되었다. 그러나 나도 구마오도 별로 와이피오 집 생각을 하지 않았다. 집을 나설 때 엄마가, 만약 이번에 처음 하는 타이나프 일이 너무 길어서 집에 돌아오고 싶다면 이삼일 쉬러 돌아와도 좋다고 하기는 했지만, 우리들은 딱히 돌아가고 싶은 생각도 들지 않았다. 다만 때때로 나는 밭에서 김을 매면서 상당히 넓은 우리 집 텃밭에 혼자서 아침 저녁 하루에 두 번씩 물을 주어야 하는 엄마의 노고를 생각하지 않은 적이 없었다. 게다가 캠프의 일에도 이제는 익숙해졌고, 드디어 타이나프도 한창 익어가서 그것이 썩기 전에 전부 통조림으로 만들어야 하기 때문에, 요즘에는 거의 매일 두 세 시간씩 엑스트라 일을 하고 있다.

회사의 월급날(페이 데이)도, 아버지가 오기로 한 이번 금요일의 일이었다.

구마오는 이곳으로 와서 더욱더 발랄한 모습을 보이게 되었다. 게다가 재미있는 것은 신기하게도 그가 아직 와이피오에 있을 무렵에는 별로 입에 담지 않았던 여자 이야기를 여기에서는 하게 되었다는 것이다. 왜냐하면 첫째는 그가 공장에서 일을 하고 있는 관계 상, 나보다 젊은 여자를 훨씬 더 잘 알고 있기 때문이라고 생각했다. 그도 확실히 캠프 분위기에 좀 들떠 보인다. 이삼일 전의 일이었나? 그와 함께 식당에서 저녁을 먹고 있었는데, 갑자기 그는 주변 테이블을 둘러보며, '나오토, 미는 비어도 마실 수 있고 담배도 피울 수 있어'라고 하며 뻐기는 것이었다. 그리고 언젠가 내가 길 쪽으로 난 방 창문에 팔을 괴고 멍하니 바깥 풍경을 바라보고 있자니, 두 세 명의 여자가 헉헉대며 달려오고 있었다. 소나무 숲 아래 골짜기 쪽으로 놀러갔다 오기라도 하는 모양이었다. 그러자 이윽고 그에 이어 까까머리를 한 남자가 나타났다. 보니 그것은 구마오였다.

하마터면 '어디에 갔다 오는 거냐'고 물어볼 뻔 하다가 꾹 참고 이 생생한 정경을 눈을 부릅뜨고 바라보고 있었다. 그러자 구마오는 다소 붉게 상기된 얼굴을 이상하게 찡그리고는 여자들 뒤에서 무슨 말인가 하고 있었다. 여자들은 일제히 뒤를 돌아보았지만, 그가 틈을 두지 않고 따라오는 것을 알자, 손을 잡고 까르르 웃으며 도망을 간다. 그러자 구마오는 이제 그녀들을 따라가는 것을 그만두고 뒤에서 말을 걸고 있다.

"xx 씨, 또 언제 같이 놀까? 미에게 놀러오지 않을래?"

그는 젊은 여자들에게는 늘 이렇게 선량하게 말을 건다. 다른 말은 할 줄 모르기 때문에 그것이 버릇이 되어 버렸는지도 모른다.

어느 토요일 저녁의 일이었다. 그 다음날은 아침 일찍부터 누나들 일단과 오헤어(O'hea, 마운틴 애플이라는 과일)를 따러 가기로 했기 때문에, 그 준비를 하느라 나는 복도에서 대형 나이프를 열심히 갈고 있었다. 그런데 놀러갔던 구마오가 허둥지둥 돌아왔다. 숨을 헐떡거리고 있었다.

"무슨 일이야, 구마오?"

말을 걸어 보았지만 거기에는 대답도 하려 하지 않고, 그는 맨발로 거실로 들어와서 자꾸만 이것저것 잡다한 물건들을 늘어놓은 책장을 휘젓고 있는 것 같았다. 이윽고 '여기 있네, 여기 있어'라고 혼잣말을 하는 것이 들려오더니, 그는 눈길도 주지 않고 다시 나갔다. 나는 평소에는 늘 느긋한 그였던 만큼, 이렇게 허둥대는 그를 보니 좀 이상해서 견딜 수가 없었다. 그러더니 얼마 후 그는 아주 차분해져서 다시 돌아왔다.

"유, 무슨 일이야?"

그러자 웅크리고 앉아있는 내 앞에 팔다리를 쩍 벌리고 선 그가 처음으로 위로 말려 올라간 입술을 조금 벌리고는 히죽히죽 웃고 있다. 그리고 아주 자신 있게 말했다.

"유는 모르겠지만, 오늘 밤 여기 하쓰요(初代) 씨가 올 거야."

나는 좀 밀리는 기분에 허둥지둥했다.

"하쓰요 씨가? 정말이야?"

"정말이지."

그는 카키색 바지에서 종이봉지를 하나 꺼내더니 10센트어치 정도 되는 두툼한 과자를 내 눈앞에 들이대며,

"아직 먹지 마."

라고 주의를 주었다.

나는 나도 모르게 미소를 지었다. 나는 번쩍번쩍 빛이 나는 나이프를 석양에 비추듯이 들어올리며 한쪽 눈을 감고 야바위를 쳤다.

하쓰요 씨─그녀의 이름은 평소 나도 들어서 익히 알고 있었고 이

캠프 최고의 미인이다. 그녀는 호놀룰루의 하와이여학교 학생이었
다. 그녀는 이곳에 모여든 많은 남학생들의 숭배의 대상이었다. 밤의
화려한 카루타 모임의 퀸이기도 했다.

그러니 그날 저녁은 즐거운 토요일 그 자체였다. 잔디가 나 있는
야외 광장에서는 많은 학생들의 고풍스런 유희가 시작되었다.

London bridge is falling down
falling down
London bridge is falling down
my fair lady
런던 브릿지가 무너지네.
무너지네.
런던 브릿지가 무너지네.
어여쁜 나의 아가씨.

구마오도 유쾌한 그 무리에 끼어 있었던 것이다.

유희가 여러 가지로 바뀌고 사람들이 만든 둥근 원은 빙글빙글 돌
며 점점 더 신나게 점점 더 확장되어 갔다.

구마오는 딱 정반대 편에 서서 애교가 넘치는 예쁜 하쓰요 씨의
얼굴을 보았다. 그러자 그녀는 뭔가 의미가 있는 듯이 그에게 생긋
웃어 보인 것 같았다. 그는 그녀 옆으로 가고 싶어서 견딜 수가 없었
다. 잠시 그녀를 바라보더니, 무례하게도 그녀 옆으로 가서 다시 손을
잡았다. 그리고 다시 잠깐 주저하는 것 같더니 과감하게 그녀의 귀에

대고 속삭였다.

"하쓰요 씨, 있잖아. 오늘 밤 미 네로 놀러 오지 않을래? 내가 맛있는 거 쏠게."

하쓰요 씨는 그 말을 듣더니 일부러 과장된 몸짓을 하며 방울처럼 휘둥그레진 검은 눈동자를 그에게로 향했다. 그리고 웃으며 턱을 하얀 옷깃 사이로 묻고는 앞뒤로 귀엽게 끄덕였다. 이 때 근처 남자들의 눈이 일제히 그들에게로 향한 것 같았다. 아니나 다를까 그는 얼굴이 빨개져서 달리기 시작했다. 물론 내심으로는 하쓰요 씨가 두말없이 승낙을 한 것이라고 생각하고는 말이다.

구마오는 그날 밤에는 좀처럼 시끌벅적한 목욕탕(남녀혼욕)에 가려고 하지 않았다. 그리고 그저 오로지 그의 소위 여자 친구가 오는 것을 기다리고 있었다. 그는 다리를 쭉 뻗거나 무릎을 끌어안거나 혹은 소처럼 가만히 앉아 있는 것이 따분해지면 참을성 없게 일어서서 예의 그 창문에 기대어 살짝 한숨을 쉬며 맞은편 일대에 있는 연립 판자 집의 밝은 창문—그 창문에는 그 때 그 때 여러 가지 종류의 풍경이 비친다—에서 나오는 빛을 멍하니 바라보고 있다.

나는 그런 그를 보고 있으면, 목욕탕을 가고 싶다가도 나도 모르게 가기가 싫어진다. 그리고 그에게 신경을 빼앗기면서도 제대로 말도 못하고 구석에 있는 기둥에 기대어 누나가 가끔씩 찾아와서는 놓고 가는 여러 가지 잡지를 하릴없이 이리저리 넘기곤 했다. 이전에도 한번 이런 시도가 있었는데, 그 결과는 결국 우울한 실패로 끝났다. 하지만 이번 하쓰요 씨의 경우는 그 정도가 한층 더 심하다고 몰래 생각했다.

그는 방을 가로질러 입구 문지방에 한참동안 서서 군데군데 빛이 흘러넘치는 거리를 바라보는 것 같았다. 얼마 안 있어 커다란 흉터가 있는 그의 얼굴이 원망스러운 듯이 일그러져 버렸다.

째깍째깍 큰 바늘소리를 내는 책장 위 1달러 짜리 시계는 이미 9시 가까운 시각을 가리키고 있었다. 그는 그 시계 옆에서 아직 해가 있는 동안에 주문해 둔 과자가 담긴 종이 봉지를 턱으로 가리키며 조용한 어조로 말했다.

"나오토, 저거 먹어도 돼."

이렇게 해서 둘이는 얌전히 이마를 서로 맞대고 종이봉지가 찌그러들때까지 일어나 있었다.

그러나 그 다음날 아침은 구마오도 나도 푸른 하늘처럼 기분이 상쾌해졌다. 오늘은 일요일, 나는 그에게 같이 오헤어를 따러 가자고 했다.

—————— 중 ——————

8월 3,4일이 타이나프 일에서는 피크 시기였다. 그리고 우리들 A, B, C, D, E 다섯 조(한 조에 스무명 정도)의 외근만으로는 시시각각 익어가는 파인애플을 도저히 그 몇 분의 일도 처리할 수 없기 때문에 육백 명의 공장 측 응원을 부탁했다. 그러자 수요에 굶주린 그들은 하루 이틀을 희생하여 대거 밭으로 몰려와서 우리들과 함께 채취 일을 했다. 그래서 이 때 만큼 밝고 활기찬 적은 없었다. 왜냐하면 그들의 7할 정도는 마음이 순순한, 수다를 떨기 좋아하는 여자들이었으니까 말이다. 게다가 그 대부분은 종달새들처럼 단순한 기교(테크닉)와 희망을 가슴에 품은 젊은 아가씨들이었다. 그녀들은 들판에 풀어 놓은 새끼 양들과 같았다. 타이나프 나무 밑둥에 숨어 있는 꿩 알을 찾아내 와서는 탄성을 지르는 일도 있다. 우리들은 그녀들의 신나는 대화와 노래를 마음껏 들을 수 있었다. 그것은 손에 문신을 한 오키나와 여성들의 옛스런 방식의 것이 아니라, 마음이 밝아지는 〈올드 블랙 캣〉 혹은 〈번지수를 잘 못 짚는 것은 싫어〉와 같은 노래였다.

구마오는 내 옆에서 일을 하면서 그들 젊은 여성들 한 명 한 명에 대해 알고 있는 모든 것을 그 특유의 소박한 표현으로 재미있게 이야기해 주었다. H코는 아직 열여섯 살 소녀인데 태어나면서부터 털이 많아서 구마코(熊子, 곰녀)라는 별명이 있고, 나무타기를 좋아해서 소나무 숲으로 참새 집을 찾아다니는 것을 밥 먹는 것 보다 좋아한다는 것. M코는 희극 배우인 알렉 모니즈(통칭 듀크. 카나카)의 음악적 재능을 극력 칭찬하다가 결국 달빛이 빛나던 날 밤 키스를 당했다는 것. 혼혈아 T코는 바이올렛 꽃을 머리에 꽂고 싶어 해서 사람들은 그녀를 '신념의 여자'라고 부른다는 것, 등등.

하루 그렇게 타이나프를 얇게 썰어 놓으면, (물론 타이나프의 꼭지 쪽은 따둔다.) 이번에는 오십 명 정도 되는 마차꾼들이 그것을 상자에 담아 노새가 끄는 낮은 짐마차에 싣고 공장으로 운반한다. 그것을 잇달아 될 수 있는 한 빨리 통조림으로 만들어야 하기 때문에 이번에는 반대로 우리들이 임시로 공장에 가서 통조림 제조 일을 돕는다. 밤에는 밤대로 심야까지 잔업에 들어가고 달빛처럼 푸른 가스 등이 켜진다.

나는 슬라이스 미싱(파인애플의 껍질과 심을 뺀 것을 다시 둥글게 자르는 기계) 담당이었다. 슬라이스 미싱에서 굴러 떨어지는 둥글게 잘린 노란 파인애플은 다시 긴 벨트의 롤러 위에 실려 이동한다. 그러면 롤러 앞에 일정한 간격으로 앉은 여자들이 차례로 집어서 캔에 담는다. 담긴 것은 이번에는 일괄하여 조미를 하는 곳으로 보내진다, 등등. 구마오는 거기에서 운반 담당이었다. 그는 때때로 나에게 와서 작업상의 주의를 준다. 방심을 하면 예리한 슬라이스 미싱은 용서 없이 손가락을 먹어 버리기 때문이다. 또한 그는 'Any news?(뉴스 없어?)'라고 아무렇지도 않게 물으며 갑자기 나타나는 일도 있다. 그리고 질서정연하게 혹은 어지럽게 일을 하는 그녀들을 한숨을 쉬면서 바라다본다. 그녀들은 이야기를 한다. 속삭인다. 웃는다. 흘겨보는 흉내를 낸다. 그리고 공장 안은 잡음, 증기 소리, 수증기, 빈 캔이 부딪히는 소리, 물건 나르는 소리들에 둘러싸여 있다. 마무리된 통조림이 창고로 뒹그르 굴러 들어간다.

공장에서 일을 할 때는 길고 하얀 고무장갑을 끼고 있다. 타이나프 특유의 신맛과 당분은 피부를 상하게 하기 때문이다. 그러나 외근을 하는 우리들은 이 스마트한 기계노동에서 많은 흥미와 의의를 발견했다. 같은 식료품 공장이라고 해도 커다란 사탕수수 제조장과는 다른 도회적 화려한 분위기, 새콤달콤한 매력을 지닌 그것에 다대한 동경심을 품지 않을 수 없었다.

그러나 우리들 경작노동자가 공장으로 불려가는 것은 겨우 하루 이틀 길어봐야 삼일 째 오전까지 뿐이었다. 다음날부터 우리들은 다시 각반을 하고 맨발에 작업용 신발을 신은 복장으로 괭이 손잡이 끝에 식당에서 아줌마가 싸 준 알루미늄 도시락(2단식 원통형 캔)을 매달고 붉은 땅을 터덜터덜 소리를 내며 걸었다. 어떨 때는 골짜기의 소와 풀숲을 피해서 밭으로 일을 하러 가야만 했다. 파인애플을 자르거나 꼭지를 떼는 일이 없는 날에는 우리들은 꼭 괭이로 밭을 맸다. 밭은 평탄한 언덕이나 골짜기로 통하는 산의 경사지에 있다. 빗으로 잘 빗어놓은 것처럼 똑바로 직선 혹은 곡선이 나 있는 밭에 수없이 줄지어 서 있는 타이나프 나무를 따라, 언덕으로 나왔다가는 푹 패인 곳으로 들어가기도 하며, 한 걸음 한 걸음씩 전진하며 잡초를 제거하는 우리들은, 천천히 그리고 집요하게 수분과 광선을 흡수하는 적토의 영향을 받아 끊임없이 엄청난 양의 수분을 필요로 했다. 스무 명으로 이루어진 한 조에는 반드시 물 담당이 한 명 있었다. 그는 그 조의 감독의 마음에 들어야 했다. 그는 때로는 감독 대신 일을 감시하기도 한다. 우리들 B조에서 거북스런 녀석, 그 녀석의 이름은 가나시로(金城)였다.

오후의 일이었다. 역시 하얀 태양은 여봐란 듯이 머리 위에서 빛나고 있었고, 주의 깊게 쓴 챙이 넓은 모자 바닥에서 발끝까지, 마치 터키탕에 들어간 것처럼 땀과 기름기가 질질 나와서 머리가 지끈지끈할 정도로 더울 때였다. 우리들은 바짝 마른 대지 위에서 몹시 갈증을 느끼며 진흙탕 속 붕어처럼 숨을 쉬기가 괴로워 마른 목을 헉헉거리며 신음을 하고 있었다.

"아아, 물 좀,…… 물 좀 주세요."

우리들은 포르투갈인 감독(오십 세의 주근깨 노인)에게 애원하듯이 호소했다. 그러나 감독은, 이제 곧 올 거야, 이제 곧 와 라고 우리를 타이르며, 잠깐 눈썹을 모으고는 조끼에서 회중시계를 꺼내 시간을 확인하고 있었다. 그러자 우리들은 마치 열병환자처럼 괭이를 움직이는 손이 둔해져서는 김매기를 멈추고 어딘가에서 가나시로의 모습을 찾아내려고 애썼다. 휘청휘청 현기증이 날 만큼 뜨거운 태양의 열기를 통해 근처 산이나 경사지의 도로, 또는 저 멀리 내려다보이는 절구 같이 푹 패인 골짜기에서 풍성한 망고 나무 한 그루와 구아바 나무에 둘러쌓인 마구간 같은 오두막 주변을 목을 빼고 살펴보았다. 하지만 아무리 기다려도 촉촉한 수풀 속에서도 그 어디에서도 그는 끝내 나타날 것 같지 않았다. 다른 곳을 보려고 먼 곳으로 눈길을 주자, 그쪽에서는 몇 겹이나 되는 언덕과 골짜기를 넘어 한 줄기 연기를 내뿜고 있는 붉은 공장과 검은 소나무 숲이 나란히 서 있는 모습이 조그맣게 보였다. (우리들은 이렇게나 멀리 온 것일까? 뒷쪽으로는 콜라우 산마루가 가까이 있다.) 목이 말라 죽을 것 같은 우리들이 자꾸만 일을 멈추게 되자, 감독은 말을 타고 다섯 조의 인부(멤버)들의 작업을 순시하는 기민한 대감독이 불시에 출현할 것이 두려워서, 우리들에게 물은 이제 곧 가나시로가 가지고 올 것이다, 가지고 올 거니까 조금만 더 참고 괭이질을 해라, 이렇게 우리들을 더욱더 다그쳤다. 우리들은 얼굴을 찌푸리며 팽 한 눈으로 태양을 쏘아보듯 올려다보며 우울하게 괭이질을 했다.

"가나시로는 어떻게 된 것일까!"

두 시간 정도 전에 우리들이 먹을 물이 밭을 둘러싼 와야 펜스 옆에서 없어졌다. 하얀 천을 걷어내고 국자로 석유통 속을 떠 보니 물이 증발해 버린 것처럼 깨끗하게 없어졌다. 통 바닥이 마치 불에 올려놓은 것처럼 말라서 위로 솟아 있었다. 우리들은 몹시 당혹스러웠다.

"어찌 된 거야!"

우리들은 이 일을 감독에게 보고했다. 처음에는 또 물 이야기냐, 구아바라도 주워다가 목을 축이라며 그는 반농담을 했다. 우리들은, 이왕 신 것을 먹게 할 것이라면 수분이 많고 바로 여기 있는 타이나프(생과일)를 먹겠다고 응수했다. 감독은 얼굴이 새파래져서 '노우, 노우'를 연발하며 급거 가나시로를 물을 길으러 보낸 것이다. (수분이 많은 파인애플의 매혹에 이끌려 몰래 먹다가 대감독이나 보스에게 발각당하여 목이 잘린 사람이 얼마나 많았던가! 그러나 이런 경우에는 그보다 감독의 책임이다.) 수상쩍은 듯이 '소위 똥 씹은 표정'을 한 가나시로가 감독의 명령에 따라 멜대 양쪽에 석유통을 매달고 물을 찾으러 갈때부터 우리들은 이제나 저제나 손을 꼽으며 그의 모습이 나타나기를 학수고대하고 있었던 것이다. 그리고 이제 더 이상 참을 수 없게 된 우리들은, 우리들 자신이 각자 10분 동안 마음대로 달려가서 물을 찾아서(찾으면 얼마든지 찾을 수 있다.) 마시고 올 테니까 잠시만 시간을 달라고 감독에게 몇 번이나 탄원을 했다. 그러나 그는 단호하게 우리들의 요구를 거절했다. 우리들은 모두 하나같이 감독의 완고한 이성을 원망했다.

그리고 15분 정도 되어서 한 명이, '가나시로다!'라고 갑자기 소리를 질렀다.

"오오, 물이다!"

우리들은 일제히 그가 가리키는 방향을 보았다. 과연 그였다. 그는 마치 한 마리 검은 개미가 기어오듯 작디작은 모습을 하고 전방 골짜기 맞은편의 구불구불 이어진, 수레바퀴 자국이 깊이 난 길로 경사지를 따라 골짜기로 내려오고 있었다. 우리들이 있는 곳으로 오기 위해서는 일단 그곳으로 내려갔다가 다시 이쪽 경사지로 올라와야만 했다.

"가나시로!"

"가나시로!"

우리들은 완전히 말라붙은 목으로 있는 힘껏 불러보았다. 골짜기에서 메아리가 쳤다.

그러자 그가 그에 응답하듯이 잠시 멜대를 맨 채로 고개를 들었다. 때때로 다리를 비틀거리는지 적토의 길 위로 석유통에서 물이 찰랑찰랑 흘러내렸다. 우리들은 하얀 물보라가 되어서 쏟아지는 그 물을 볼 때마다 고개를 살짝 움츠리며 그가 이곳에 도착하기 전에 석유통의 물이 다 없어져 버리는 것은 아닐까 하며 마음을 졸였다. 그리고 또 10분. 그는 골짜기에서 거의 기다시피 하며 올라왔다. 우리들은 그를 목표로 해서 양쪽으로 줄을 서서 한 국자씩 밖에 되지 않는 물을 서로 빼앗다시피 하며 마셨다. 이곳으로 운반할 때까지 이미 사분의 일 가까이는 흘려버렸기에 물은 스무 명의 목을 축이자 다시 텅비어 버렸다. 가나시로는 늦어진 까닭에 대한 변명으로 산을 두 개나 넘어 맞은 편 풀고사리가 많은 골짜기 동굴에 가서 얼음처럼 맑고 시원한 물을 길어 왔다고 하며, 예의 그 무뚝뚝한 표정을 하고 땀을 뻘뻘 흘렸다. 그러나 모두는 아무리 동굴이 있는 골짜기로 갔다고 해도 두 시간이나 넘게 시간이 걸릴 리가 없다고 생각했다. 하지만 여기까지 무거운 멜대를 매고 와서 어깨에서 등까지 끓는 물을 부은 것처럼 땀에 젖은 그를 보자 모두 약속이라도 한 듯 입을 다물어 버리고 불만을 하지 않았다. 하물며 그를 매우 마음에 들어 하는 맥그레이(감독의 이름)의 면전에서는 말이다.─(그런데 역시 나중에 안 일이지만, 실은 가나시로는 물을 길으러 보낸 것을 기화로 자기만 물을 실컷 마시고 시원한 풀고사리 그늘에서 한참동안 누워서 달콤한 낮잠을 즐겼다는 것이었다.)

그러나 이러한 음료수 결핍은 한두 번의 일이 아니었다. 조금만 방심을 하면 언제든 덮칠 수 있는 재난이었다.

저녁 식사와 목욕이 끝나면, 우리들은 전과 마찬가지로 그 날 밤 계획을 세우는 일을 게을리 하지 않았다. 게다가 늘 프레쉬한 기분으로 말이다. 캠프에는 발랄한 옛날이야기 모임, 카루타모임, 음악회, 연예회, 소나무 숲 산책, 골짜기 소 구경 겸 하모니카를 불러 가는 모임, 기타 모든 새로운 의도 하에 생긴 오락으로 모여드는 사람들로 충만해 있었다.

그리고 우리들은 일주일에 두 번, 오카자키(岡崎) 상점(오카자키 공장 감독 아주머니가 경영하고 있다.)에 가서 5센트짜리 피넛이나 클락 씨드(매실 사탕절임)를 산다. 그리고 전망대처럼 다른 판자 집보다는 바닥을 높이 만든 그 상점 툇마루 쪽으로 벤치를 들고 가서 봉지에서 과자를 연실 꺼내 먹으며 캠프의 밤을 이곳저곳 내려다보며 대부분의 시간을 보냈다.

어느 날 밤 우리들이 그렇게 벤치에 앉아서 상점에 드나드는 사람들 이야기에 귀를 기울이며 주위를 둘러보고 있는데, 나카하라 아저씨가 그 툇마루 계단으로 콧노래를 부르며 올라오는 것이 보였다.

"오오, 둘이 뭐야, 과자가 맛있어 보이네. 미에게도 좀 줄래?"

그는 나름 호의적으로 말을 붙였다. 나는 그가 말하는 대로 그에게 종이봉지를 내밀었다. 그는 나의 의외의 호의에 기뻐하며 눈꼬리에 긴 주름을 한 두 줄 만들며 그 종이봉지에 커다란 손을 쑥 집어넣고 검은 클락 씨드를 하나 집어 맛이나 보겠다는 듯이 입에 집어넣었다.

"이야, 이거 정말 맛있네."

그가 커다란 체구를 흔들며 상점 안으로 들어가자 구마오가 말했다.

"미는 저 아저씨가 싫어."

그는 언젠가 밤에 있었던 일을 이야기하는 것 같았다. 나는 그에 대해서는,

"정말 술꾼이야, 저 아저씨."

라고 대꾸했을 뿐이었다.

그러나 얼마 안 있어 우리들은 다시 불쾌한 나카하라 아저씨를 보아야만 했다.

그는 오카자키 감독이 없는 가게에서 뭔가 자꾸 아줌마하고 옥신각신 하고 있다.

"내가 내 돈으로 비어를 사서 맘대로 마신다는데, 뭐 마마(여기에서는 너, 당신이라는 뜻.)가 굳이 말리지 않아도 되잖아!"

"아니, 그게 내가 마시는 것을 말리는 것은 아니라, 다만 이 캠프에서는 가게에서 마시면 안 되게 되어 있어서요. 제발 식당이나 다른 곳에서ㅡ"

"뭐라구! 다른 곳에서 마시라구? 건방지게. 감독 와이프라도 난 신

경 안 써! 그래서 하와이 출신 여자를 와이프로 삼으면 재미가 없다는 거야. 뭐야. 술 한 잔 제대로 따르지 못하는 주제에!"

그는 상점에서 산 맥주 두 병을 휘두르며 당장이라도 날뛸 것 같았다. 하와이 출신 와이프라는(우리들은 그것을 처음 알았다. 하와이에서 태어난 여자들 중에 벌써 이렇게 나이 든 아주머니가 있었나?) 오카자기 감독 아주머니(스물 네 살 정도)의 일본식으로 머리를 묶은 단려한 옆얼굴을 가만히 바라보며, 우리들은 그녀가 곧 무슨 말인가 하겠지 하고 기다렸다. 하지만 끝내 그녀는 검은 속눈썹 위에 아름답게 그려진 짙은 눈썹을 조금도 움직이지 않고 말없이 안쪽 카운터로 들어가 버렸다.

"저래서 내가 아까도 저 아저씨 싫다고 한 거야."

구마오가 번쩍번쩍 빛이 나는 흉터가 있는 얼굴을 기분 나쁘다는 듯 일그러뜨리며 혼잣말처럼 중얼거렸다.

가게 안에서 아직 뭔가 궁시렁궁시렁 야비한 말도 썩어가며 아줌마에게 욕을 하던 나카하라 아저씨는 그 정도로만 떠들고 이미 취해서 비틀거리며 나갔다. (열어 둔 가게의 철조망 문[도어]을 알아보고 걷어차지 않은 것이 다행이었다.) 그는 계단을 내려갈 때 뭔가 통쾌한지 '와하하⋯⋯와하하⋯⋯'하며, 즐겁게 술렁거리는 캠프의 밤 분위기를 일시에 휘저어버리기라도 하듯 계속해서 아무렇게나 웃어대고 있었다. 우리들은 그렇게 가게 모퉁이를 돌아가는 노새 마차군 같은 그의 커다란 뒷모습을 그저 말없이 바라보고 있었다.

목욕탕은 여전히 매우 떠들썩했다. 호놀룰루의 대학생들은 대부분 무리를 지어 커다란 욕조 하나 밖에 없는 이 혼욕 목욕탕으로 쏟아져 들어왔다. 그러나 그들 무리 중, 호리호리하고 피부가 흰 지다 무네오 (知田宗雄, 통칭 프레디, 옛날이야기 모임 간사)라는 남자만은 그들과 함께 오는 일이 거의 없었다. 신경질적인 그는 평소에도 조심스러웠고 혼자일 때가 많았는데, 그는 깊은 밤 한 시 무렵 사람들이 적은 때를 골라서 여학생 하쓰요 씨와 목욕탕에서 즐거운 대화를 나눈다는 소문이 자자했다. 또한 우리들은 캠프의 공동 변소(남녀 구별 없음)에 앉아서 볼일을 보면서, 벽을 하나 사이에 둔 이웃방 사람들끼리 큰 소리로 하는 이야기를 듣게 되어 그들에 대한 여러 가지 소문을 알게 되는 일이 종종 있었다. 그들은 연인사이였던 것이다.

하쓰요 씨는 우리들과 마찬가지로 연립 판자 집에 살고 있었는데, 최근에 발견한 사실에 의하면, 그녀는 올해 처음으로 이곳 캠프에 온 것이 아니라 2,3년 전부터 이미 일을 하러 왔다고 한다. 왜냐하면, 마음씨 좋은 그녀의 이모가 산 쪽에 집을 한 채 지어 놓고 그곳에서 1년 내내 타이나프 자유 재배를 하고 있었는데, 혼자서 쓸쓸히 지내는 그녀는 여름에 타이나프가 익음과 동시에 호놀룰루에서 아름다운 조카 하쓰요 씨가 오는 것을 유일한 낙으로 삼고 있다. 그래서 그녀 (하쓰요 씨)는 타이나프 일에 대해서는 다른 사람들보다 더 잘 알고 있고 또한 회사에서도 특별대우를 받고 있는 것이다.

어쨌든 산속 외딴 집에서 사는 사람에게 밤은 슬프다. 그녀는 때때로 한 밤중이라도, 타이나프 밭 한 가운데에서 길 잃은 등대처럼 홀로 켜진 등불을 보며 이모 네 집으로 돌아간다.

그 때의 일을 구마오는 자신 만만하게 이렇게 말한다.

"아아, 그거? 그야 지다가 바래다 준다잖아."

우리들은 염천의 밭에서 일을 하면서, 그 파인애플 밭 가운데 달랑 한 채 외로이 서 있는 바닥이 높고 나무껍질로 지붕을 이은 집 안에서 주말이고 뭐고 관계없이 마음대로 쉬다가 외출을 하는 그녀의 모습을 종종 보았다. 새하얀 드레스에 화려한 줄무늬 스커트를 깔끔하게 차려 입은 그녀가 광을 낸 외출용 작은 구두를 신고 춤을 추는 듯한 발걸음으로 계단을 내려가면, 밖에서는 높이 떠오른 태양이 기다리고 있었다. 그녀는 눈이 부신 듯 태양을 한 번 올려다보고는, 옆구리에 낀 핑크색 양산을 쫙 펴서 한 손에 들고(그래서 그녀를 핑크 레이디라고 부르는 사람도 있다.), 마당에서 모이를 쪼고 있는 십 수 마리의 닭을 이노센트하게 가로질러 짐마차 바퀴자국이 선명하게 난 길로 나선다.

그녀의 모습을 알아보면 우리들의 노감독 맥그레이 씨도 반드시 말을 건다.

"헬로, 하쓰요 씨! 산책?"

이에 대해 그녀는 반드시 파라솔 안에서 가볍게 인사를 하며 대답했다.

"예스, 오늘은 저 쉬어요. 소나무 숲에 가서 혼자 조용히 뜨개질을 할 거에요."

"오오, 오오,─"

감독은 굵은 콧수염을 보란 듯이 느긋하게 한 손으로 쓰다듬으며 싱글벙글 사람 좋게 웃으며 두세 번 천천히 고개를 끄덕여 보인다. 그녀는 녹색 잎 뒤에 흰 분이 난 타이나프 밭을 경쾌하게 가로질러 캠프 쪽으로 걸어간다. 우리들은 그것을 뒤에서 한동안 바라본다. 언젠가 역시 그녀의 이모 집 근처에서 은빛 소나기가 쏟아지며 일시에 밭을 덮쳐 왔을 때 공교롭게도 비옷을 준비하지 못한 우리들은 순식간에 물보라를 뒤집어쓰며 물에 젖어 서 있었다. 차가운 샤워를 하니 셔츠 한 장 달랑 입은 우리들은 바로 그 자리에서 감기에 걸릴 지경이 되었다. 우리들은 밭 여기저기를 왔다 갔다 하는 짐마차를 잡고는 방 번호를 대며 비옷을 갖다 달라고 부탁했다. 하지만, 흠뻑 젖은 우리들은 그 동안 김매기를 계속하지 못하고 허수아비처럼 오도카니 서서 재채기를 하기 시작했다. 그러나 비옷을 부탁해 둔 짐마차는 좀처럼 돌아오지 않았고, 우리들은 아까부터 눈앞에 있는 하쓰요 씨의 이모님 댁만을 열심히 바라보고 있었다. 어떻게든 해서 바닥이 높은 그 건물 아래(12피트 정도 높이)에서 쉬는 방법은 없을까 궁리를 하고 있었다. 감독 맥그레이도 굵은 콧수염 째 모두 젖어 있었다. 주근깨가 더 짙게 드러나 있다. 그 때였다. 뜻밖에도 비에 젖어서 시커멓게 우뚝 서 있던 그 외딴 집의 문이 한가운데서 열렸고, 안에서 기모노 차림을 한 하쓰요 씨가 나타났다. 그녀는 검은 머리에 가지런히 빗질을 한 듯, 한 손에 일본 빗을 든 채 보송보송한 뒷모습을 보이며 연기가 나고 있는 그 높은 툇마루 난간에서 몸을 내밀 듯 서서 비가 내리는 바깥을 향해 뭐라고 외치며 손짓을 하고 있었다. 우리들은 짐마차의 모습이 골짜기 쪽에서도 보이지 않자 결국은 포기하고 낮은 타이나프 나무를 로(low) 허들처럼 뛰어 넘으며 그녀에게 쏜살같이 일직선으로 모여들었다. 모두 탄성을 지르며 달리기 시작하는 것을 보고 감독은 갑자기 고삐를 놓친 기수처럼, '헤이 유, 헤이 유! 컴 백!'을 뒤에서 몇 번이고 외쳤다. 하지만 모두는 바야흐로 호우에

가까운 비가 온통 타이나프 나무로 가득한 밭을 두들기는 두둑두둑
하는 소리에 그의 고함소리도 귀에 들어오지 않았고, 결국은 후다닥
전방에서 비말을 일으키며 물안개가 일고 있는 집을 향해 곧장 달려
갔다. 그녀의 집 바닥 밑으로 스무 명 가까운 우리들이 새파래진 입술
을 하고 모여 들자, 하쓰요 씨는 역시 기모노 모습을 한 채로 서 있다
가 생글생글 미소를 짓는 선량한 이모와 함께 몇 아름이나 되는 대패
밥을 그곳으로 가지고 와서 불을 피워 주었다. 그곳에 맥그레이 감독
이 쪼그라든 마른 복어 같은 모습으로 나타났다.

"불(파이어)?"

그는 떨면서 빙 둘러선 모두에게로 슬금슬금 다가왔다.

"컴 온 디어."

누군가가 장난스런 목소리로 말했다. 모두 웃었다. 그러나 무리에
합류를 한 그는 웃지도 않고 젖은 포켓에서 젖은 손수건을 꺼내 자꾸
만 코를 풀었다. 이윽고 우리들은 하쓰요 씨가 내 준 따뜻한 커피로
차츰 추위를 잊어갔다.

"헤이 사카나! 우스마라 유('What's the metter with you'의 사투리).
하나하나(일해)!"

맥그레이 감독이 갑자기 나를 질타했다. 나는 긴 괭이자루 끝에
두 손을 올려놓고 그 위에 느긋하게 턱을 괴고 있는 내 자신을 발견
하고 허둥지둥 일을 하기 시작했다.

이제 통조림 일도 정상(탑)을 지나 엑스트라 워크를 할 일은 없게
되었고, 다시 아침 7시부터 오후 4시까지 정규 시간대로 일을 하게

되었다. 저녁 늦게 주위가 어슴푸레해지고 파란 가스등이 켜진 공장으로 돌아가는 일도 없어졌다. 그래서 4시 반이 되면 우리들은 펜치로 구멍을 뚫은 그날의 티켓을 모자에 꽂고 돌아온다. 일요일에는 골짜기에 가서 모두 놀든지 공장 앞 광장에서 신나게 야구시합을 하든지 했다. 또한 때로는 제각각 사방으로 흩어졌다. 산에는 이미 오헤어(산의 과일) 시기가 지났다. 우리들은 연기를 피워 바위 그늘에 있는 자연산 꿀을 따든가 쿠쿠이(kukui, 장식용) 열매를 다음번에 집으로 돌아갈 때 가지고 갈 선물로 주우며 하루를 보내곤 했다.

나와 구마오는 타는 듯이 붉은 칠을 한 공장과 서양소나무(파인 트리) 숲 바로 아래 골짜기를 신이 나서는 악당처럼 둘이서 손을 앞뒤로 흔들어대며 어슬렁어슬렁 돌아다니고 있었다. 나는 〈해피 데이즈〉를 부르고 있었다. 구마오는 아무리 시간이 흘러도 전혀 늘지 않는 휘파람소리를 내며 입술이 말려 올라간 입으로 아무렇게나 흥얼거리고 있었다. 우리들 주위에는 방목을 하는 들소가 드문드문 흩어져 있었다. 가끔씩 고개를 들고는 음메음메 둔한 소리를 내며 울었다. 길 군데군데에는 납석(蠟石) 같은 자연 소금이 뒹굴고 있었다. 구마오는 갑자기 그 중 하나에 올라가서는 한 손으로 이마를 가리며 카우보이 같은 자세로 그 소들을 바라보았다.

"나오토, 소가 모두 힘이 없는 것 같아. 미의 눈으로 보면 모두 얌전한 개로밖에 보이지 않아. 조금 기운을 차리게 해야지. 빨간 것 없어?"

그는 이렇게 말을 꺼냈다. 나는 허둥지둥 손을 내저으며 막무가내인 그를 말렸다. 그런데 그는 아무렇지도 않게 여전히 그 갑작스런 모험을 시도하려는 의지를 내보였다.

"좋지 않아? 졸려워 보이던 소가 눈을 반짝거리며 쫓아오면 마라톤을 하는 셈 치고 저 캠프까지 언덕길을 달려 올라가면 되는 거잖아."

포켓을 뒤지고 있던 그는 마침내 뒷 포켓 속에서 바람이 빠진 풍선 하나를 꺼냈다. 그 풍선은 붉은 바탕에 흰색으로 시장에서 돌아오는 본넷 모자를 쓴 소녀가 그려져 있었다. 바람을 불면 소녀가 팔에 안은 암탉이 알을 낳고 있는 모습이 보인다. 바람을 더 불면 이번에는 낳은 알과 정면을 향해 놀란 표정을 하고 있는 소녀의 눈만 점점 더 인상적으로 뚜렷해진다. 그것은 언젠가 카루타 모임이 있던 날 밤 그녀에게서 받은 것이었다. 그는 그것을 열심히 불기 시작했다. 동시에 나는 달리기 시작했다. 언덕에 거의 다 올라갔을 때쯤 뒤를 돌아보니, 그는 크게 바람을 분 풍선을 여봐란 듯이 주위 소들을 향해 마구 흔들기 시작했다. 나는 경사가 급한 언덕을 뛰어올라가서 저 건너 안쪽에서 붉은 색 공장이 보였다 안 보였다 하는 소나무 숲 끝에 섰다. 그리고는 그곳에서 다시 절벽 아래 골짜기를 내려다보았다. 그러자 그는 역시 개미처럼 소금바위 위에 우뚝 서서 뭔가 고래고래 고함을 치며 그 붉은 풍선을 머리 위에서 신호처럼 흔들어 대고 있었다. 그런데 얼마 안 있어 과연 반응이 있었고, 좌우에 관목이 빼곡하게 자란 좁은 실개천 건너 바위 밑에서 느긋하게 웅크리고 있던 사나워 보이는 황소 한 마리가 잠에서 깬 듯 부스스 고개를 드는가 싶더니 가만히 구마오 쪽을 노려보며 달리기 시작했다. 구마오도 과연 놀란 듯이 붉은 풍선을 한 손에 든 채 달리기 시작했다. 황소는 돌이 많은 얕은 실개천을 굼뜬 동작으로 건너더니 고개를 숙이고 뿔을 들이밀며 코에서 하얀 숨까지 내쉬면서 그의 뒤를 쫓기 시작했다. 그리고 계곡 바닥의 잔디밭을 달리는 두 개의 그림자(그것은 얼마나 작아보였던가!) 사이는 그 거리가 점차 좁혀지는 것처럼 보였다. 나는 그것을 마치 활동(무비) 실사라도 보는 것 같은 기분으로 분주하게 움직이는 구마오의 두 다리와 황소의 네 다리를 비교해 보고, 확실하게 구마오의 패배를 점칠 수 있었다. 얼마 안 있어 구마오도 그 사실을 깨닫고 도저히 내가 있는 언덕까지 올라올 수 없음을 알았는지, 내가 있는 쪽을 올려다보며,

"나오토! 나오토!"

라고 숨이 끊어질 듯 비통한 소리를 질러댔다.

나도 그만 주먹에 힘을 주었다. 나는 그저 달리는데 정신이 없는 그가 한손에 아직 빨간 풍선을 들고 있는 것을 보고는,

"구마오! 풍선을 버려! 풍선을!"

라고 저 멀리 골짜기를 향해 소리쳤다. 그제서야 그도 비로소 그 사실을 깨달은 듯이 그것을 던져버렸다. 던져버린 풍선은 순식간에 하나의 빨간 점이 되어 하늘로 날아오르며 바람이 빠지더니 점점 작아지다가 마침내 사라졌다. 그 다음 내가 뭐라고 외치려고 함과 동시에 그는 재빨리 옆에 있는 구아바 나무 한 그루에 원숭이처럼 기어 올라갔다. 나도 그제서야 휴하고 가슴을 쓸어내렸다. 화가 난 황소는 구마오의 이 기지에 한 방 먹고는 여세를 어찌할지 모르겠다는 듯이 그가 올라가 있는 구아바 나무 주변에서 꼬리를 돌돌 말아올렸다가는 다시 원래대로 풀면서 배회하고 있었다. 그리고 결국은 구아바 나무에 머리를 박고 별로 높지도 않은 구아바 나무를 흔들려고 시도하고 있었다.

"구마오, 이번에 살아나면 앞으로 소하고 누가 더 끈질긴지 내기하자. 모처럼 네가 원해서 화를 나게 한 소잖아. 싫지 않으면 당장 내일이라도 말야. 소하고 타이나프 껍질 냄새가 나는 곳에서 파이팅!"

내가 젠 채하며 말했다.

"곤란해."

그는 나뭇가지에 매달린 상태로 대답을 했다. 그렇게 말하고 있는 그는 말려 올라간 입술을 하고 얼굴에 잔뜩 힘을 주며 찌푸리고 있을 것이라고 생각하며, 나는 언덕 위에서 골짜기에 대고 계속해서 깔깔대고 웃었다.

그 사건 이후 제 아무리 겁이 없다는 그로서도 너무 혼 줄이 났는지, 그 이야기만 나와도 이상하게 얼굴을 찡그리며, '소는 곤란해'라고 쓴웃음을 짓는다. 또한 식당 아주머니 이야기에 의하면 원래 그 골짜기의 소떼들은 온순했는데, 이 구마오의 모험이 영향을 미쳤는지(이 대목에서 아주머니는 웃었다.) 이후 성질이 좀 거칠어졌다는 것이었다.

----- 하 -----

이제 외근을 하는 우리들은 공장에서 일할 기회를 완전히 잃어버렸다. 그리고 반대로 내근을 하는 그들은 나흘에 한번 밭에 나와서 내년 준비를 위해 아직 어려서 흰 가루 투성이인 타이나프 나무 손질을 했다. 공장이 쉬면 기적이 울리지 않기 때문에 시간이 되면 감독들

은 합의를 해서 돌아갈 시간을 알려주었다. 그리고 마차를 끄는 뮬맨을 제외한 총 7백명의 우리들은 어깨에 괭이를 메고 길게 줄을 지어 몇 겹이나 되는 언덕을 넘어 캠프를 향해 돌아간다. 요즘에 자주 같이 일을 하게 된 나와 구마오는 바닥의 사탕수수 관개용 터널(얼음처럼 차가운 물이 여울을 이루며 흐르고 있다.)로 시커멓게 흐르는 물을 들여다 보기도 하고 물이 가득 들어있는 철관 위에 걸터앉아 오싹할 정도의 냉기를 실컷 즐기기도 하며, 2주 앞으로 다가온 귀향에 대해 이야기를 나누었다. 또한 총감독(보스)이나 대감독(루나)의 산뜻한 저택 옆으로 난 길을 걸으며 그 길을 따라 흐르고 있는 콘크리트를 친 맑은 개울(펌프로 퍼 올린 물)에서 헤엄을 치는 검은 잉어, 붉은 잉어 등 색색가지 물고기들을 바라보았다.

우리들이 그렇게 무심하게 한눈을 팔고 있는 동안 이제 주의는 거의 어두워졌다. 그리고 오피스 앞에 있는 고풍스런 아크등이 켜질 무렵에는 아버지가 와서 짐마차(웨건)를 한 대 세워 놓고 기다리고 있었다. 말하자면 아버지가 와서 기다리고 있을 때는 이상하게 늘 우리들의 귀가도 늦어진다. 그리고 늘 그렇듯이 소금구이를 한 생선 두 마리는 우리를 기다리다 식당 찬장 속에 들어가 있었다. 그리고 그 찬장 위에는 세탁물이 두세 장 놓여 있었다. 우리들이 돌아올 때까지 이미 예정된 생선을 다 팔아 버린 아버지는 오카자키 상회(스토어) 벤치에 앉아서 좋아하는 담배를 피우고 있었다. 그러나 늘 그렇듯이 우리들 사이에 다른 이야기는 있을 수 없고, 그냥 사소한 와이피오 이야기나 와이피오에서 온 간단한 전언(메시지)의 공개, 그리고 마지막으로 아버지가 배려해서 준 약간의 용돈 이야기 정도.

그 정도로 돌아가는 아버지이지만, 다음 마카우 방문은 월말인 30일이 될 테니까 누나하고도 잘 이야기해서 그날 짐을 정리해서 돌아오라고 이야기했다. 30일은 마침 월급날(페이 데이)라서 나도 구마오도 동의했다. 그리고 아버지는 어두워진 캠프를 떠났다.

어느 날 구마오가 이런 중대한 에피소드를 들려주었다.

─공장에서 제3, 4번 롤라 여공감독을 하고 있는 아니타 할머니(우리들 B조의 감독인 맥그레이의 와이프)는 평소 총감독(보스)의 비위를 잘 맞추는 것으로 유명한데, 그날 아침에도 모두가 모처럼 산뜻한 기분으로 일에 착수한 지 삼십분 정도 지나자 그녀는 슬슬 감독을 하러 온 보스에게 특기인 아부를 시작했다고 한다. 그리고 일부러 여공들 중 세 명을 그의 앞으로 데려다 놓고 근무 성적이 좋지 않다고 지적했다. 하마요를 비롯하여 지적을 받은 일본인 여공들은 별로 잘못한 기억도 없는데, 보스 옆에 빈대처럼 찰싹 달라붙어 자신들을 비난하는 아니타가 꼴도 보기 싫었다. 보스가 가고나자 여공들은 그녀에게 냉정한 태도로 그 이유를 따졌다. 그러자 작은 체구를 한 이 아니타 할머니는 원래 목소리가 큰 하마요에게 압도당해 생각처럼 대답을 하지 못했고, 결국은 우는 척하며 보스에게 가서 눈물을 뚝뚝 흘리며 한 두 명의 여공이 감독인 자신을 윽박지르고 매도하였으며 끝내는 여럿이서 한 대씩 뺨을 때렸다고 아무 근거도 없이 거짓말을 지어내면서 보스의 발밑에 엎드려 울며 쓰러졌다. 그리고 결국은 쇠된 목소리를 쥐어짜며 세 명을 해고하라고 조르듯 호소하였다. 박진감 넘치는 그 기교에 그 자리에 있던 사람들은 모두 혀를 내둘렀다. 그녀는

그렇게 하면 분명 보스가 그 세 명을 해고하고 자신의 요구를 들어 줄 것이라 철썩 같이 믿고 있었다. 그런데, 보스는 뜻밖에도

"Hey, Anitar! Stop it! Enough of this talking and crying! You're fired!(이봐, 아니타! 그만해. 질질 짜는 이런 이야기는 지긋지긋해. 당신은 해고야!)"

라며, 아니타를 야단을 쳤고, 야단을 맞은 아니타는 잠시 망연자실하더니 곧 얼굴이 새파래졌다. 그리고 그녀는 울음을 그치고 뺨에 흐르는 눈물을 손등으로 훔치며 떨리는 목소리로,

"What, Mr. Boss! Me this?(뭐라고요, 감독님! 나를 해고한다고요?)"

라고 물었다. 그와 동시에 한손으로 힘없이 자신의 목을 치는 흉내를 내며 짜증이 난 표정으로 찡그리고 있는 그에게 다가갔다.

"Well, shut up! I mean, we don't want you any more here. So get off, hurry up!(아, 입 닥쳐! 무슨 말인가 하면, 이제 여기에서는 당신이 더 이상 필요하지 않다는 거야. 그러니까 꺼져, 빨리!)"

그리고 아니타 할머니의 작은 몸은 보스의 승마화 끝에 걷어채이는 형국이 되었다. 그녀는 사과와 변명 기타 모든 수단을 동원해 보았지만, 보스는 이제 통 상대를 해주지 않았고, 타이나프 즙으로 축축해진 그곳 바닥에 내동댕이쳐 버려졌다. 그러자 희망을 잃은 그녀는 무슨 말인지 알 수 없는 포르투갈어로 마구 떠들어대기도 하고 마치 어린아이처럼 발을 동동 구르기도 했다. 그리고 다음에는 연신 울고 불고하면서 문 밖 쪽으로 비틀비틀 걸어 나갔다고 한다.

"매번 저런 식이니, 보스도 이제 속이 빤히 보이는 아니타 할머니의 아부가 어지간히 싫어진 거지. 공장(밀) 사람들이 모두 그렇게 말

했어.”

구마오가 이렇게 덧붙였다.

“그럼, 맥그레이는 어떻게 되는 것이지?”

나는 우리들의 노감독에 대해 물었다.

“글쎄. 그건 미는 몰라, 전혀.”

그가 퉁명스럽게 대답했다.

그런데 다음날 우리들은 밭에서 평소와 다름없는 감독 맥그레이의 모습을 보았다.

그래서 그날 저녁 돌아와서 맥그레이 감독은 별 이상이 없다고 고하자, ‘그래?’ 하며 그는 고개를 좀 갸우뚱했다.

그러나 또 그 다다음날 아침의 일이었다. 밀로 가는 기차의 기적(汽笛)을 기다리며 식당(키친) 옆 도로에 모여 감독(루나)의 지시를 기다리고 있었는데, 7시 출발 기적이 울려도 맥그레이는 모습을 드러내지 않았다. 그리고 다른 조가 일을 하러 출발을 하고 5분 정도 지나자, 대루나가 예의 갈색 말을 타고 달려와서 다소 흥분된 어조로 B조는 당분간 자신이 직접 지휘를 하겠다고 밝혔다. 그리고 맥그레이 감독에 대해서는 한 마디도 하지 않았다. 나는 대루나가 우리들 B조를 감독하겠다는 말을 듣고 가슴이 덜컹했다. 분명 그는 나를 계속해서 ‘사카나(생선)’라고 불러댈 것이라고 생각했기 때문이다.

그런데 정말로 그는 하루에도 몇 번씩이나 나를 ‘헤이, 사카나’, ‘고 온 사카나’, ‘위키위키(wikiwiki)[2], 사카나’라고 하며 긴 채찍으로 때리기라도 할듯한 기세로 불러댔다. 나는 언젠가 소나무 숲에서 셰

틀랜드 포니(Shetland Pony)[3]를 타고 참새를 쫓으러 온 대감독의 아들을 만나면, 번쩍번쩍 빛나는 아들의 공기총을 빼앗아 밉살스런 포니의 엉덩이를 쏴 줘야지라고 내심 기도하고 있었다.

오늘 일을 구마오에게 말해 주려고 돌아오자 그는 방에 없었다. 식당(키친)에 가보니, 그는 이미 식사를 반 이상이나 하고 젓가락을 내려놓고 긴장된 표정으로 팔짱을 끼고 있었다. 식당(키친)에 모인 사람들은 흥분해서 술렁거리며 뭔가 자꾸 흥미로운 듯 이야기하고 있었다. 구마오는 그 이야기를 듣고 있는 것이었다. 내가 그의 얼굴을 살피듯 하며 옆에 앉자, '맥그레이는 끝장이래' 했다. 나도 아저씨들 이야기에 귀를 기울였다. 그리고 이미 맥그레이 사건이 화제에 올라 있다는 것을 알게 되었다. 맥그레이와 아니타가 실종이 된 것이었다.

— 이틀 전 즉 다른 사람을 자르려다 오히려 자신이 잘리게 된 아니타 할머니는 자기 집(보스나 대루나들의 깔끔한 사택의 가장 낮은 쪽 경사면에 지어진 방갈로 풍의 작은 집)으로 돌아가는 도중에도 보기 흉하게 울고 있었다. 저녁 때 남편 맥그레이가 밭에서 평소처럼 어깨에 코트를 걸치고 돌아와 보니, 그녀는 아무 영문도 모르는 그에게 마구 화풀이를 해댔다. 남편은 최근에 그런 일이 없었는데 그녀가 자신의 눈앞에서 행패를 부리는 것을 보고 어쩔 줄을 몰라 하며 부드럽게 그녀를 달래서 진정시키려 했다. 그리고 얼마 지나지 않아 그녀는 비로소

---

2 '서두르다'라는 의미.
3 셰틀랜드종의 조랑말.

바닥에 울며 쓰러져서는 해고가 되었다는 사실을 남편에게 자백했다. 그리고 해고되기까지의 전후 사정을 과장해서 이야기했다. 남편 맥그레이는 그녀에게서 일체의 경위를 듣고나서 뭔가 생각에 잠긴 듯, 그 자리에서 계단에 앉아 주근깨투성이의 굵은 팔로 팔짱을 꽉 꼈다.

그리고 그 다다음날 아침 그들 노부부는 이미 캠프에서 사라진 것이었다. 즉 방갈로 풍 집은 텅 비게 된 것이었다. 그러나 그것만이 아니었다. 조금 더 주의 깊게 그들의 신변을 조사해 보니, 그들이 그곳에 있던 피스톨 두 정을 휴대한 채 도주한 사실이 알려졌다. 아니 그것만이 아니다. 사람들에게 더 충격(쇼크)을 준 것은, 그들은 공장(밀) 뒤편에 지어진 마굿간에서 물 두 마리를 훔쳐서 달아났다는 것이었다.

"그런데 말야, 통조림 창고 열쇠도 하나 가지고 있다고 하더라고."

일이 더 복잡해 진 것 같았다.

"음, 그래? 어쨌든 황당한 짓을 했네. 그 노인네들이."

"이제 이삼일 지나면 붙잡힐 것이라고 해. 아무래도 형사들이 와이파후(마을 이름) 쪽에 쫙 깔렸다고 하니 말이야."

"그런데 사람들이 그러는데, 붙잡혀도 징역을 갈 일은 없을 거라고 해요. 맥그레이 부부 그 사람들 그 나이가 될 때까지 자식도 한 명 없이 젊었을 때부터 악착같이 사탕수수 밭 일을 하면서 단돈 5센트(최저 화폐 단위)도 허투루 쓰지 않고 쭉 저금을 했대요. 물론 이 캠프에 근무하기 시작한 것은 3년 전이라고 하는데, 그 부부가 하필이면 감독 일을 하게 된 것도 회사가 부부에게 상당한 저금이 있다는 사실을 알아서 그런 것이랍니다. 그리고 회사에서는 그 예금 전부를 캠프로 다시 옮기게 했고. 그 돈이 5만 달러는 된다고 하는 소문이에요. 그런데 아니타가 잘렸을 때 말이에요. 맥그레이는 그날 밤은 그대로 있다가, 그 다음날 평소와 다름없는 태도로 하루 동안 일을 나갔다가 저녁에 돌아왔대요. 그런데 드디어 그 전날 밤 결심을 하고 사무소에 나타나서 지금까지 예금해 둔 금액 전부를 즉시 지불해 달라고 조용히 요구를 했다는 거예요. 당연히 그 자리에서 바로 돈을 찾겠다고 생각한 거죠.―그런데 사무소 쪽에서는 원칙적으로 예금 천 불 이상인 거액 인출은 1년에 두 번뿐으로, 상반기는 7월 30일, 하반기는 다음해 1월 30일 각각 전후 3일간으로 되어 있다고 설명을 했죠. 그러자 맥그레이는 순간 화를 벌컥 냈죠. 그것은 회사측 편의에 맞춰 빠져나갈 구실을 만든 것이라 지레짐작하고, 이러다가는 필시 예금을 찾을 수 없을 것이라고 오해를 한 거죠. 의외로 소심한 그는 회사를 상대로 맞설 힘도 없어 풀이 죽어 집을 돌아갔어요. 그러자 원숭이 눈을 한 아니타가 궁시렁궁시렁 불평을 한 거죠. 그 옆에 있던 그도 이리저리 골똘히 생각을 하는 동안 머릿속이 완전히 혼란스러워졌고, 그는 흥분을 하는 와중에도, 그래, 아무것도 찾을 수 없다면 좋아, 말이라도 훔쳐서 달아나자며 정말이지 될 대로 되라 하는 기분이 들기도 했죠. 그런 기분에 생각이 짧은 그는 급기야 그 날 밤 2시 무렵 캠프 사람들이 모두 잠든 고요한 밤에 두 마리의 말을 손쉽게 훔친 겁니다. 그리고 그 말 위에 필요한 것들을 이것저것 싣고 둘이서 한 마리씩 끌고 캠프에서 도망을 친 것이죠."

뮬 맨을 지원하여 근무하고 있는 박학다식한 대학생 한 명이 이런 이야기를 들려주었다.

"그러니까 설령 붙잡힌다 해도 회사 사무소에 맡겨 놓은 거금에서 벌금을 얼마간 제하면 되는 것이니 죄라고 할 것까지도 없다는 겁니다."

그는 이렇게 마무리를 지었다. 그러나 그들 대부분은 피스톨의 처치에 대해서는 이런 저런 억측들을 늘어놓았다. 어떤 사람은 여러 가지 비관설을 늘어놓았고, 또 어떤 사람은 피스톨은 확실히 그들의 소유물이기 때문에 딱히 이상할 것이 없다, 밤중에 사탕수수 밭을 내려가야 하니 주의 깊은 사람이라면 누구라도 그렇게 하는 것처럼, 그들 역시 그것을 단순히 호신용으로 휴대했던 것일 거라고 했다.

그러나 과연 맥그레이와 아니타 두 사람은 그로부터 이틀 정도 지나서 와이파후 경찰이 보낸 포드 자동차에 실려 캠프로 송환되었다. 두 마리의 뮬도 자동차 뒤에서 도망을 칠 때 모습 그대로 돌아왔다. 그리고 그들은 특별령에 의해 예금(실은 3만 달러)을 인출할 수 있었고, 경찰 측의 조정으로 합의가 성립되었다. 그리하여 그들은 두 사람의 두 달치 월급과 5백 달러를 벌금으로 냄으로써 죄에 대한 보상을 할 수 있었다. 그리고 사건은 의외로 빨리 해결이 되었다. 그래도 그들 두 사람은 2만 9천 5백여 달러의 현금을 손에 쥐고 얼마나 기뻐했을까 하며 캠프 사람들은 부러워했다.

내가 골치를 앓고 있던 대루나의 문제도 조가 합병이 되거나 새로 일본인 감독이 임명되면서 해결이 되어서 속이 시원해졌다.

방학도 이제 일주일 밖에 남지 않았다. 공장(밀)의 일은 5일에 이틀 꼴이 되었다. 밭에서는 늘 그랬던 것처럼 불규칙하게 풀베기 일을 했다. 학생들은 슬슬 산을 내려가기 시작했다. 거의 매일 학생들 중 다섯 명 혹은 열 명이 캠프를 떠났다. 캠프는 어쩐지 어수선했고 그러면서도 점차 쓸쓸해지는 것 같았다. 종횡으로 기는 듯 늘어서 있는 단칸 셋집들에는 제각각 공실이 슬슬 생기기 시작했고, 캠프의 밤은 이가 하나씩 하나씩 빠져버린 잇몸처럼 쓸쓸함을 더해갔다. 다만 여전히 떠들썩한 곳은 목욕탕이었다.

어느 날 저녁, 나는 할 이야기가 있어서 누나를 만나기 위해 목욕탕 아주머니가 있는 곳으로 찾아갔다. 그런데, 누나는 하쓰요 씨네 송별회에 가 있어서 아직 돌아오려면 시간이 멀었기 때문에 목욕탕 일을 보고 있는 과묵한 아주머니 옆에 같이 쭈그리고 앉아 처음으로 이런 저런 이야기를 하게 되었다. 내 자신이 목욕을 할 때는 그 정도로까지 생각하지 않았던 그 시끌벅적한 소리를 나무를 때는 바깥에서 듣고 있자니, 자연히 그들의 난잡하고 소란스러운 이야기 소리나 하모니커를 부는 소리가 시끄럽지 않냐고 아주머니에게 묻지 않을 수 없었다. 그러나 아주머니는 빨갛게 타오르는 불을 바라보며 지극히 무관심한 태도로 다음과 같이 대답했다.

"나로서는 말야, 목욕탕 안에서 손님이 아무리 제멋대로 떠들어대도 한 마디도 불평을 하고 싶지는 않아. 목욕탕이 이렇게 시끌벅적한 것도 1년에 겨우 두 달 정도이고, 또 9월부터는 타이나프 일이 완전히 한가해지기도 하고 또 모두 학교 수업이 있기도 해서, 대부분 한 번에 철수를 하잖아. 요즘에도 벌써 매일 열 명, 스무 명 정도 되는 사람들이 산을 내려가니, 이 캠프도 점점 맥이 빠져서 썰렁해 지고 있어. 이렇게 몇 개나 되는 많은 연립 단칸방들이 거무스름하게 그을린 굴뚝을 세운 채로 텅 빈 동굴처럼 어둡고 침침해 지는 것을 상상해 봐. 공장(밀)? 공장(밀)에서는 그 때는 이미 연기도 영 나질 않아. 그리고 또 거미줄이 잔뜩 쳐진 저 변소 안. 좀 지저분한 이야기이지만 말이야, 앉으면 엉덩이 주위에 먼지로 둥근 원이 생긴다니까. 그러니까 그 때는 캠프에 서너 명 정도밖에 없어서 목욕을 하러 오는 사람도 적어서 정말로 음산할 지경이라, 한두 명이 가끔씩 기침을 하며 철벅철벅 물을 끼얹을 뿐이지. 게다가 오키나와 출신 남자가 뜯는 낮은 샤미센 소리가 띠링띠링 마치 깊은 골짜기에서라도 들려오듯 밤이고 낮이고 텅 빈 캠프를 떠도니 말이야.”

그녀는 불을 쑤시며 여전히 궁시렁 궁시렁 캠프 이야기를 계속했다.

“여러 사람이 모두 같이 있을 때는 대부분 잘 모르겠지만, 올빼미가 매일 울어대는 저 소나무 숲 끝(사탕수수 밭 쪽)에 작은 선종(禪宗) 포교장이 있어. 그런데 그곳에서 한 달에 한 번 출장을 오시는 스님이 직접 치시는 종소리가 이상하게 심금을 울려.……”

아주머니의 술회를 듣다가 나도 잠시 해산이 된 후의 캠프에 대해 생각하게 되었다. 그리고 기분 탓인지 현재 백 명도 채 줄지 않았는데도, 캠프의 동남쪽에 펼쳐진 사탕수수 밭에서는 두 달 동안 더 자란 사탕수수의 잎들이 부딪히는 시끄러운 소리가 마치 파도처럼 쌀쌀한 분위기를 몰고 오는 것처럼 온몸으로 느껴졌다. 들소가 사는 골짜기에는 옅은 안개가 끼어 있지 않을까?

이윽고 어딘가 먼 방 쪽에서 여자들이 합창으로 〈올드 랭 사인(Old

Lang Syne)〉을 부르는 소리가 희미하게 들려왔다.

　30일. 드디어 마지막 날이 되었다.

　일을 마치고 돌아오자 임금을 주는 시간(5시)이 되었다. 사무소(오 피스) 앞에는 긴 그림자를 늘어뜨리며 벌써 사람들이 한 줄로 길게 늘어서 있었다. 자동차(오토 모빌), 짐마차(웨건) 네다섯 대가 저녁 햇 살을 받으며 이리저리 늘어서 있었다.

　약속대로 아버지도 벌써 와 있었다. 이상하게도 머리를 박박 밀고 싱글벙글하며 식당(키친) 옆에 서 있었다. 우리들은 기분이 들떠 있었 다. 그리고 이윽고 누나도 와서 올 사람이 모두 다 왔기 때문에 우리 들은 한 손에 자신의 번호표를 꼭 쥔 채 아버지를 가볍게 돌아보며, '자, 이제 가요' 하는 표정을 지어 보였다. 아버지의 무언의 미소는 지난달과 마찬가지로 '자기가 번 돈은 자기가 지켜야 한다'고 하는 것 같았다.

　일찌감치 산에서 철수를 한 사람들의 대리로 온 사람들도 많아서 길게 늘어선 줄은 좀처럼 줄어들지를 않았다. 그러나 사람들은 딱히 불평도 하지 않고 엄숙하게 제각각 순번을 기다렸다. 한 시간 후 우리 들은 번호표를 내고 작은 급료봉투를 무거운 듯이 들고 아버지에게 가서 그것을 보여주었다. 그리고 세 명은 아버지의 도움으로 즉시 짐을 마차(웨건)에 실었다.

　만반의 준비가 끝나자 우리들은 식당(키친)으로 들어갔다. 그곳은 평소와 다른 분위기가 지배하고 있었다. 급료를 받고 드디어 내일이 면 하산을 하게 된 많은 사람들이 제각각 정중하고 삼가는 태도로 주연을 펼치고 있었다. 우리들도 그 사이에 끼어서 점잖게 젓가락을 들었다. 모두 늦은 저녁을 하고 있었다. 아주머니는 아버지를 위해 일본 술 한 병을 들고 와서 이런저런 이야기를 하고 있었다.

"정말로 세 명 모두 결국 하루도 쉬지 않고⋯⋯."

아주머니는 이런 이야기를 했다. 아버지는 잔에 눈길을 준 채 어색한 미소를 짓고 있을 뿐이었다.

테이블을 떠날 때 나는 맞은 편 테이블 한쪽 구석에 머리를 처박고 취해서 정신 줄이 나가 있는 나카하라 아저씨를 보았다. 나는 사람들 사이를 헤치고 그쪽으로 찾아가서 그의 등을 흔들었다. 그러나 아저씨는 큰 소리로 코를 골며 좀처럼 잠을 깰 것 같지가 않았다. 나는 작은 목소리로, '안녕히 계세요'라고 인사를 하고 식당(키친)을 나왔다. 바깥은 이미 어두워져 있었다.

이윽고 우리들이 탄 짐마차(웨건)는 식당(키친)과 목욕탕 아주머니들이 흔들어대는 등불(램프)의 전송을 받으며 마우카를 출발했다.

ㅡ 1930년 10월

미스 호카노의 회초리

── 1 ──

Pearl City(펄 시티)를 처음 방문하는 사람들은 늘 첫마디로 'Oh! What a city!(오! 이런 섬이구나!)' 하고 감탄을 했다. 그것은 말하자면 미소와 함께 흘러나오는 호의 어린 탄식 같은 것이다. 왜냐하면 그곳은 좀 살기 좋을 것이라고 생각될 정도의 단순한 거주지(컨트리 타운)에 지나지 않기 때문이다. 다만 자랑으로 생각되는 것은 반 마일 정도 떨어져 있는 별장지이다. 그곳은 이 섬(오아후, Oahu) 굴지의 환락가로 페닌슐라라 불리웠다. 물론 Pearl Harbour(펄 하버) 만에 임한 세련된 '반도'임에는 틀림없지만 말이다. 다운타운에는 선로도 하나 있는데, 어쩌다 공개적인 무도회가 있는 날이면 그렇게 조용하던 마을에서도 때 아닌 흥청거리는 분위기가 인다.

하지만 그 날 하루가 끝나면 언제 그랬냐는 듯이 다시 평온함을 되찾고 어울리지도 않는 흰 모래를 바른 정류장(우체국을 겸함)은 좁은 마을 한 복판에서 왼쪽을 향했다가 오른쪽으로 다시 돌아가는 정도의 수준이다.

그렇게 동서로 달리는 오아후 철도(정확히는 O.R.& L, Co. 기점은 호놀룰루시)하고는 교차선을 이루며 페닌슐라에서부터 완만한 S자로 넓은 아스팔트 도로가 달리고 있다.

```
Stop,  Look
      &
    Listen
Railroad  Crossing
```

그곳의 입간판을 경계로 남쪽은 지나 거리이고 북쪽은 일본인 거리로 나뉘었다. 하지만 이러한 명칭은 사실상 별로 도움이 되지 않았다. 왜냐하면 이곳도 다른 어떤 마을 못지 않게 많은 인종들이 제멋대로 모여 살고 있으니 말이다. 다만 카나카(원주민)만은 전통적인 지역과 가족에 의해 겨우 토착민으로서 자신들의 특권을 유지하고 있다.

2

별장지와는 반대로 마을 뒤편은 온통 숲이었다. 캬베츠나무[1], 캬베

---

1 분꽃과의 식물로 학명은 Pisonia umbellifera. 해안의 열대 우림에서 자라고, 높이 8~10m. 잎은 타원형으로 서로 어긋나거나 마주보는 모양. 군생하는 경우도 있다. 봄에 원추형 화서(花序)가 나오고 흰 꽃이 핀다. 열매는 점액질이 있고 여름에서 가을에 익는다.

츠나무, 캬베츠나무, 대왕야자(Royal Palm), 술병야자(Bottle Palm), 망고나무, 캬베츠나무, 백단향, 대소철, 아카시아, 파파야, 빈랑수, 대추야자(date palm), 캬베츠나무, 캬베츠나무, 목화나무, 크리스마스 홀리, 유칼립투스, 여인목, 캬베츠나무, 캬베츠나무—울창한 녹음이 펼쳐져 있다. 또한 그곳에는 마을의 제 설비들이 잔뜩 모여 있다. 공동묘지, 재판소, 형무소 분국, 수도 조절소, 빵 공장, 교회, 혼간지(本願寺) 학원(일본어학교), 지나어학교, 공회당 등등. 그리고 그것들은 제각각의 색채로 적당한 역할을 하고 있다. 그곳에는 늘 쾌활한 어린아이들이 맨발로 하루에 적어도 한 번은 반드시 모여들었다. 그들의 학교 역시 숲 속에 있다. 페닌슐라에서 이어지는 도로가 한번 커브를 틀고 마을을 관통해서 빠져나가면, 이번에는 오른편으로 광장, 왼편으로 캬베츠 고목이 있는 곳에서부터 완만한 언덕이 되고 길은 다시 숲속으로 들어간다. 거기에서 6,7백 미터 가면 사탕수수 밭 바로 전에 길은 산으로 내달리고 양쪽으로 파인 트리가 죽 늘어선 횡단 국도와 교차한다. 그 국도를 오른쪽으로 2,3백 미터 가면 오른편에 낮고 흰 팬스와 히비스커스 생울타리로 둘러싸인 화려한 일곽이 눈앞에 펼쳐질 것이다. 즉 Pearl City Public School(펄 시티 공립학교)이다. 그리고 지금은 일주일 간의 부활제 휴가(이스타 버케이션)가 지난 지 3일째. 학교 그 어디에서도 이제 이스타 버케이션 분위기는 찾아볼 수 없다. 아침. 상쾌한 아침이다. 그들 각양각색의 아동 250여명은 가장 경쾌한 복장(남학생은 헌팅캡, 스포츠 셔츠, 반바지. 여학생은 나비모양 리본과 카나카복장)에 바스켓을 들고 달력 같은 표정으로 등교를 한다.

그리고 오늘도 역시 우리들은 미스 호카노의 회초리가 무서워지기

시작했다. '단어의 철자법(스펠링)'과 '문장 암기(레지테이션)'가 시작
된 것이다.

"미스터 나오도.[2] 일어서.……"

세 번째 줄 중간에 앉아 있던 나는 갑자기 이름을 불리어 씹고 있
던 츄잉 검을 삼켜버렸다.

"scissors(가위)를 써봐.……"

"시저요?"

"예스, 노, 노. 그 위대한 로마의 히어로가 아니야. scissors. 그냥
단순한.―"

"s-c-i-s-s-o-r-s."

"잘 했어. 그럼 Passion(열정)."

"p-a-s-s-i-o-n."

"예스, 올 라이트. 싯 다운."

그러자 나와 같은 책상의 옆에 앉아있는 애플바나나 같은 혈색을
한 휴 로빗슨(그는 유급학생으로 나이는 나보다 두 살 위인 열여섯)은 순번
을 신경쓰며 당황해하기 시작했다. 자신이 없었던 것이다.

"다음!"

과연 이렇게 말하며 책에서 눈을 뗀 미스 호카노는 초콜릿 색 얼굴
에 샘물 같은 눈동자로 가만히 휴를 내려다보았다.

"morality(도덕성). 플리즈."

2　화자의 이름은 '나오토'이지만, 미스 호카노는 카나카이고 휴는 '몽골계 지나인'으로
　이 두 사람은 '나오도'라고 사투리로 발음한다.

"모럴러티. m-o-r-r-a-l-l-i--t-t-y."

"넌센스! 영 틀렸잖아. 왜 더듬거리고 쓸데없는 글자를 세 번이나 넣는 거지, 휴?"

그녀의 짙은 눈썹이 까탈스럽게 꿈틀거렸다.

"romance(로망스). 말해 봐."

"로망스."

"철자를 말해 보라고."

"r-o-m-a-n-c-e."

그는 악센트를 붙이지 않고 물 흐르듯 단숨에 철자를 말했다. 미스 호카노는 '으흠!'하며 아랫입술을 깨물었다. 휴는 몸으로 기억하는 바가 있어서 일시에 얼굴이 상기되어 고개를 숙였다. 나는 두 번째 줄에 있는 초승달 같은 눈썹을 한 미쓰요의 실로 잘라낸 듯 옴폭 패인 보조개를 떠올리고는, 정면에 있는 칠판(블랙 보드)을 배경으로 회전의자에 깊숙이 몸을 기대고 앉아 있는 미스 호카노 교장 선생님의 표정에 신경을 쓰며 한손으로 휴의 엉덩이를 바지위로 꽉 움켜쥐었다.

"휴는 왜 그런 말밖에 모르는 것일까? 휴, 풀! 그럼 Catholic(가톨릭)―"

"c-C-a-t-t-t."

그는 고개를 갸우뚱하며 계속 더듬거렸다. 같은 알파벳에 걸려서 눈짓으로 나에게 몇 번이나 원조를 요청했다.

"휴!"

갑자기 미스 호카노는 가무잡잡한 얼굴이 시뻘개지면서 고함을 질렀다. 아무래도 오늘 기분은 보통이 아닌 것 같았다. 휴는 엄숙해야 할 아침의 국기 게양식 때부터 이것으로 벌써 세 번째였다.

"나오도! 옆에서 잘난 척 하며 가르쳐주기라도 하면 가만 안 둘 줄 알아. 두 손을 책상 아래로 내리고. 그래, 그렇지. 자, 휴. 다시 한 번 Catholic."

그러나 결국 휴는 항복의 표시로 얼굴이 새빨개져서는 머리를 긁적거리고 말았다.

"휴! 내가 해오라는 숙제 하지 않은 거지? 휴, 스투피드 보이! 이쪽으로 나오라고, 정말이지 원!"

미스 호카노는 그 때 이미 책상 위에 있는 자를 재빨리 오른손에 쥐고 준비를 하고 있었다. 휴는 꾸물꾸물 머뭇거리고 있었지만, 미스 호카노가 매섭게 노려보는 시선에 압도되어 바닥(플로어)을 걸어나왔다.

"자, 오른손 들어.……"

"왜―선생님이―하는―말을―항상―듣지―않는―거지!"

짜증이 섞인 목소리로 한 마디 한 마디 박자를 맞추듯, 딱딱한 자로 찰싹찰싹 휴가 내민 손바닥을 때리는 소리가 방갈로 풍 건물 벽에 부딪혀 참담하게 되돌아왔다. 아마 L자 형으로 펼쳐진 교사(校舍)의 양쪽 교실에도 여느 때처럼 이 회초리 소리가 여과 없이 들렸을 것이다. 5, 6학년(최상급)을 합친 A교실의 우리들 55명은 다시 또 숨을 죽이고 어쩔 수 없이 눈을 치뜨며 누구나 한번은 당해야 할 광경을 바라보아야만 했다.

"미스터 휴. 이제 내가 하는 말 알겠지? 그럼 이만 자리로 돌아가서 찾아봐."

휴는 그 와중에 방과 후인 두 시에 남아 있으라는 말을 듣지 않은

것을 다행으로 여기며 고개를 숙이고 자리에 앉았다. 그리고는 매를
맞아 새빨개진 손으로 종이에 뭔가 써서 내게 건넸다.

"저 여자, 또 남자한테 채인 것 아냐? 아, 젠장!"

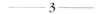

3

Miss Hina Hookano(미스 히나 호카노)—그녀는 펄 시티 '에바구 재
판소'의 판사인 Willey L. Hookano(윌리 L. 호카노) 맏딸이다. 나이는
벌써 스물일곱 살이지만 불행(?)하게도 아직 정식 결혼을 한 적은 한
번도 없다. 그녀가 지금 같은 올드 미스가 아니라 더 젊었을 때 왜
결혼을 하지 않았는지에 대해서는 통상 두 가지 이유가 가장 신빙성
있는 것으로 알려져 있다. 일설에는 그녀의 모친이 그녀가 아직 어렸
을 무렵 레프러시(나병[癩疾], leprosy)에 걸려 몽유병환자처럼 눈동자
도 멍해져서, 어느 날 갑자기 모로카이(Morokai) 섬(지금은 레프러시 콜
로니가 있다.)에 건너가게 되었다고 한다. 원래 좀 내성적인 성격의 그
녀는 그 때 받은 심한 충격에서 아직 벗어나지 못하고 있었다. 그
결과 그녀는 점점 더 우울한 소녀가 되어 생각에 잠겨 있기만 하고
그녀의 유일한 여동생(알토와 홀라댄스의 명수)이 추는 홀라댄스, 아니
유려하고 우아한 '고전 홀라'마저 추잡한 것이라고 하며 눈살을 찌푸
리고 손으로 얼굴을 가렸다고 한다. 그리고 또 다른 일설에는 그녀의
왼쪽 다리가 0.5인치 정도 짧다는 것. 단, 평소에는 고무 보정 장치로
교묘하게 커버하여 외견상으로는 거의 완벽하게 그 사실을 감추고

있다는 사실 등이 있다.

그러나 위의 두 가지 이유 중 어느 하나로 인해 그녀가 결혼을 하지 않았을 것이라는 억측은 대부분의 경우 외래의 상식으로 판단한 것으로, 그런 좁은 소견은 폴리네시안 카나카가 살아온 '하와이' 환경에서는 통용되지 않는 것이라 생각된다. 그리고 그와 같은 과거사는 결국 뜬구름을 잡는 것 같은 지극히 막연한 것에 지나지 않는다. 우리들이 알고 있는 한, 그녀는 그저 전심 전력 학업에 힘을 쓰고 아버지의 좋은 지도에도 힘을 얻어 열아홉 살 때 호놀룰루시의 사범 학교(노멀 스쿨)를 최고점으로 졸업하자 리본으로 장식된 디플로마(diploma, 졸업장)를 들고 태어난 고향인 펄 씨티에서 교편을 잡는 몸이 되었다는 사실만은 확실하다. 여기에서 약간의 상상을 허락한다면, 카나카의 명문 출신인 젊은 그녀는 남자 형제가 한 명도 없는 '판사' 아버지의 맏딸로서 일종의 프라이드(?)와 강한 책임감을 느끼고 있었던 것은 아닐까?

어쨌든 교회 관리 하에서 일약 교육국 직할의 일개 독립 형식의 퍼블릭 스쿨로서 창립된 이래 역사가 짧은 펄 씨티 학교는 그녀가 취임했을 당시에는 아직 유치한 것이었고, 경영도 전혀 순조롭지 않았다. 예를 들면 '정원은 그 집의 질서를 이야기해 준다'는 가장 단순한 속담을 빌려서 그 정원을 보건대, 푸른 잔디와 여러 색이 뒤섞여 있는 잡다한 정원수들 사이에는 전혀 안정감이 없고, L자형으로 지어진 방갈로 풍의 교사는 주변과 어울리지 않게 동동 떠 있었다. 그러나 3년 후, 실세인 판사 아버지의 뒷배도 아마 힘을 발휘하였던 것 같다. 평판이 좋지 않은 남자 교장(변칙적 존재!) 미스터 돌이 물러난 후에는 미스 호카노가 많은 사람들의 희망에 따라 조심스럽게 그 자리에 올랐다. 이렇게 해서 그녀가 교장이라는 명예로운 직책을 얻을 무렵부터, 학교는 점차 그 면모를 새로이 하기 시작했고 사람들이 생각지도 못한 호화로운 화원으로 바뀌어갔다. 옅은 녹색 지붕을 한 선명한 갈색 건물 벽에는 어느새 담쟁이덩굴이 파랗게 퍼져 있었고, 정면의 하얀 펜스 오른편에는 폭 10피트나 되는 대리석 장식 돌(데코레이션 스톤)이 참신한 학교의 역사를 자랑하듯이 몇 대의 꽃수레로 이루어진 알렉산터 팜과 향기로운 하와이의 명화(名花)에 둘러싸여 샘물을 내뿜고 있었다.

그리고 또 3년 동안 그녀의 앰비션은 지칠 줄 모르고, (정말이지 정력적으로! 게다가 결혼이고 뭐고 다 잊어버린 듯) 그녀를 집요하게 부채질하였다. 그녀는 비즈니스 능력을 멋지게 발휘하였다. 그녀는 참으로 일세의 명교장으로서 직책을 충분히 수행해 냈다. 그녀 자신을 관찰하면, 그녀는 정말이지 교장(프린시펄)에 걸맞는 위엄을 보였다. 예를 들면 가끔 그 노안경을 쓴 사람들이 그것을 벗고 신문을 멀리 하고 볼 때와 같이 거만해 보이는 침착함과 품격을 보이며, 고급목재로 만든 고풍스런 책상을 앞에 놓고 회전의자에 앉아 있는 모습을 보면, 일개 소녀 시절의 우울한 여성이 아니라 그와 같은 과거 일체를 떨쳐 버린 명쾌(?)한 존재로 보이기까지 했다.

종래에는 개인 혹은 교회, 단체에 의해서만 경영을 해온 유치원 사업에도 현(縣) 교육기관이 움직이기 시작할 무렵, 그녀는 제일 먼저 이 마을에 유치원 설립의 건을 당국에 신청하여 성공을 했다. 그리고 나자 바로 교사 본관과 별도로 동남쪽 즉 운동장과 텃밭 사이에 참신

한 코발트색 방갈로를 증축했고, 그곳에는 로얄 스쿨을 나온 여동생 마가렛을 새로 앉혔다. 이것으로 그녀는 점점 더 내면의 강점을 드러내며 교사 세 명을 휘하에 거느릴 수 있었던 것이다.(유치원은 한 과에 한 명으로, 본 교사 A, B, C 세 교실에서는 각각 교사 한 명이 두 학급씩을 담당했다.) 하지만 발랄한 스포츠 걸 마가렛은 '고용 교사(하이어드 티처)'(언니 미스 호카노는 이렇게 부른다.)처럼 그저 이 학생, 저 학생들에게 해바라기처럼 애교나 부리고 오로지 시간이나 때우며 그날그날 한심하게 지내고 있었다. 그러나 한 달여가 지난 어느 날, 그녀는 A교실의 언니를 찾아와서 펜의 잉크도 채 마르지 않은 사직서를 제출했다. 그리고는 훌라가 아닌 사교댄스 몸짓을 하며 휘파람을 불면서 떠나버렸다고 한다. 그리고 지금은 같은 숲 속의 공동묘지 옆 혼간지 학원(일본어학교)과 서로 등을 대고 붙어 있는 카톨릭 교회에 거의 매일같이 간다. 그곳 잔디 코트에서 교회의 아가씨들과 테니스를 치며 노는 것이다. 일요일에는 마을에서 몰려오는 신자들을 위해 찬미가 반주로 오르간을 연주한다. 언니 미스 호카노는 동생에 대해, '마가렛은 마녀에게 홀린 여자'라며 씁쓸하게 공언한다. 그리고 교장 미스 호카노는 신념에 찬 엄숙한 표정을 하고 한손에는 늘 회초리를 들고 다닌다.

그러나 그 다음해, 즉 스물여섯 살 여름이 가까워지자, 그녀는 그런 이야기를 하지 않게 되었다. 그리고 긴 여름방학(써머 버케이션)을 지나 새 학년을 맞이한 펄 시티 학교는 그녀의 동요에 새로운 분위기를 더했다. 그리고 10월, 일본 황제의 천장절(天長節)[3]을 축하하는 '히

---

3 천황의 생일을 축하하는 축일.

노마루(日の丸)[4]와 빨간 등롱이 노란 일본인들 집 처마 끝에 내걸릴 무렵부터 그녀는 천성이 까다로운 그 성격에 점점 더 초조감을 드러내더니 전보다 더 학생들을 상대로 화풀이를 하기 시작했다. 학생들은 정체를 알 수 없는 그녀의 초조감에 하루하루 공포를 느끼며, 운동장 한쪽 구석이나 화단 또는 정원수 사이에 모여 미스 호카노에 대한 소문을 제각각 들고 와서 전교생들에게 부연 설명을 했다. 그리고 차츰 이야기가 한쪽으로 기울기 시작했다. 다람쥐 같은 눈을 가진 급선봉 무리 중 한 명인 A는, 저렇게 멘탈이 강한 교장이 방과 후 황혼이 질 무렵 혼자 울면서 숲속을 지나가는 뒷모습을 보았다고 했고, B는 그녀가 페닌슐라 근처에 사는 스님 풍의 젊은 백인(하오레)과 구 재판소 앞 도로에 자동차를 세우고 보도에 나란히 서서 아버지 노판사를 맞이하는 것을 보았다고 했다. C는 그러고 보니 2,3일 전 페닌슐라의 코발트색 해면(海面) 맞은편 섬 쪽으로 하얀 돛을 단 깔끔한 요트를 타고 미소를 지으며 달린 두 젊은 남녀가 혹 그들이 아닌가 했고, D는 아니 백인 청년은 아니다, 피부가 검은 늠름하고 멋진 니그로 병사가 그 사람일 것이라며 반박을 했다. 그리고 결국 미스 호카노는 정말로 호카노(멋이라는 뜻)가 호카노인 이유를 지금 바야흐로 발휘하기 시작했다고 하며 모두는 반바지 밑으로 드러난 무릎을 껴안고 일제히 쾌활하게 웃음을 터뜨렸다. 종이 울리는 것도 모르고 말이다.—

그러나 그 일이 있고 열흘이 지난 11월 하순, 학교에서 마지막 목

---

4 일본의 국기 일장기(日章旗)의 이칭.

요일에 개최되는 감사제(땡쓰 기빙 데이) 준비(교실 장식)에 착수하려던 어느 날 아침, 그들의 억측과 보고는 'love(러브)' 한 가지만 빼고 대부분 정정되어야만 했다.

아침 아홉 시. 늘 그렇듯이 앞뜰의 흰 깃대 아래 정렬하여 성조기에 대해 영광스런 펄 씨티 제2국민 250명의 의례—We give our heads and our hearts to our God and our Country. One Country, one Language and one Flag(우리는 우리의 머리와 마음을 우리의 하나님과 우리의 조국에 바칩니다. 하나의 국가, 하나의 언어, 하나의 국기)—가 끝났다. 이어서 우리들은 빅트롤라(Victrola)[5]의 연주에 맞추어, '레프트, 레프트, 레프트, 라이트, 라이트……'라는 식으로 발을 맞춰 행진을 하며 묵묵히 각자의 교실로 들어가서 신에게도 경의를 표해야 했다.

Our Father we thank Thee for sleep,
For quiet and comfort and rest,
We thank Thee for loving to keep,
Thy children from being distressed.
O how in their weakness and creatures repay,
Thy fatherly kindness by night and by day.
우리는 잠을 잘 수 있다는 것에 대해 아버지께 감사드립니다.
고요함과 편안함과 휴식에도 감사드립니다.
우리는 계속해서 사랑할 수 있음에 감사드립니다.

....

5 빅터 축음기의 상표명.

어린이들이 고통으로부터 벗어나게 하소서.

오, 연약한 창조물이 어떻게 보답을 할까요?

밤낮으로 자애로운 친절에 대해.

책상에 엎드려 신을 찬양하지 않으면 미스 호카노의 회초리가 무섭다. 지저스 크라이스트에 대한 가공할 모독이다! 하지만 나는 입으로는 간단하게 우리들의 풍자 노래, 'O! Hunting we will go, A hunting we will go, To catch a little fox and put her in a box and never let her go.(오! 우리는 사냥을 할 것이다, 우리는 사냥을 할 것이다, 작은 여우를 잡아 상자에 넣고 절대 가지 못하게 할 것이다.)'를 빠른 템포로 열세 번 낮게 읊조리며, 우리들 앞에 앉은 스페니시 앨리스의 금발과 차이니즈 아모이의 기름을 바른 듯 찰랑거리는 머리카락을 묶어버렸다. 그 때, '아멘' 하며 학교답게 음독을 하는 모닝 힘(morning hymn)이 끝났다.

그러나 다음의 〈안녕하세요, 여러분〉이라는 노래를 합창하기 전에 문쪽에서 직립부동의 노수위(자니터[janitor]) 크루크가 한손으로 밑이 빠진 그의 맥고모자를 덜렁덜렁 든 채 충실함 그 자체의 표정을 짓고 정면의 미스 호카노 앞에 공손하게 나오더니 한 통의 대형 봉투를 건넸다.

"탱큐."

그녀는 고개를 살짝 갸우뚱하고는 책상 위에 있는 가위를 들고 아무렇지도 않게 봉투를 갈랐다. 그러나 그 다음 순간 표정이 일시에 바뀌었나 싶더니, 두 손을 불끈 쥐고 이마에 가지고 갔다. 그녀는 '오우!'하며 희미한 비명을 지르고 거울 같이 반들반들한 바닥에 쓰러지려 했다. 겁을 먹은 듯 움찔움찔하며 서 있던 노수위는 깜짝 놀라서 모자를 발 아래로 떨어뜨리고는 두 손으로 간신히 살집이 좀 있는 그녀의 몸을 붙잡았다. 그리고는 '헬프!', '헬프!'하며 쉰 목소리로 외쳐댔다. 느닷없이 일어난 이 사건에 우리들 일동은 일제히 술렁거리며 일어섰다. 수위가 외치는 소리에 잠시 후 양 옆의 B, C 교실 사이에 있는 대문이 육중한 성문처럼 좌우로 넓게 열렸고 하급 교사와 생도들도 물밀 듯이 몰려왔다. 그러나 편지 한 통에 졸도할 뻔했던 교장 미스 호카노를 보며, 우리들은 순진하게 뭔가 가정 문제가 있을 것이라고만 해석했다. 그러나 다음날이 되자, 이게 웬일. 늙은 수위 크루크에게 10센트를 쥐어주고 사람들이 억지로 진상을 자백하게 한 결과, 교장 미스 호카노는 실연! 아니 페닌슐라의 랜드 로드 겸 양어장 주인 암스트롱(미국인)의 아들에게 호되게 농락을 당한 끝에 헌신짝처럼 버림을 받은 것이라고 한다. 그와의 연이 편지 한 통으로 간단하게 끝이 나버린 것이었다.

"아무래도 암스트롱 그 작자, 미스 호카노를 카나카인 주제에 라고 생각한 것 같아요. 하반신 운동이 좀……가 영 알 수가 없다고 하는데, 단지 그 이유 하나 때문이에요. 정말이지 너무 가여워요!"

"흠, 하지만 교장 선생님도 딱하지. 뭐, 만약……. 그렇게나 고생해서 겨우 이제 시집을 갈 수 있게 되었구나 싶었는데, 겨우 서너 달만에 말야. 모처럼 받은 약혼반지도 그대로 돌려보냈답니다.……하지만 애초에 그 나이에 백인(하오레) 남편은 좀 무리인 것 같아요. 제발 앞으로 필리키아(pilikia, 큰일)가 나지 않아야 할 텐데."

수위는 모두에게 둘러싸여 코코야자 껍질이라도 벗길 때처럼 느긋하게 혼잣말을 하듯이 이야기를 마치더니, 한숨을 쉬며 씹는 담배의 검은 즙을 침이라도 뱉듯 퉤퉤하고 내뱉고는 잔디 손질을 하러 갔다.

우리들은 이 새로운 사실에 직면하여 아연실색했다. 동생 마가렛을 '마녀에게 홀린 여자'라며 욕을 퍼붓던 그 기세등등하던 명 교장 미스 호카노가 사랑을 했다니! (여봐란 듯이 그들 일부는 득의만만해서 이야기했다.) 그리고는 헌신짝으로도 여기지 않는 백인(하오레)에게 버림을 받았다. 그것이 그녀의 조심스런 첫사랑이었다고는 해도 우리들도 어지간히 둔했다.

그러나 반쯤은 동정을 하던 우리들은, 하루 이틀 두통(헤드에이크)이라고 하며 결근을 하더니 다시 출근을 한 그녀에게 뜻밖의 맹공격을 받게 되었다. 그녀는 화가 난 눈썹과 전에 없던 뿌루퉁한 눈빛을 하고 금속으로 된 3피트짜리 자와 1피트짜리 자를 번갈아 휘둘러대며, 학생들을 인형처럼 때려댔다.

우리들은 쉬는 시간에 놀기를 멈추고 다른 생도들과 한 패가 되어 그와 같은 그녀의 새로운 열의에 대해 종종 논쟁을 했다.

그리고 올 1월 초, 거리에 아직 해피 뉴 이어의 분위기와 남경 불꽃놀이 냄새가 채 가시지 않았을 무렵, 우리들은 소식통에 빠른 여학생들로부터 교장이 다시 사랑을 시작했다는 소식을 전해 들었다. 암스트롱과의 사랑이 그녀에게 신중한 첫사랑이었던 만큼, 굳이 말하자면 달밤에 나비를 보는 것처럼 음성적이었다고 한다면, 이번에는 좀 양성적으로 바뀌게 된 것은 사실인 것 같았다. 또 한편으로 학생들

측도 이상하리만치 예민하게 그녀를 대한 것은 말할 필요도 없다. 다만 이번 두 번째 연애에 대해서도 아직 아무도 그 실체를 파악한 사람은 없었다. 그리고 일부 급선봉에 있는 사람들은 물론 늘 그렇듯이 갖가지 억측을 늘어놓았다. 그러나 나와 휴는 불쌍하게도, 지금까지 한 번도 그런 자신 있는 억측을 짜내기에 충분한 사실 아니 그 편린조차도 포착하지 못했다.

그런데,─

어느 날 나는 휴 로빗슨(그는 실은 몽골계 지나인종임.)의 초대를 받아 집으로 돌아가지 않고, 그의 집에서 코나(지명) 커피와 베이컨이 특별히 맛있는 저녁을 대접받았다. 우리는 그의 양어머니(카나카)가 가볍게 연주하는 우쿨렐레의 멜로디에 취해, 양아버지 Sr. 휴 로빗슨(스코틀랜드인)이 마도로스 파이프를 피우며 들려주는 해상생활담을 재미있게 들었다. 그 이야기가 끝나고 우리 둘은 가까운 냇가의 플럼 트리 그늘에 메어 놓은 스위스식 모터 보트를 타고 강을 거슬러 계곡 위쪽으로 올라갔다. 휴가 엔지니어로 조타수가 되었고, 나는 노래를 부르며 손으로는 모터의 경쾌한 울림에 맞춰 장단을 맞추며 방금 전 그 친구 엄마가 나에게 들려준 정조(正調)의 〈하와이 보이즈〉(하와이 국가)를 몇 번이고 되풀이하여 부르고 있었다.

그렇게 우리는 꽃이 핀 수 종의 넝쿨식물들이 여기저기 엉켜있는 좁은 계곡에 도달했다. 두 사람은 하얀 단색 보트를 넝쿨나무 밑둥에 묶어 놓고, 넝쿨을 따라 낮은 쪽 절벽으로 올라갔다. 그리고 조금 앞쪽에 좌우로 언덕이 툭 뛰어나온 평탄한 국도로 나와 다리를 건넜다.

그리고 길에서 조금 들어간 곳에 있는, 꼭대기에 부드러운 담적색 잎이 울창하게 달린 망고 트리 그늘 벤치에 앉아 쉬면서 어디에서인가 희미하게 들려오는 대장장이가 내는 소리의 여운을 듣고 있었다. 석양이 비치는 적토가 노출된 골짜기 맞은편의 높은 절벽 위에 있는 사보텐 밭에 눈길을 주니, 자연스럽게 검은 자동차 한 대의 지붕이 눈에 들어왔다.

"휴, 저 건너 좀 봐. 이상하게 사보텐 밭에 자동차가 한 대 있네."

그는 내가 가리키는 방향을 열심히 바라보았다.

"음, 가 볼까?"

눈을 반짝이며 그가 소리를 죽이고 재촉했다.

둘은 오던 길을 되돌아가서 다른 언덕길로 올라가 사보텐 밭이 충분히 보이는 길 맞은편 사탕수수 밭에 몸을 숨겼다. 그러나 돛이 달린 자동차 외에 사람은 아무도 없었다.

"No.03345 캐딜락이네. 아하, 저건 확실히 와이파후 플랜테이션에 있는 지나인의 번호인 것 같은데.―"

"그래? 평소에는 지붕을 닫아두는데. 음, 역시. 저거 늘 시가를 물고 있는 딸기코지? 존슨이라고 했나? 그 자식 이름. 뭐야. 저 플랜테이션 자식이. 그럼 별일 아니겠네. 어차피 듀의 두 번째 손자야. 이 근처에 있는 No.7 경작지의 사탕수수 잎이 엄청나게 탔으니까 지질검사라도 하러 왔나보지. 에이. 본밀(비료) 냄새. 돌아가자, 돌아가."

그러나 다음 순간 십 수 마리의 아라라조(하와이 까마귀)가 일제히 날아오름과 동시에 우리들 둘은 심장이 멈출 만큼 깜짝 놀랐다. 우리의 교장 미스 호카노가 수없이 늘어선 사보텐 그늘에서 상심을 한 듯이 그 딸기코(역시 그 자식이었다. 아아 종종 사탕수수를 훔쳐 먹던 우리들은, 그 딸기코에게 얼마나 겁을 먹었고 또 얼마나 그를 미워했던가!)의 털이 잔뜩 난 늠름한 가슴에 묻혀 질질 끌리듯 나타난 것이 아닌가? 가슴 언저리의 얇은 옷을 통해 보이는 그녀의 속옷 끈은 어깨 끝에서 칠칠치 못하게 흘러내려가 있었고 묶은 머리는 흐트러져 있었다. 게다가 그녀에게서는 교실에서 늘 우리들을 회초리로 때릴 때의 저지(judge)한 위엄과 자긍심을 그 어디에서도 찾아볼 수가 없었다.

두 사람은 자동차 가까이로 왔다. 그리고 그녀는 비로소 제 정신을 차린 듯 그의 가슴에서 머리를 떼고 주변을 둘러보며 옷매무새를 고치기 시작했고, 곁에 있는 존슨에게 뭔가 한 두 마디 속삭이고는 자동차 스텝에 한 발을 올렸다.

이윽고 운전대에 나란히 앉은 그들은 서로 아무 말도 하지 않고 그대로 적토의 먼지를 엄청나게 내뿜으며 울퉁불퉁한 사보텐 밭을 덜컹거리며 내려갔다. 숨을 죽이고 있던 우리들은 이 암묵의 정열 앞에 그저 얼굴을 마주보며 잠시 멍하니 있을 뿐이었다.

그러나 그녀와 딸기코 존슨의 교제는 그리 오래가지 못했다.

경작지의 사탕수수가 충분히 다 자라서 울(wool) 같은 수술이 피었다가 말라서 거기에 일제히 불을 놓고 레일을 깔고 밀(mill)에 집어넣어야 하는 시기가 되자, 루나는 그녀에게서 멀어져 버렸다.

그녀는 암스트롱의 아들과 파탄이 났던 처음만큼 충격을 받지는 않았지만, 어쩐지 매일매일 암울한 표정으로 다크 서클이 깊이 드리운 눈을 화가 난 듯 눈썹 아래에 가만히 고정시킨 채, 굴욕스럽게 교장의 회전의자에 몸을 던지고는 무겁게 한숨을 쉬고 있었다.

그리고 생도인 우리들은 늘 그녀의 이 조용한 울적함의 화풀이 대상이 되어 필요 이상의 회초리를 부담해야만 했다.

"Can't─you─hear─me!(내 말 좀 들을 수 없어!)"

"Don't─I─say─you─not─to─talk!(내가─너한테─이야기─하지─말라고─하지─않았어!)"etc(등등).

Hugh(휴)가 미쓰요를 '러브'하고 있다는 이야기를 듣고 깜짝 놀랐다. 다로가 나하고 마블 플레이(공기놀이)를 할 때 몰래 이야기해 주었다. 그러나 나는 크리스찬 다로의 말을 일소에 부치고, 내심 그것은 우리들이 B교실의 교사 미세스 하포드의 조카 로즈(미쓰요와 같은 클라스의 5학년)를 바스켓 볼의 적당한 상대라고 생각하는 정도 이상은 아닐거라고 생각하고 있었다. 그리고 방과 후 천천히 숲속을 걸으며, 나는 휴에게 조용히 물어보았다.

그러자 그는 눈이 휘둥그레져서 굵은 팔로 느닷없이 내 어깨를 움켜쥐고 흔들었다. 그리고는 누구에게 들었냐고 하며 웃었다. 그리고 그는 그럴 마음 조금도 없다고 하며 가볍게 이야기하기 시작했다. 뺨에는 홍조를 띠고 …….

휴에 의하면, 실은 자신으로서는 3년 넘게 이어진 '러브'라고 했다. 그러나 거의 짝사랑에 가깝기 때문에, 누구에게 털어놓으면 좋을지 몰라 좀 난처했는데 나오도가 지금 그렇게 이야기해줘서 기쁘다고 그는 선량해 보이는 표정으로 말했다.

그리고나서 나는 그에게 거의 매일 그의 소위 '3년 넘게 이어진 러브'에 대해 들어야만 했다. 엄마와의 약속으로 일주일에 세 번 학교에서 일찍 돌아와 울타리 안에 있는 네 마리의 소를 위해 꼴을 베는 것을 도와야만 하는 날에도 말이다.

그리고 혼간지의 피안회(彼岸會)[6]가 시작되기 이틀 전이 되는 날, 그는 엄마의 눈을 속이고 또 자기 집에 있는 모터보트로 향기가 좋은 토마토 젤리와 베이컨 몇 조각, 그리고 다량의 식빵을 가지고 와서 이야기를 하기 시작했다.

"나오도, 미는 말야, 호카노 그 여자가 미를 너무 괴롭혀서 싫어졌어. 아니 누구라도 다 싫어할거야. 하지만 미에게는, 늘 말하듯이, 보라구, 미쓰요가 있잖아. 미, 그 초승달 같은 눈썹하고 외보조개가 너무 무서웠어. 평소 희미하게 오리엔트의 신비한 산을 연상하게 하는 그 눈썹이 일단 미가 알고 있는 스모에서 지거나 아니 그건 어쩔 수가 없는데, 교실에서 필요 이상으로 호카노 그 여자가 미를 때릴 때 미를 보고 있는 미쓰요의 얼굴은 정말이지 기묘하단 말야, 그게. 눈꼬리가 올라가고……. 어쩐지 심술궂어 보이기도 하고 아니면 미를 경멸하고 있는 것일까? 그래? 그런 걸까? 나오도 말해 줘. 그녀는 나를 도대체 어떻게 생각하고 있는 것일까?

그래도 나오도. 미하고 미쓰요가 같은 반이 아니라도 말야, 같은 교실에서 그 미스 호카노 같은 여자에게서 별 시답지 않은 일만 겪으면서 배워야 한다는 게 얼마나 불행한 일이냐고. 그 여자 맨날 남자한테 채이기나 하고, 그게 다 벌을 받는 거지. 마돈나!

그런데 나오도, 일전에 있었던 일 이야기해 줄게. 재미있어. 들어

---

6 봄, 가을 춘분이나 추분 전후의 7일 동안 행하는 불교 행사.

봐. 지난 토요일 일이야. 미가 고기잡이를 하러 간 아빠를 마중하러 가느라 와이아와까지 가는 기차표를 사서 하얀 일등석 카아(car)에 앉았는데 말야, 기차가 막 출발하려 하려는 찰나에 미쓰요가 새 리본을 달고 같은 카아에 들어와서 내 옆에 앉는 거야. 너무 좋아서……. 사람들이 좀 있어서 빈자리가 없었기는 하지만 말야. 그리고 드디어 미가 유는 어디 가느냐고 물었더니, 미 호놀룰루 아주머니 댁에 가는 거라고 아주 시원시원하게 대답을 하고, 초승달 같은 눈썹으로 예쁘게 호(弧)를 그리며 한쪽 보조개로 웃었어. 그리고 미는 조금 마음이 편해져서 둘이서 이런 저런 이야기를 하려고 했는데, 미 안타깝게도 기차표가 와이아와까지 가는 5센트 짜리 표밖에 없지 뭐야. 오른편으로 바다가 펼쳐지는가 싶더니 벌써 역에 도착해서 내려야 했다고. 그러니까 나오도, 이 사건 어떻게 생각해? 그런데 미, 미, 여기 영어로(그는 공립학교 방과 후에 지나어학교에도 2시간씩 다니고 있다. 5학년.) 레터 써 왔는데, 이거 내일 건네주지 않을래?"

나는 휴가 이렇게 신이 나서 혼자서 연애 뉴스를 떠들어대고 있는 동안, 작년 2월 지나 설이 끝나고 얼마 안 있어 과식과 체기로 느닷없이 죽은 불행한 빼빼 아 산을 회고하고 있었다. 젊고 전도유망한 손일선(孫逸仙)[7]은 생전에 자신이 호의를 가지고 있는 데루에 대해 내게 순순히 다 털어 놓으며 그의 집 타마린드(tamarind) 나무 아래에서 일

---

7   중국 혁명의 지도자 쑨원(孫文, 1866.11.12~1925.3.12)의 자(子). 1878년 12세에 당시 하와이 왕국에 있던 형 쑨메이(孫眉)를 찾아 호놀룰루로 이주. 후에 이올라니 스쿨을 졸업, 프나호우 스쿨에서 공부하면서 서양사상에 심취. 1883년에 귀국. 여기에서는 중국인 아 산을 비유한 표현으로 보임.

본어로 레터를 써달라고 부탁했다. 그래서 나는 머리 위에서 마른 타마린드 열매가 바람에 날리며 사각거리는 소리를 들으며, 나뭇잎 사이로 새어 나오는 아름다운 반점을 전신에 그린 상태로 펄 시티 유일의 재인 아 산이 낭독할 아름다운 연애시를 어설픈 일본어(우리 일본인들은 타인종 유지들과 함께 방과 후에 한 두 시간씩 불교식으로 가볍게 일본어교육을 받고 있었다. 고등과 1학년.)로 즉석에서 지어내어야 했다. 아 산은 일본어 가나 문자투성이 레터를 손에 들자 곧 그의 튀어나온 눈썹을 더 한층 가운데로 모으고 탄성을 지르며 기뻐했다. 그리고 자신이 직접 데루에게 그 편지를 주겠다고 했다.

그러나 그것도 결국 이루어지지 못했다. 그는 좋아하는 사전을 머리맡에 두고 펄 시티 모두가 안타까워하는 가운데 죽어간 것이다. 공동묘지 옆 교회에서 성대한 고별식을 할 때 호카노 노판사는 아깝게도 요절을 하고 만 아 산을 위해 유지 대표를 겸하여 조심스럽게 몇 개나 되는 명예로운 화환을 아름답게 장식해 주었다.

그런데 휴는 어땠을까? 그는 아무렇지도 않게 이 사건에 대해 어떻게 생각하는지 물었다. 그러나 나는 아무래도 아무런 감정이 없었다. 왜냐하면, 방금 전 이야기한 아 산의 경우는 어찌 되었든 간에, 이 멍텅구리 레이제 폰 휴의 경우는 분명 짝사랑에 불과하기 때문이다. 그러나 그는 아 산의 경우와는 반대로 그 자신이 쓴 유치한 영문 레터를 다소 눈치를 보는 것 같기는 했지만, 내일 나보고 가지고 가 달라고 한다.

나는 그냥 성의 없이 'OK'라고 대답하고 건네받은 크림색 각 봉투를 주머니에 집어넣고 그와 헤어졌다.

그러나 다음날 토요일, 결국 학교에서는 휴에게 부탁받은 레터를 그녀에게 전달하는데 실패하고 말았다. 기회가 없었던 것이다. 그리고 일본어학교에서도. 그녀들은 그날 하루 종일 수업시간 외에 쉬는 시간에는 피아노 연습과 재봉으로 바빴다. 그러나 학교에서 건네지 못한 그 다음날은 일요일이었다. 늦어지면 휴에게 미안해질 것이다.

나는 일단 집으로 돌아와서 부지런히 소에게 먹일 꼴을 베고 저녁 때 다시 그녀의 귀가를 기다렸다. 하지만 그녀는 그때 이미 귀가해 있었다. 그래서 역 우체국에 가서 5센트 짜리 우표를 붙이고 우체통에 집어넣으려고 결심했다. 하지만 신심이 깊은 부모님과 자매님들이 많은 페닌슐라의 마쓰모토 미쓰요 네 가정을 생각하면, 도저히 부치기가 힘들어 페닌슐라로 다니는 경편 열차를 타고 별장지로 갔다.

집집마다 이미 가스등, 램프, 전기불이 켜지기 시작했다.

그녀의 아버지는 배의 목수이다. 밤이고 낮이고 수 명의 직인(워크맨)과 함께 뚝딱뚝딱 소리를 내며 배의 동체를 만들어낸다.

나는 집안 모습이 보이는 곳에 자리를 잡고 울타리 틈으로 미쓰요가 뭔가 볼일이 있어 나오지는 않을까 하며 기다렸다. 그러나 그녀는 에이프런을 한 모습으로 딱 한 번 등불(랜턴)을 들고 아버지들이 일하고 있는 일터에 나타나 그곳 기둥에 걸었다. 그리고 어둑어둑해진 정원에서 핑크 샤워[8] 꽃을 하나 아무렇게나 꺾더니, 부엌(키친) 쪽으로 해서 집안으로 뛰어 들어갔다. 그리고나서는 통 모습을 드러내지 않았다. 주위는 어두워졌다.

---

8 핑크색 꽃을 피우는 샤워 트리(Shower Tree). 하와이의 가로수로 유명하다.

나는 할 수 없이 다시 행인이 되어 그녀의 집앞을 어슬렁어슬렁 지나갔다. 그때 문 근처 '우편함'에 휴의 편지를 정신없이 집어 던져 넣고 달리듯 그 앞을 지나갔다. (바라건데, 다음날 아침 미쓰요 자신이 '우편함'을 열기를!)

커브를 몇 번이나 돌아서, 나는 희미한 피아노 소리가 흘러나오는 어느 집 앞에 서있었다. 〈올드 슬랭 조〉였다. 우쿨렐레로 카나카들이 온화한 여운을 담아 노래하는 이 노래에 익숙한 나는 조용한 밤에 피아노로 연주되는 그것에 새로운 감흥을 느꼈다. 그리고 방금 전 나를 사로잡았던 기분은 진정이 되기 시작했다. 잠시 그곳에서 밤눈에도 확실하게 보이는 붉은 색 풍경 모양으로 꽃이 핀 히비스커스 울타리에 기대어 한가롭고 애수를 띤 그 곡조를 정신없이 듣고 있었다. 그런데, 돌연 피아노 소리가 딱 멈추고 갑자기 밖을 향해,

"마가렛, 아빠는?"

하는, 익숙한 소리가 났다.

"아빠 해안 쪽 클럽에 있겠지."

정원 쪽에서 여동생 마가렛으로 보이는 경쾌한 대답이 들려왔다. 그러나 그뿐, 피아노 소리도 멈추고 코프네 야자나무가 우거진 저택 안은 고요 속에 잠겼다. 문패를 보니 역시 'Willey Lono Hookano (윌리 로노 호카노)'라고 되어 있었다.

우리들은 그 젊은 암스트롱과의 연애사건(러브 페어) 이후 호카노 교장이 한 두 달 정도 불안하게 상대 남자를 바꾸는 것을 경이롭게 지켜보고 있었다. 호카노의 진실은? 우리들은 운동을 하는 틈틈이

그 이야기를 했다.

그녀—스물일곱 살의 교장은 벌써 전 해에 대단한 스피드로 창립기를 지나, 이제 거의 완성에 가까운 단계로까지 학교를 경영해 오면서 그야말로 일종의 포화상태에 있는 것 같았다.

그리고 이것은 당혹스럽게도 그녀의 세 번째 사랑 이야기이다.

오랜만에 페닌슐라에서는 큰 무도회가 열렸다. 지역 유지는 물론 호놀룰루에서는 임시 꽃 열차가 무겁게 레일 위를 삐걱거리며 젊은 남녀들을 여덟 칸에 태워 풍선처럼 실어 날랐다.

대 홀.

와이키키 로얄 밴드와 육군군악대의 폭풍과 같은 주악. 노도와 같은 박수. 만국기가 휘날리고 플래쉬 불빛. 폭죽. 불꽃놀이. 오색 테이프. 색색의 종이 눈(페이퍼) 등등.

댄스는 빙글빙글 돌며 낮부터 한밤중까지 지칠 줄 모르고 계속 이어졌다. 야외 잔디밭에는 눈이 부실 정도의 네온사인, 저패니즈 등불 장식, 시끌벅적한 간이 음식점과 어둠을 파는 흥행 홀라. 남녀의 나이트 릴레이. 해상에는 서치라이트를 받고 있는 수많은 수상경기(카누 레이스).

우리들은 벤치에 앉아 현란한 이 일대 장관을 흥분하여 방심한 듯 혹은 발로 박자를 맞추며 바라다보고 있었다. 홀 정면으로 한 단 높은 곳에 있는 선풍적인 밀리터리 밴드 아래에는 화장실(토일렛)이 있었다. 교태를 부리는 남녀가 번갈아가며 뒤섞여 떠들썩하다.

그러는 동안 갑자기 휴가 쓸쓸하게 말했다.

"미스 마쓰모토는 어떻게 됐어?"

"미쓰요 말야? 걱정하지 마."

"그래도."

"그게 말이야, 그녀는 최근 엄마의 교육방침으로 서양 춤은 잘 추기 않기로 했대. 왜냐하면 이제 다 커서 시집을 가게 되면, 일본 출신 남자는 물론이고 정작 상대가 될 하와이 출신 남자라도 옛일은 잊어버리고 '섬 출신'은 조신해야 한다는 간단한 이치로 상대를 하지 않으면 안 되니까 말이야. 그래서 현명한 그녀는 오늘 밤에는 오지 않는 거야. 휴."

"에이, 뭐야. 그런 구닥다리 신문기사 같은 이야기는 그만 둬."

나는 웃으며 다시 발로 박자를 맞추기 시작했다.

그러나 그리고나서 얼마 안 있어 우리들은 재빨리 맞은편 벤치에 앉아 있는 미스 호카노를 주목하기 시작했다. 그녀는 밝게 상기된 표정으로 한손에 쥐고 있는 분홍색 장미를 아무렇게나 만지작거리고 있었다.

(그녀의 여동생 마가렛은 'Hula Dancer In Actions(활약 중인 훌라 댄서)'라고 해서 억지로 잔디밭으로 끌려나와 훌라댄스를 추고 있었다.) 그녀는 혼자 남아 잠시 상대를 물색하듯 손수건으로 빨갛게 달아오른 얼굴에 부채질을 하고 있었다. 그러나 그녀 앞을 지나 토일렛으로 가려는 젊은 육군 사관 한 명과 눈이 마주치자, 살짝 눈을 치켜 뜨듯이 사관의 얼굴을 올려다보며 오른손에 쥐고 있던 장미를 향기를 맡듯이 코끝

으로 가져갔다. 그 때 박수 소리와 함께 조용한 왈츠 풍 곡인 〈나의 젊은 인형〉 음악소리가 홀 한쪽에서 들려왔다. 벤치에서 쉬고 있던 남녀들은 팔짱을 끼고 초칠을 한 플로어로 조용히 미끄러져 나왔다. 청초한 사관은 미소를 띠고 그녀 앞으로 오더니, 목례를 한 번 하고 춤을 청했다. 그녀는 천천히 일어나 사관과 팔짱을 끼었다.

"Naodo(나오도) 춤 춰. 미 잠깐 추고 올게."

비교적 키가 큰 열여섯의 소년인 그는 청년처럼 걸어서 춤 상대를 찾으러 다녔다. 이윽고 하늘색 옷을 입은 비슷한 키의 포르투갈 소녀를 발견하자, 거친 스텝으로 춤을 추며 많은 사람들이 복닥거리는 마룻바닥(플로어)으로 섞여 들어갔다. 나는 그의 저의를 알기에 어쩔 수 없이 씁쓸히 웃고 말았다.

연주가 끝났다.

그리고 남녀들은 떠들썩하게 팔짱을 풀고 물러났다. 휴는 코끝에 잔뜩 땀을 흘리고는 숨을 헐떡거리며 돌아왔다. 그리고 내가 물을 새도 없이 흥분한 그는 이야기하기 시작했다.

"나오도, 걸작이야 걸작. 두 사람이 하는 이야기 완전히 다 들었어. 재미있었어. 호카노 그 여자가 눈이 확 풀려서 이야기하지 뭐야. '이봐요, 중위님(루테난트, lieutenant) 어디서 왔어요? 그리고 가슴에 있는 이 총 표시는 뭐예요?' 그러자 중위(루테난트) 자식이 대답을 하는 거야. '나, 풀루아 카메하메하 요새에 있어요. 앞으로 잘 부탁해요. 아, 이거요? 이거 일등저격수(샷 슈터) 표시예요.' '아, 그럼 수비병? 꽤 젊네요, 당신.' 이렇게 말하고는 호카노 그 여자가 타오르는 눈빛으로 상대인 일등저격수를 지긋이 바라봤어. 그러자 중위는 호카노가 손에 들고 있는 장미꽃을 그녀 손에서 조용히 빼앗아 황홀한 듯 그 향기를 맡으며 말하는 거야. '당신 페닌슐라 출신이죠? 나 가끔 캐스너 —병사(兵舍) 소재지—로 연락을 하러 가는데, 도중에 들려도 되나요?' 그 때 호카노 그 여자 정말이지 애교 목소리를 내며, '네, 부탁드려요. 언제든 저를 친구로 대해 주시니, 당신의 상대가 되어 드릴 게요.'라는 거야. 아, 정말이지 어이가 없어서 그만 다른 사람 등에 부딪혀서 욕을 얻어먹었다니까. 그래도 이렇게 중요한 이야기 알아내느라 고생 꽤나 했다고. 어째 나오도, 미 덕분에 그 여자가 어떤 여자인지 확실히 알았지? 늘 저런 식이라니까."

우리 둘은 밝게 웃었다. 지금까지 그녀가 어떻게 상대를 계속해서 손에 넣었는지 짐작도 하지 못했던 우리들은 이제서야 비로소 그 전모는 아니지만 일례를 알 수 있었던 것이다. 우리들은 그 장면을 확실하게 목격한 것이다.

그리고나서 우리들은 그녀가 밤에 펄 시티 역 대합실에서 종종 그를 만나 자동차를 빌려 사람도 얼마 없는 페닌슐라의 홀에 가서 화장실 출입을 한다는 소문을 들었다. 또한 쾌속 보터로 저녁에 맞은편 섬에 간다는 이야기나 페닌슐라 해안선 끝에 있는 팜 가로수의 백사장을 달빛을 받으며 산책을 한다는 소문, 앤드 쏘 온. 그리고 그 무렵부터 생도들 사이에서는 그녀가 애교를 부릴 때 쓰는 '당신이 바보라서 그래'라는 말이 유행어가 되어서 그것을 마구 흉내냈다.

———— 4 ————

어느 날 아침, 숲 속에는 카키 복장을 한 미군들이 텐트를 쳤고 그들은 도로까지 흘러넘쳤다. 껑다리 니그로 병사도 섞여 있었다. 그들은 캐스너 병사 소속으로 오늘 연습을 하러 온 것이었다.

마을의 젊은 여자들은 축제 구경을 하듯이 줄줄이 나왔고 어떤 사람은 하얀 산양을 끈으로 묶어서 끌고 그들을 구경하러 모여들었다. 마음이 편해진 병사들은 그녀들이 꺅꺅 소리를 지르며 호들갑을 떠는 것을 보고, 보이 스카웃 모자를 살짝 뒤로 제껴 쓰고 십 수 명씩 팔짱을 낀 상태로 속성으로 배운 하모니카 밴드 연주로 신나게 〈테팔레레의 노래〉를 부르기 시작했다. 그러자 다른 병사들도 이에 맞추어 휘파람을 높이 불었고 숲속은 활기가 넘치게 되었다.

학교에서는 선생님(티처)도 생도(퓨필)도 모두 들썩들썩했다. 나는 풀 스텝으로 교실 계단을 올라갔다.

"굿 모닝, 미스 호카노."

"굿 모닝, 미스터 나카시마."

아침 인사 때만큼은 내게 정식 이름으로 인사를 했다.

"굿 모닝."

"굿 모닝."

~~~~~~~~~~~~~~~~~

"굿 모닝."

그리고 그들은 미스 호카노를 둘러싸고 뭔가 흥분한 표정으로 이야기하기 시작했다. 조간(뉴스페이퍼)을 펼치고 있던 미스 호카노가 강의조로, 오늘 연습은 풀루아 수비대 대 캐스너군. 연습지점은 대략 펄 시티 공립학교 앞에 있는 사탕수수 밭이라고 발표했다.

모두 소리를 지르며 술렁이기 시작했다.

이상하게도 그 날은 아무도 미스 호카노에게 회초리를 맞지 않았다. 그녀는 기분이 온화해져서 얇은 윗옷을 통해 보이는 통통한 팔뚝을 접고 조용히 코를 들어올린 채, 부드럽게 팔을 더 한층 내밀고 페치코트로 부당하게 졸라매어 거의 터질 듯한 몸통을 스커트 양쪽에서 쓸어내리고 있었다. 그리고 열두 시 식사시간이 되었다.

남학생 그룹과 여학생 그룹으로 제각각 나뉘어 '장식석(데코레이션 스톤)' 주변의 잔디밭에 둘러앉아 꽃에 몰려드는 꿀벌 무리들의 앵앵거리는 소리를 들으며 제각각 런치를 먹고 있는데, 갑자기 벼락이 치는 듯한 포성이 여운을 남기며 들려왔다.

"와우, 연습이다!"

"솔저. 프리!"

"프리!"

"Banzai(반자이)[9]!"

환호성과 함께 우리들은 도시락을 내려놓고 벌떡 일어섰다. 도로에 면한 학교의 흰 울타리(펜스) 너머로 오밀조밀 모여든 제2국민들의 경쾌하고 즐거운 긴 행렬이 이어졌다.

동시에 도로에 면한 일대(一帶)에서 점차 산 쪽으로 달려 언덕을

---

9 만세(萬歲)의 일본 음.

이룬 푸른 사탕수수 밭 안에서는 납덩이 같은 소총 소리와 기관총 소리가 연달아 났다.

도로 양쪽에서 등장한 풀루아와 캐스너의 척후병은 대담하게도 엄청나게 많은 기마를 접근시켰고 허리에 찬 색에서 피스톨을 꺼내 일등사격수라도 되는 양 서로 쏘아댔다.

모자에 파란 밴드를 붙인 쪽 병사의 말이 놀라 뛰어오르는 바람에 딱딱한 아스팔트 도로 위에 미끄러져 넘어지면서 엉덩방아를 찧었고 한 두 번 징하게 방뇨를 했다.

그 순간 병사들은 당황하여 말을 멈춰 세웠고 선생님들과 모두를 향해 익살스럽게 인사를 한 번 하더니, 말에 올라탄 채 오던 방향으로 다시 물러났다. 상대인 붉은색 쪽 척후병들도 어쩔 수 없이 물러났다.

그리고 여기 저기 카키복을 입은 병사들이 일렁이는 푸른 사탕수수 밭 사이나 다리 언저리에 나타나기 시작했다. 또한 상대편도 한참 동안 지구전을 하며 서로 숨었다 나타났다 격렬한 사격전을 개시했다. 그러는 동안 병사들이 속속 쓰러졌고 들것과 적십자 자동차가 분주하게 왔다갔다 했다.

이윽고 휴전을 알리는 유려한 나팔 소리가 울려 퍼지며 철포 소리가 멈추었다. 사탕수수 밭에는 학교의 그것에 대응하듯이 선렬한 성조기가 높디 높게 내걸려 펄럭이고 있었다. 병사들은 제각각 소총을 거꾸로 메고 속속 시원한 학교로 돌아왔다. 우리들은 자갈길을 기분 좋게 밟으며 정문으로 밀려들어오는 키가 큰 병사들을 박수로 맞이하였다. 병사들은 제각각 '헬로', '헬로 걸즈', '헬로 보이즈'라고 하며 좌우로 늘어선 우리들에게 미소를 던지며 지나갔다.

학교에는 이미 교장 미스 호카노가 솜씨를 발휘하여 레몬수를 큰 통에 가득 담아 준비해 놓고 제공하고 있었다. 그 뒤편에서는 교사 미스 루이즈, 미스 콘, 미세스 하포드가 대기를 하고 있다가 제각각 병사들과 서서 이야기를 나누고 있었다. 상급 여생도들이 화사하게 하얀 에이프런을 가슴에 걸치고 부지런히 왔다갔다 하고 있었다.

그러나 미스 호카노 만은 혼자서 접대를 하는 한편 불안하게 병사 한 명 한 명의 얼굴을 살펴보며 자꾸만 사람을 물색하는 것 같았다.

우리들은 이쪽 캬베츠나무 그늘에서 그 모습을 지켜보고 있었다. 휴가 슬슬 평소처럼 내 옆구리를 쿡쿡 찌르며 말했다.

"저것 좀 봐. 저 여자 풀루아 요새의 병사라는 이야기를 듣고, 그 중위(루테난트) 자식이 왔을 거라고 철석같이 믿는 거야. 특별히 얼음을 넣은 레몬수까지 만들어놓고 …… 꼴 좋다! 정말로 미가 언젠가 말한 적 있지? 아무래도 그게 산통이 난 것 같아. 드디어. 채인 거야, 저 여자."

그리고 끝내 루테난트는 교정에 모습을 드러내지 않았다. 우리들은 일등저격수(샷 슈터)인 그가 연습에 모습을 보이지 않은 것은 이상하다고 이야기했지만, 어떤 사람은 그는 연습에 참가를 하기는 했지만 말이 많은 펄 시티의 생도들 앞에 노출되는 것이 귀찮아서 일부러 자기 스스로 학교에는 모습을 드러내지 않은 것이라며, 그럴 듯한 말을 했다.(실은 최근에 미스 호카노에게 이미 권태를 느낀 그는 펄 시티 역에서 만날 때도 종종 바람을 맞히기도 했지만 말이다.)

시계가 두 시를 가리켰기 때문에 미스 호카노는 생도 해산 벨을 울렸다.

미쓰요는 휴 앞으로 아무런 답장도 보내지 않았다. 그뿐만이 아니라 학교에서 그녀의 표정이나 동작을 주목해 봐도 전하고 아무런 변화가 없다. 우리 누나(마리에. 그녀는 작년에 졸업을 했어야 했는데, 1년 동안 꼬박 아버지 병간호를 하느라 휴학을 해서 지금은 나와 같은 반.)가 그녀하고 친하기 때문에, 누나에게 물어보려고 했지만 남자 같은 누나는 '러브' 문제에 별 관심이 없는 것 같다. 물어보면, '그런 거 내가 알게 뭐야' 하며 콧방귀도 안 낄 것이 뻔하다. 그리고 그녀는 미세스 하포드의 조카딸 로즈들하고 줄넘기나 바스켓 볼을 하느라 정신 없이 바쁘다.

나는 의문이 들었다. 과연 그날 밤, 내가 상자에 집어넣은 우편물은 틀림없이 그녀의 손에 제대로 들어간 것일까? 손에 들어가기는 했지만, 그녀는 그냥 웃어넘기고 있는 것일까? 아니면 누군가 식구에게 발견이 되어서 좀이 먹은 스타킹처럼 혀를 끌끌 차며 읽히지도 못하고 찢겨져 버린 것일까? 그러나 나는 휴에게는 직접 건네주는데 성공했다고 하며 무모하게 우편함에 던져 넣었다는 이야기는 하지 않았다.

휴가 고개를 갸우뚱한다. 그러나 분명하게 나에게 말한다.

"미쓰요 마쓰모토는 나오도 말 대로 확실히 참해."

그는 베란다에 서서 향기를 내뿜는 화분 사이로 밖에서 스킵 앤 런이라는 놀이를 하고 있는 그녀들을 정신없이 바라보고 있었다. 그리고 작은 목소리로 말하며 웃었다.

"네가 바보라서 그래."

그러나 그 후 한 시간도 채 되지 않아서 우리들은 미스 호카노의 집요한 회초리 맛을 또 봐야만 했다.

5학년은 U.S.A의 산업지도 연습, 6학년은 습자(펜맨십)를 하고 있는데, 누군가 소리를 내어 웃었다고 해서, 미스 호카노는 화를 펄펄 내며 한손에 날카로운 지팡이 같은 금속이 달린 삼척자(야드 스틱)를 쥐고 범인을 물색하기 시작했다. 그리고 결국 나와 나란히 앉은 휴가 얼굴이 붉어졌다고 해서 끌려나갔다. (실은 그는 습자[펜맨십] 연습에 한참 열을 올리고 있었는데 어느새 교본에서 멀어져서, Mitsuyo & Hugh. Mitsuyo & you. your Mitsuyo you. your Mitsuyo, Hugh. Mitsuyo & you. Mitsuyo & you. your Mitsuyo you. your Mitsuyo, Hugh!(미쓰요 & 휴. 미쓰요 & 당신. 당신의 미쓰요 당신. 당신의 미쓰요, 휴. 미쓰요 & 당신. 미쓰요 & 당신. 당신의 미쓰요 당신. 당신의 미쓰요, 휴!)라고 기분 좋게 몰래 쓰고 있다가 그만 애플바나나 색을 한 그의 뺨이 점점 붉어진 것이었다. 그리고 혜안이 없는 미스 호카노는 우리들에게서 세 줄 정도 뒤에 있는 남자 같은 성대를 가지고 있는 메어가 이 한 마리를 죽였다고 해서 웃었다는 사실은 눈치를 채지 못한 것이다. 불행한 휴! 나는 얼굴이 자주 빨개지는 그가 불쌍하다!)

"Don't be silly(멍청한 짓 하지 마)! Do you understand(알겠지)!"

그런데, 다음에 누군가 속삭였기 때문에 모든 것을 악의로 받아들인 그녀는 신경질적으로(너버스) 그것을 끝까지 적발하겠다고 하며, 누가 그랬는지 알기 전까지는 방과 후라도 돌려보내지 않겠다고 으름장을 놓고는 정면에 있는 회전의자에 깊숙이 앉아 음울한 감정을 담아 자기 멋대로 조사를 하기 시작했다. 조개껍질을 정교하게 이은 네크리스를 가슴 언저리에서 초조하게 흔들거리면서 말이다.

그러나 그녀의 기대와 달리 범인은 결국 나타나지 않았고 괜히 방과 후에 두 시간 정도 붙잡혀 있었다. (덕분에 또 혼간지 지나어학교도 어쩔 수 없이 결석.)

　그렇게 모두가 돌아가게 되었을 때, 그녀는 의자에서 천천히 일어서며 카나카 특유의 카랑카랑한 목소리로 근엄하게 하지만 온화하게 말했다.

　"여러분. 여러분은 저의 처사를 어떠한 경우라도 절대로 나쁘게 받아들여서는 안 됩니다. 생도 여러분이 제가 하는 말을 듣지 않을 때 회초리로 때리는 것은 교사로서의 저의 의무입니다. 그리고 그것은 결국 여러분을 위한 것이니까요."

　연습 후 미스 호카노와 중위(루테난트)와의 교제는 완전히 끊겼다고, 우리들의 노수위 크루크가 어느 날 우리들에게 이야기해 주었다.

　늦기는 했지만 펄 시티 역장 케플러는 두 사람의 추문의 씨앗이 스테이션 파크(역 관할 공원)에서 발생하는 경우가 많다(과장적으로)고 해서, 원래 고지식한 이 독일인(저먼)은 제1차세계대전 이후 완전히 까탈스러운 성격이 되었는데, 미스 호카노가 그와 동년배인 같은 마을 재판소 판사의 딸임에도 불구하고 상대가 밉살스런 미군 병사라는 단지 그 이유 하나로, 개의치 않고 이맛살을 찌푸려가며 판사 호카노 씨에게 그 사실을 일렀다. 그래서 노판사도 노역장의 뜻이 어디 있는지 이해를 하고 딸 하나 호카노에게 조언을 좀 했다고 한다.

　"얘야, 너 그게 그러니까 침대 시트 갈 듯이 그렇게 이 남자 저 남자 바꾸지 말고, 적당히 하거라. 결혼을 할 것이면 하든지, 좀 한 남자에게 집중을 하는 게 좋을 것 같다. 아무래도 요즘 네 행동을 보면 내 눈에도 좀 과한 것 같구나. 마가렛은 저렇게 쾌활한 아이니 이 사람 저 사람 가리지 않고 놀기 때문에 이 아빠는 전혀 신경을 쓰지 않는다만, 또한 백인에게 시집을 가려고 하면 그 아이는 지금 당장이라도 갈 수 있는 성격이지만……. 아니 백인(하오레) 남자들은 처음부터 얌전한 너에게는 정말이지 심심풀이이지. 그렇다고 해서 이제 와서……. 그런데 히나, 너 교장으로서의 직책은 제대로 수행하고 있는 거지?"

그 때 미스 호카노는 피아노 앞에서 애완 고양이 포포키를 무릎 위에 끌어안고 앉아서 조용히 털을 쓰다듬고 있었다. 하지만 그녀는 차가운 눈물을 딱 한 방울 흘렸을 뿐 얼굴에는 냉소조차 띠지 않고 아버지에게 단호하게 대답했다.

"저 싫습니다. 누가 시집 같은 거 간대요? 그래도 작년에 암스트롱 사건 이후 아직 1년도 되지 않았잖아요. 그 때도…. 저, 저는요, 시집을 갈 것이라면 어차피 마흔 정도 되어서 부호(밀리어네어) 지나인을 찾아올게요. 그리고 아빠, 제 직책에 대해 물으셨죠? 저도 카나카 호카노의 딸이에요. 엄마가 계시지 않는 아빠가 잘 하시는 만큼, 저도 제 자신의 직무를 문제없이 해내고 있다고 생각해요. 그런 점에서는 전과 조금도 다름이 없습니다."

이에 대해 노판사는 고개를 살짝 숙이고 새하얘진 수염을 천천히 꼬고 있을 뿐, 아무 반박도 하려 들지 않았다. 이야기에 노수위 크루크는 이렇게 덧붙였다.

——— 5 ———

학교 앞 넓은 도로를 정문(게이트)에서 왼쪽으로 가서 네 번째 사거리 맞은편에서 약간 들어간 곳에 공장이 하나 있었다. 그 뒤는 사탕수수 밭과 접하여 팜 트리에 둘러싸여 있고, 지붕도 그렇고 사방의 벽도 그렇고 문을 제외하고는 모두 함석으로 되어 있는 차고(갤러지)같은 모양을 하고 있었다. 가끔씩 뭔가 폭발을 하는 소리가 나는데, 펄 시티 선라이즈 소다 워터를 제조하는 곳이다. 그곳에는 아직 미혼인 서른일곱 살 되는 알프레드 베이커가 있다. 그는 작은 이 제조장(팩토리)의 사장이자 고용인이다. 그는 혼자서 기계를 움직여서 몇 백 개나 되는 병을 씻고 소다수를 채운다. 그는 또한 높은 대형 짐마차(웨건)를 소유하고 있다. 빛이 바래기 시작한 노란 색 상자(웨건 덮개를 말함) 주위에는 흰색 페인트로 선 라이즈 상표와 간단한 문구를 적어 두었다. 하루 동안은 공장에서 일을 하고 그렇게 해서 만든 소다 워터를 상자에 차곡차곡 담는다. 그리고, 다음날은 공장을 멈추고 짐마차(웨건)에 소다 워터를 싣고 펄 시티는 물론 와이파후, 아이에아 등 플랜테이션을 비롯하여 산재하는 캠프에도 납품을 하며 돌아다닌다.

그런 그가 어느 날, 늘 그렇듯이 웨건의 마부석 뒷 쪽에 하얀 천을 종횡으로 이어 붙인 대형 양산을 펴고 펄 시티의 인적이 드문 오후의 거리를 지나가고 있었다. 그런데, 갑자기 소나기가 내렸다. 그러나 그는 조금도 놀라지 않았다. 튼튼한 양산은 동시에 그대로 우산 역할도 충분히 할 수 있기 때문이다. 그리고 그는 고삐를 손에 쥔 채 잠깐 머리 위에 있는 소박하고 커다란 꽃 같은 우산을 올려다볼 뿐, 다시 말 등에 눈길을 주고 있었다. 그곳에는 이미 그가 늘 신경을 쓰는 말 파리도 없었고, 그저 굵은 빗방울만이 수증기를 일으키며 갈색 말의 털을 검게 적셔 가고 있었다.

그 때 미스 호카노는 살짝 비탈이 진 거리 한 복판에서 오도가도 못하고 서 있었다. 그녀가 오른 손에 펴서 들고 있는 양산은 소나기를 만나자 너무 작아서 그녀의 전신을 가릴 수가 없었다.

그녀는 양산 속 어두운 그늘에서 얼굴을 찌푸리고 있다가 우산을 세게 털며 흩어지는 안개 같은 비말과 새로 닦은 구두를 적시는 물, 그리고 스커트 자락에 튀는 물방울에 몹시 신경을 쓰며 어딘가 가까운 집이 있으면 처마 밑으로라도 들어가려고 찾으며 걸어가고 있었다. 우산 속에서 몸을 잔뜩 웅크린 그녀는 그저 초조해질 뿐이었다.

알프레드의 짐마차(웨건)도 천천히 언덕을 오르고 있었다. 그가 말 등에서 눈을 떼자 2초(町)[10] 정도 앞 길 가운데에서 치마(스커트) 자락을 걷어 올리고 걸을 때마다 일일이 상반신을 앞으로 굽히고 있는 그녀가 눈에 들어왔다. 그는 옆에 있던 채찍을 손에 들고 가볍게 말 등을 쳤다. 말이 젖은 아스팔트 언덕길을 따각따각 달려간다.

그녀 가까이까지 가자 알프레드가 소박하게 말했다.

"헬로, 미스 호카노. 비가 와서 난처하시군요. 제 짐마차(웨건)라도 괜찮다면 타세요."

미스 호카노는 찌푸린 이마를 펴고,

"오오, 땡큐 유. 당신은 소다 파운틴의 알프레드 씨죠?"

10 거리의 단위로 약 109m.

하며 주저 없이 양산을 접고 알프레드에게 손을 잡힌 채 웨건에 올라 탔다.

미스 호카노는 마부석에 앉은 알프레드 바로 옆에 앉더니 세련된 손수건으로 물방울이 튄 약간 곱슬거리는 머리카락을 정성껏 눌러서 닦고는 이어서 얼굴도 닦는다. 그러자 알프레드도 바지 뒷주머니에서 계란 색의 폭이 넓은 손수건을 한 장 꺼내 그녀에게 준다. 그녀는 그것을 살짝 펼쳐보고 어울리지도 않게 발렌타인 자수가 놓인 것을 발견하고는 살짝 거만한 미소를 지었다. 그리고 그것으로 젖은 스커트 자락과 구두 주변을 차례차례 털었다.

그는 그것을 모르는 척, 가슴을 쫙 펴고 채찍을 손에 꼭 쥔채 정면을 응시하고 있었다.

"……알프레드 씨?"

그 일이 있은 이후, 우리들은 그와 그녀의 모습을 종종 보았다. 이전에 그녀는 절대로 그와 같은 사람은 일개 보잘 것 없는 사업가로밖에는 여기지 않아 안중에도 없었을 텐데 말이다. 우리들은 고개를 갸우뚱하며, '기회(찬스)'라는 것에 대해 종종 생각했다. 찬스! 찬스! 이것이야말로 문제가 되어야 한다.

두 시. 방과 후를 알리는 종이다. 유백색 깃대에서는 하루의 허식과 임무를 마친 성조기가 바람을 가르며 소리 없이 내려지고 있다. 학교에서는 여기저기에서 '굿 바이!' 인사를 나누는 소리들이 일시에 일었다. 그리고 생도들은 제각각의 방향으로 흩어졌다. 교장 미스 호카노는 넓은 교실에 혼자 남자, 마음 놓고 크게 한숨을 한번 쉬고는 각 교실에서 가져다 놓은 그날 하루의 수업보고서를 정리한다. 그것도 아주 열심히―. 이윽고 햇빛이 비스듬하게 비치는 창문 밖에서 미세스 하포드, 미스 콘, 미스 루이즈 각 교사들이 무리를 지어 말을 건다.

"미스 호카노…?"

그러나 안에서는 딱 한 마디.

"예스. 굿 바이."

그러자 교사들(티처즈)은 무슨 일인지 다 알겠다는 듯 서로 얼굴을 마주보며 돌아간다.

"굿 바이."

"굿 바이."

"굿 바이."

정문 앞 나무 그늘에는 이미 준비된 짐마차(웨건) 한 대가 멈춰 서 있었다. 게으름뱅이에 지각이 있어 보이는 알프레드는 소박함을 잃어버린 것처럼 마을 이발소(바바)에서 깔끔하게 면도를 하고 상의(코트)는 입지 않은 채 산뜻한 와이셔츠 차림으로 구석구석 손질이 되어 있는 학교 정원을 가만히 내려다보고 있다. 그는 오전 배급을 마치고 이제 미스 호카노를 페닌슐라에 있는 집으로 바래다주려는 것이다. 최근에 생긴 그의 습관이다. 그리고 보라! 파란 페인트 칠이 벗겨진 웨건은 다시 새로 색칠을 해서 깔끔해졌다.

"휫!"

"휫!"

능란하고 날카로운 알프레드의 휘파람소리이다.

그러자 미스 호카노는 두 개의 단에 나란히 놓인 베란다의 화분 맞은 편 교실의 높은 창문으로 우선 스카프 두 장을 펄럭이며 통통한 상반신을 내밀고 눈이 부신 듯 흰 치아를 드러내며 웃는다.

"올 라이트, 알프레드. 아일 비 데어 수은. 웨이트 어 미닛."

창문에서 들어갔다가 출입문으로 나타난 그녀는 여전히 모자 대신, 농담(濃淡)이 있는 검은 색 줄무늬가 아무렇게나 이리저리 그어진 양산을 쓰고 있다. 걸으면서 그녀는 양산 손잡이를 능숙하게 살짝 비틀며 자갈길을 지나 정문으로 서둘러 나온다.

"굿 애프터눈."

"헬로."

그녀가 정문을 나서자, 수위 크루크가 화단의 접시꽃 너머에서 잔디를 깎고 있던 한쪽 손을 예초기에 올려놓은 채 인사를 했다. 그러나 그녀는 그것도 모르고 잭(말의 이름)이 기분 좋게 히힝거렸다고 하며 말머리 쪽으로 재빨리 돌아가서,

"헬로 잭."

하며 인사를 했다.

알프레드는 그녀의 신선한 스카프를 찬미하며 그녀를 안아 올려 자기 옆에 앉혔다. 이윽고 잭이 움직이기 시작했다.

미스 호카노의 능숙한 대화와 알프레드의 소리를 싣고서…….

일요일이었다. 숲 속의 유일한 일미(日美) 잡화점 구라시게 상점(스토어)의 화물자동차(트럭)를 타고, 주문한 물품을 캠프 캠프로 옮기기 위해 나와 휴, 준이치 구라시게 셋은 번갈아가며 핸들을 잡고 드라이

브를 해서 사탕수수 밭 사이로 난 아스팔트 도로를 경쾌하게 질주하
고 있었다. 산에 있는 No.3, No.7 두 캠프에 배급을 마치고, 왔던
길과 Y자형으로 갈라진 다른 길을 더 올라갔다. 그러자 그 오른편에
있는 큰 연못(사탕수수 관개용) 맞은편 둑에 낯이 익은 알프레드의 웨
건이 우산도 없이 방치되어 있었다. 그러나 그곳에서 조금 떨어진,
가지가 무성한 구아바 고목 나무 꼭대기에는 길을 잃은 패러슈트처
럼 그 웨건의 큰 우산이 펼쳐져 있었다. 그리고 알프레드와 미스 호카
노는 나무에 올라가 씨가 많은 구아바 과일을 새빨갛게 갈라서 먹으
며 희희낙락하고 있었다.

"유, 페치코트."

"유, 페치코트."

애정으로 가득한 알프레드가 야생적으로 소리 높혀 웃는 미스 호
카노를 가지에서 가지로 원숭이처럼 쫓아다니고 있었다.

잭(말)은 풀을 먹고 있었다. 우리들은 눈길을 돌렸다. 그리고 이 끝
없는 치정(시리어스) 장면에서 벗어나기 위해 더 센 기어를 넣어 저속
(로 스피드)에서 고속(하이 스피드)으로 화물자동차를 돌진시켰다.

"쳇! 교장 그 여자 통 어쩔 수가 없네, 그치?"

그러나 구라시게 상점의 트럭을 타고 양쪽에 죽 늘어선 서양 소나
무(파인 트리)로 둘러싸인 길에서 그들의 둔한 웨건을 추월했다가 추
월당했다가 하면서 지나간 것은 말할 필요도 없다. 소박한 꽃 같은
큰 우산을 펼쳐 놓은 웨건을 타고 천천히 잭의 등을 채찍으로 내려치
며 산 쪽으로 올라가는 두 사람의 뒷모습은 그 후에도 몇 번이나 보

였다. 우리들은 그 때마다 멈춰 서서 한숨을 쉬듯이 말을 내뱉었다.

"아아, 이번에는 소다수 공장 주인인가?"

"응, 될 대로 되라지."

"안녕, 잘 가."

우리들은 네거리에서 헤어졌다.

다른 날의 일이었다. 하와이에서는 흔한 아침 비(모닝 샤워)가 맹렬한 바람과 함께 선명한 다갈색 교사에 비스듬히 내리고 있었다.

그 때 우리들 A교실에서는 5학년이 「휴모리스트 마크 트웨인에 관한 기록」을, 그리고 6학년은 미국의 대웅변가 다니엘 웹스터의 「우리들의 의무」를 암송하고 있었다.

취우(驟雨, 샤워)는 번개(라이트닝)와 천둥(썬더)도 동반을 했다.

레시테이션(recitation)은 5학년부터 시작했다. 그리고 지금은 미쓰 요의 차례가 되었다. 그녀는 비장한 메꽃처럼 일어서서 정면의 벽에 있는 액자 〈Singing Boys(노래하는 소년들)〉를 멍하니 응시하며 낭랑한 목소리로 암송하기 시작했다.

Memorandum of Mark Twain

Mark Twain, humorist, was born in Florida, Missouri, November 30, 1835.

......

In 1866 he came to the Hawiian Island, remaining here several, months visiting many islands. He wrote a graphic account of his visit to the Volcano. He's experiences in Hawaii are related in "Roughing It." He tried to get a position on the "Hawaiian Herald" at Honolulu as reporter, but was refused. He came to Honolulu as correspondent of the Sacramento Union newspaper. Returning to the mainland he became a lecturer and writer. He last lived at Redding, Conn, where a beautiful Koa mantelpiece was installed as a gift from the Hawaiian Island. His boyhood life is described in 『Tom Sawyer』. "Hawaii, —the loveliest fleet of Island that lies anchored in any ocean."

마크 트웨인에 대한 기록

유머 작가 마크 트웨인은 1835년 11월 30일 미주리 주 플로리다에서 태어났다.

··· 중략 ···

그는 1866년에 하와이에 와서 몇 달 동안 머물면서 많은 섬을 방문했다. 그는 화산 방문에 대해 생생한 기록을 남겼다. 그의 하와이 경험은 자서전 『러핑 잇(Roughing It)』(1872)과 관련이 있다. 그는 호놀룰루에서 기자로서 『하와이안 헤럴드』에 자리를 잡으려고 했지만, 거절당했다. 그는 『새크라멘토 유니언』 신문의 특파원으로 호놀룰루에 왔다. 본토로 돌아온 그는 강사이자 작가가 되었다. 그는 마지막으로 하와이 섬의 선물로 아름다운 코아 선반이 설치된 레딩 코네티컷에서 살았다. 그의 소년시절은 『톰 소여의 모험』에 묘사되어 있다. "하와이, — 바다에 정박해 있는 가장 사랑스러운 함대와 같은 섬."

그녀는 아름다운 발음으로 물 흐르듯 외우고는 총명해 보이는 눈썹을 움직이며 앉았다.

"올 라잇, 땡큐."

미스 호카노는 이제는 폭풍우가 쳐서 소리도 알아듣기 힘들 것이라 생각했는지, 그녀를 가벼운 손짓으로 불러 금색으로 빛나는 작은 기념 스탬프를 하나 주었다. 휴가 우울한 표정으로 지켜보고 있다. 오늘은 아직 한 두 명이 미스 호카노의 회초리를 맞은데 불과했다. 폭풍우는 점점 더 거세게 스트레이트 지붕을 두들겼고, 남쪽 베란다 바깥에서는 통에서 떨어지는 빗물 소리가 짱짱한 레시테이션 목소리도 알아듣기 어렵게 만들었다. 그래서 모두는 벙어리처럼, 딱히 천둥이 무서워서 두 귀를 막고 있다기 보다는 그저 주변을 이리저리 살피면서 책상 위에 책을 세워놓은 채 그대로 잡고 있었다.

그런데 그리고나서 몇 분 지나 우리들은 펄쩍 뛸 만큼 놀랐다. 우지끈하는 소리가 나면서 폭풍우가 교실로 몰아쳤기 때문이다. 부주의하게 열어둔 입구의 출입문(북쪽 넓은 복도에 면한 문)이 일시에 화살처럼 빠르게 강한 회오리를 일으키며 질풍처럼 덜컹 너무 세게 닫히는 바람에 1인치 반 정도 두께가 되는 두꺼운 문짝이 세로로 갈라져 버린 것이다.

"오우, 테러블!"

우리들은 일제히 술렁이는 기분을 자제하고 부숴진 문 앞에 서서 고개를 갸우뚱하고 서 있었다.

"웰!"

"웰!"

그러나 아직 어른이 아닌 우리들에게는 그것을 처리할 수 있는 숙련된 기술이 없었다. 아무것도 어쩔 수가 없었다. 결국 우리는 미스 호카노의 명령으로, 제각각 두 개의 넓은 창문으로 풀려나는 기분으로 서로 뒤섞여 복도 밑(베란다)으로 도망쳐 나왔다. 그런데 그 주변은 곧 물바다가 되었다. 바로 옆 B교실 정면까지 이어진 넓은 베란다 끝에 있는 청소실(스위핑 룸) 앞에서는 수위 크루크가 어찌할 바를 모르겠다는 듯이 물에 젖은 채 모자를 한 손에 들고 초라한 모습으로 이쪽을 바라보고 있었다.

"크루크!"

"크루크!"

우리들은 손으로 나팔 모양을 만들어서 그의 이름을 불렀다. 그가 "뭐라고(홧)?"라고 하는 듯 상반신을 앞으로 쭉 내밀며 한쪽으로 고개를 갸우뚱 기울였다.

"크루크! 컴 히어."

"컴 온."

크게 손짓을 하며 부르자 잠시 무거운 군인 바지를 입은 다리를 힘겹게 질질 끌 듯 하며 이쪽으로 걸어왔다.

"뭐라고(홧)?"

미스 호카노가 크루크가 귀머거리가 되었다고 생각했는지 역시 손으로 나팔 모양을 만들어 그의 귀에 대고 소리를 질렀다.

"크루크, 이 문 좀 보라고!"

그는 놀라서 그녀의 얼굴을 다시 보았다. 그리고 쪼개져서 큰 방 안쪽으로 쓰러진 문짝을 보고는,

"어찌된 거죠?"

라고 둔한 목소리로 물었다. 그러나 결국 그도 안으로 쓰러져서 꽉 끼여 있는 문을 원상태로 되돌릴 방법이 없었다. 그는 그저 부들부들 떨리는 손으로 부숴진 문을 잡고 무거운 다리를 동동거리고 있을 뿐이었다.

미스 호카노가 다시 말했다.

"크루크. 안 되겠어? 그럼 소다 파운틴의 알프레드 씨를 불러다 주지 않겠어? 수고스럽겠지만 말야."

"알프레드 씨 말이에요? 네. 그 사람 있을까요, 제발."

이렇게 말하며 그는 청소실(스위핑 룸)에서 낡은 우산을 하나 꺼낸 후, 바지단을 걷어 올렸다. 그리고는 무표정하게 입을 다물고 퍼붓는 빗속을 맨발로 달려갔다. 은빛을 띠고 비스듬히 내리는 비를 피하기 위해 허리를 굽히고 있는 힘껏 우산을 앞으로 내밀고 있는 그는, 때때로 심한 비바람에 밀려 불안정한 걸음걸이로 계속해서 정면을 향해 나아갔다. 그러는 바람에 애기색 비름(풀의 일종)으로 둘러싸인, 석탄이 섞인 자갈길에서 손질이 되어 있는 잔디 쪽으로 비틀비틀 비어져 나갈 듯 했다.

"크루크가……, 아 불쌍해라."

복슬복슬한 머리에 아끼는 핑크 카네이션을 질러 꽂은 반토인(半土人, 카나카 하프)인 뚱보 멜레(그녀에게는 멋진 어른 애인이 있다.)가 눈이 휘둥그레져서 츄잉 검이라도 내뱉듯 중얼거렸다.

"그래. 크루크, 이제 훌륭한 할아버지가 되었어."

로즈가 어리광을 부리듯 코맹맹이 소리로 이야기를 하며 혼자서 깔깔대고 웃었다. 그들, 영토(테리토리)의 아이들은 노인의 존재를 민감하고 신기하게 여겼다.

그러는 동안에도 슬슬 어떤 친구들은 심술궂은 눈짓을 나누며 아직도 새삼 교장과 알프레트 베이커의 관계에 대해 수군거리고 있었다. 그러나 이제 우리들 사이에서도 몇몇은 다른 남녀 관계를 이러니저러니 서로 지적하는데 질리기 시작했다. 그리고 말한다. 그런 것을 파고 드는데 쓸데없이 신경을 곤두세우기보다는 앞으로 한 달 있으면 진급시험이 있으니 최소한 거기에서 낙제(드롭)하지 않도록 신경을 쓰는 게 좋을 것이라고, 제법 그럴듯한 말을 했다.

미쓰요는 우리 누나와 마주보고 앉아 있었는데, 리본을 풀어 머리를 다시 묶고 있다. 휴가 내 어깨에 기대어 갈색 눈동자로 살짝 그쪽을 바라보고 있다. 그는 방금 전 미쓰요가 창문을 타고 바깥으로 나갈 때 스커트가 눈에 띄게 살랑거리며 아름다운 레이스가 달린 드로즈가 비어져 나온 것을 보았을까?

"네가 멍청해서 그래."

나는 갑자기 어깨를 뗐다. 휴가 당황해하며 눈을 문질렀다. 누나가 재빨리 이것을 보고,

"쟤가 휴야."

라고 미쓰요에게 귓속말을 하며 웃었다. 미쓰요는,

"그래?"

라고 하며 눈을 살짝 반짝거리며 이에 응수했지만, 어느 새 다시 원래 표정으로 돌아왔다. 휴는 민망한 듯이 고개를 숙이고 있다.

바람은 차차 부드러워지고 굵은 빗방울만이 발처럼 계속해서 내리

고 있었다. 이윽고 날이 개었다.

크루크는 마침내 키가 큰 알프레드를 데리고 돌아왔다. 알프레드
는 미스 호카노나 우리들이 복도에서 기다리고 있는 것을 교문 입구
에서부터 알아보고는 성큼 성큼 크루크를 앞질러 다가 왔다. 비옷(레
인 코트)을 벗어서 던져 놓더니 힘이 들어간 표정으로 부숴진 문쪽으
로 다가갔다.

"미스 호카노, 아임 쏘리."

그는 주머니에서 핀치와 햄머를 꺼내 바로 일에 착수했다. 팔을
걷어부치고 털이 잔뜩 난 늠름한 팔로 불안정해진 경첩을 떼어내고
있는 모습을 우리들은 '아 유 슈어?'라고 묻기라도 하는 심정으로 멀
리서 바라다보았다. 특히 미스 호카노는 의례적으로 착용한 코르셋
을 가볍게 두들기듯 주먹으로 옆구리를 두들기며 산뜻한 그 모습을
넋을 놓고 바라보고 있다. 그리고 차츰 일이 정리가 되어 갔다. '굿,
굿.' 마침내 그녀는 손뼉을 칠 정도로 기뻐했다. 그 때 누군가 후훗하
고 웃었다.

"쉿!"

비는 이미 그쳤고, 정원과 운동장에는 부드러운 햇살이 다시 비치
기 시작했다. 그리고 산 쪽으로 펼쳐진 짙은 녹음의 사탕수수 밭에는
길고 선명한 무지개가 떴다.

"오오, 레인보우."

크루크는 그 아래에서 늘 그렇듯이 일을 하고 있었다.

당번이 서둘러서 열 시 리세스(recess, 휴식) 종을 쳤다.

그리고 부숴진 문은 완전히 치워졌다.

"댓스 올."

발돋음을 한 알프레드가 익살스럽게 말했다.

"땡큐 유."

미스 호카노가 말했다. 그 뒤에서 알레스(아부쟁이)를 필두로 하여 여생도가 제각각 흉내를 냈다. 우리들 남자 생도들은 잠시 마음에 찔리는 것이 있어서 키가 큰 그를 올려다보며 침묵을 했다.

신문에 조만간 오아후 전 섬을 대상으로 야채 재배 경합이 개최될 것이라는 취지의 보도가 나오자마자, 우리들은 일찍부터 반 에이커 (1에이커는 4필 24평 정도) 크기의 밭을 더 한층 애지중지하며 가꾸었다. 머스크 멜론, 포도, 하오레 콩, 완두콩, 순무, 팥, 산딸기, 캬베츠, 아스파라가스, 어니언, 토마토, 비트, 펌프킨, 모과, 감자, 무, 당근, 워터 멜론, etc. 모두 제각각 담당 구역을 정해 놓고 물을 주고 말똥 (마누아)을 거름으로 뿌렸다. (온도 77도) 그리고 일주일에 한 번씩 차례로 호놀룰루의 『애드버타이저』지에 통신을 썼다.

작품 출품 5일을 앞둔 어느 날, 방과 후에 (5월 30일은 메모리얼 데이에 해당하므로 인접 공동묘지[퍼블릭 세메트리]는 참배자가 많아 떠들썩하다.) 우리들은 숲 속에서 어니스트 디메로(포루투갈인)와 마이크 케어호레 (카나카) 두 사람에게 복싱 파이트를 부추기고 있었다. 그런데, 학교에서 전령이 찾아와서 오늘 경기는 그만 둬라, 모두 학교에 돌아가서 활동촬영(무빙 픽처)에 참가해라, 허리 업! 하고 숨을 헐떡이며 말을 전했다.

그래서 우리들은 권투(복싱)를 그만두고 그가 하라는 대로 위키위키(서두르는 짓) 하면서 뒷문으로 교실에 들어갔다. 그러자, 그라운드 옆 채소밭에는 이미 호놀룰루 교육당국에서 온 것으로 보이는 관리 두 명과 맥고모자를 쓴 기사 한 명이 서서 밭 여기저기를 둘러보고 있었다. 미스 호카노도 눈이 부신지 한 손을 이마에 갖다 대고, 이런 저런 설명을 하는 상황이었다. 가장자리를 둘러싼 흰 펜스 맞은편에 있는 공동묘지는 화환(레이)을 바치는 흰 옷과 검은 옷을 입은 사람들이 조용히 십자가와 비석 사이를 왔다갔다 하고 있었다. 그러나 그들에게 다가가니 뜻밖에도 교육국 관리인 줄 알았던 한 남자는 소다워터 주인 알프레드였다. 그가 뭐 하러……?

오늘 개최하는 행사에 대해 감독관 화이트맨 씨의 설명이 있었고, 우리들은 이 촬영이 경합을 기념하는 의미가 있다는 사실을 알게 되었다. P.M.O 뉴스반 출장.

기사가 기계(카메라)를 적당한 장소에 앉혔다. 우리들은 그가 명령하는 대로 반 에이커 정도 되는 밭으로 들어가서 각자의 구역에 자리를 잡았다.

"레디! 스타트!"

기사가 시작 구호를 외치자 우리들은 새삼 캬베츠를 만지작거리거나 콩을 찾는 척 했다. 3분이 지나자, '올 라이트!'가 되었다. 그리고 나서 누군가 둘이 나가 실지 경작 사진을 찍어야 했는데, 우리들은 오늘의 용사 어니스트와 마이크를 그 둘로 뽑기로 결정했다. 그렇게 결정을 하자, 둘은 민망해하며 기계(카메라) 앞에 서서, 활기찬 기사의 구령과 함께 있는 힘껏 곡괭이를 들어 올리며 백묵(초크)으로 표시한 지면을 내리찍는다.

"더 빨리! 빨리!"

기사가 선동을 하자 두 사람은 정신없이 열심히 내리찍었다. 그 작업을 약 2분간 계속하고서야, '댓츠 올'이 되었다. 그렇게 해서 그곳에는 쓸데없이 1척 정도 되는 구덩이가 하나 생겼다. 보니 두 사람 모두 녹 아웃이 된 사람들처럼 녹초가 되어 몇 번이고 땀을 닦으며 옆에 있는 수도꼭지(파이프)에서 나오는 시원한 물을 벌컥벌컥 마시고 있었다.

그리고 마지막으로 천천히 기념사진을 찍었다. 여기에는 알프레드도 태연하게, 아니 그렇다기보다는 싱글벙글하는 표정으로 가세했다. 게다가 두 줄로 늘어선 그 한 가운데 앉은 미스 호카노로부터 비스듬하게 뒤에 서 있었다. 그가 가세한 것에 대해 불만을 품고 있는 사람들은 투덜투덜 불평을 하며 그의 뒤에서 몰래 주먹을 쥐어 흔들어 보이는 사람, 화가 난다는 듯이 손바닥을 펴고 엄지손가락을 코끝에 대고 얼굴을 찌푸리며 '카후나'[11]를 하였지만, 우리들은 그런 티즈(tease, 장난)를 재미없다고 생각했다.

어쨌든 그리고나서 이틀 후 신문 『스타 브리튼』(『애드버타이저』와는 정적인 민주당[데모크라시]의 기관지)의 통신란 한쪽 구석에는 다음과 같은 기사가 조그맣게 제목도 없이 게재되어 있었다.

---

11 카후나(Kahuna). 하와이 원주민 전통사회에서 다양한 분야의 전문가를 의미하는 말로 주로 신관(神官), 의사, 직인 등을 의미. 여기에서는 신관의 주술을 의미.

'6월 2일. 금일 야채경합대회 후보에 오르다. 영화사 P.M.O에서 촬영팀 오다. 감독관, 밭에 있는 레타스와 완두콩을 특히 추천. 머스크 멜론에 검은 개미가 좀 그렇다 운운. 필름은 우선 미국 본국에 있는 각 학교에서 순회 영사될 것이며, 하와이에 수입되는 것은 2년 후의 일. 몹시 불안하다. 빨리 보고 싶다. 빨리 보고 싶다. 이제부터 좀 쓸 데 없는 이야기를 하는 것 같지만, 원래 나는 학교 교장선생님과 일개 무명의 소다 워터 제조자와의 러브 어페어에는 별로 호의를 가지고 있지 않다. 기념 촬영의 추태를 보라!

P.C 퍼블릭 스쿨에서. 제6학년 X생.'

이 기사를 발견하고 우리들 일동은 깜짝 놀랐다. 전혀 예기치 못한 일이었다. 그리고 다음에는 그 날 그 자리에 있던 우리들 모두가 뭔가 범인이 된 것 같은 기분이 들었다. 우리들은 그 기사로 인해 일어날 일대 센세이션을 두려워하며 그에 대해서는 일체 언급하지 않기로 입을 맞추었다. 진범도 찾으려고 하지 않았다. 단지 각자 앞으로는 미스 호카노의 러브 어페어에 대해서는 피넛을 먹는 것처럼 더 무관심(인디퍼런트, indifferent)할 것, 무엇이든 마음속에 담아두고 웬만해서는 겉으로 드러내지 말 것.

미스 호카노는 그런 기사가 있다는 사실을 알지 못했는지, 알고도 『스타 브리튼』지(그녀는 대략 공화당[리퍼블리칸 파티] 편이다.)에 나오는 그 정도의 기사에는 끄떡도 하지 않는 것인지, 그 후에도 평소와 조금도 다름이 없었다. 여전히 스펠링과 레시테이션으로 회초리를 반복하고 있었다.

그리고나서 일주일 있으면 학년말 시험이었다. 우리들은 따로 시험공부를 할 필요는 없었다. 시험 전이라고 해도 교실 블랙 보드 위에 있는 책장에서 화려한 장정을 한 사랑과 로맨스에 관련된 여러 가지 책을 꺼내 읽으며 시간을 때웠다.

야채 경합 대회에 2등으로 당선되었다.(상품은 그린 윙 마코 종 앵무새 한 마리와 선라이즈 소다 워터 열 박스.) 발표 다음 날, 소다 워터 공장이 폭발(브로크 업)했다. 정확히 말하자면, 알프레드가 부주의하게 버린 담배꽁초로 인해 가솔린 탱크에 불이 붙은 것이었다. 다행히 그는 본채 뒤에 있는 코코야자 나무 아래에서 작은 새가 지저귀는 소리를 들으며 비몽사몽 기분 좋게 낮잠을 자려고 누워있었던 덕분에 몸에 화상 하나 입지 않고 목숨을 건졌다. 그러나 그가 허둥지둥 공장으로 달려왔을 때, 이미 그의 작은 공장은 검은 연기에 휩싸여 마치 화약처럼 끔찍하게 타오르고 있었다. 그는 어찌할 방도도 없이 한손에 작은 소화기를 든 채 망연자실 그저 바라만 보고 있었다. 펌프도 파이어 엔진도 아무것도 오지 않았다.

6월 11일. 하와이 대왕 카메하메하 제1세의 탄생일이다. 교장 미스 호카노는 성장을 하고 등교.

학교에서는 차분하게 일제히 학년말 시험이 시작되었다. 미스 호카노는 부은 듯한 눈을 내리깔고 교장다운 근엄한 표정으로 현(縣) 당국으로부터 배포된 직사각형 모양의 봉투를 창문을 향하여 비추어 보고는 깔끔하고 예리한 가위로 잘랐다. 그리고 안에서 타이핑이 되어 4등분으로 접힌 시험문제(이그제미네이션 페이퍼)를 꺼냈다. 문제는 선택 자유. (주의사항: 7문항 중 5문항. 5문항 중 4문항 등). 그녀는 그것을 펼치면서 다른 한 손으로 책상 위에 놓인 손수건을 찾아 젖은 입술을 가볍게 살짝 누르고는 그대로 정면 칠판을 보며 문제를 적어갔다.

미스 호카노는 잠시 후 그 문제를 다 적고나서, '어텐션!'하고, 그것을 한번 힘차게 읽고, 붓기가 있는 눈을 한두 번 두드렸다. 그리고 그녀의 회전의자로 조용히 돌아갔다.

사흘 후 시험은 끝났다. 우리들은 7월부터 시작되는 여름방학(서머 버케이션)을 기다릴 뿐이었다.

우리들 펄 시티 학교 졸업예정자 서른 명은 제각각 앞으로의 방침을 세우기 시작했다. 그들의 지망은 엔지니어, 철도인부, 판매원, 자동차 운전수, 스포츠 맨, 신부, 농업, 원예가(가드닝 보이), 경작 노동자, 별장지기, 학생 등등.

우리들 상급학교 희망자 열두 명은 호놀룰루에 있는 학교들의 비교연구에 토론의 꽃을 피웠다. 휴는 제일 먼저 그의 지론인 센트 루이즈 스쿨을 추천하며 신이 나서 득의양양해 했다. 그의 장래희망은 전신기사라고 한다. 노나카 요네는 밀즈 스쿨. 기무 치야는 노멀 스쿨, 로쿠 카메하메하는 카메하메하 스쿨. 로즈 하포드는 카이울라니 스쿨. 팔로스 스미스는 센트럴 그랜마 스쿨. 오하라 유타카는 일본어(저패니즈) 전문 하와이 중학교. 야스마쓰 지카는 힐로 보딩 스쿨 등.

나는 맥킨리 하이를 졸업한 다음에는 젊은 부기 담당(북 키퍼)이 되고자, 카메하메하로 할까 휴가 추천하는 센트 루이즈로 할까 아니면 카이울라니로 할까 고민이 되어, 누나들에게 상담을 하기 시작했다.

그리고 마침내 휴의 간절한 권유에 의해 센트 루이즈로 마음을 먹었다.

6월 15일. 학년말 성적 발표. 내 성적은 다음과 같은 결과로 나왔다.

Arith.(산수): 99 / Geog.(지리): 95 / Spell.(철자법): 100 /
Hist.(역사): 93.5 / Comp.(화학): 92.5 / Hyg.(보건): 91.5
571.5÷6
Av.(평균): 95.25

최고점(하이어스트 에버리지)! 단 우연하게도 나 외에 두 명도 역시 95.25가 나왔다. 철도인부를 희망하는 히구치 가즈오와 신부가 될 아 모이 이렇게 둘. 그래서 현상으로 내건 미려한 시집 테니슨[12]의 『In Memoriam(인 메모리엄)』 한 권은 가위바위보로 정하기로 했다. 그리고 결국 아 모이가 예정된 시집을 획득, 나와 가즈오는 미스 호카노의 장서 중 한 부씩을 사인을 해서 받았다.

그런데 휴는? 그는 또 낙제(드롭)를 했다. 평균 51점! 그는 언젠가 내게 미쓰요에게 쓴 레터를 부탁했을 때와 같은 모양으로 꼬깃꼬깃 해진 종이조각을 내게 건넸다.

"나오도, 이거……."

"다시 계산해 봐."

"아무래도 안 돼. 제로가 하나 있어서……."

---

12 테니슨(Tennyson, 1809.8.6-1892.10.6). 영국 시인. 걸작 『인 메모리엄(In Memoriam)』(1850)은 17년간을 생각하고 그리던 죽은 친구 헬럼에게 바치는 애가(哀歌)로, 어두운 슬픔에서 신에 의한 환희의 빛에 이르는 시인의 '넋의 길'을 더듬은 대표작일 뿐만 아니라 빅토리아 시대의 대표시이다.

　그래서 나도 이마에 주름을 모아가며 다시 한 번 열심히 계산해
보았다. 하지만, 아무리 해도 51점보다 올라가지 않았다. 나는 연필
(펜슬)과 함께 내던져 버렸다.

　"어떻게 하지?"

　"어떻게 하다니. 미의 센트 루이즈 스쿨은 날아간 거지."

　"그리고 5학년 최고점자(하이어스트 에버리지) 마쓰모토 미쓰요하고
다시 한 번 사이좋게 여기에 앉는 거지."

　"누나 말에 의하면, 아무래도 그녀도 내년에 학교를 무사히 졸업하
면 조상들이 있는 일본으로 돌아가지 않고, 코우스트(coast)를 건너
로스앤젤레스에 있는 언니한테 갈 것이라니까 뭐 그 때까지 마음 놓
고 천천히 '러브'를 이루라고."

　내가 일부러 빼기듯 말하자 휴는 갑자기 '안 돼', '안 돼' 하며 울상
을 지었다.

　소다 워터 공장을 폭발시킨 알프레드 베이커는 최근에 그의 애마
잭과 파랗게 페인트칠을 한 멋진 웨건을 팔았다.

　그리고 우리들은 공장을 잃고 난감해 하는 그가 공장이 다 타버린
자리에 서서 불에 타버린 지면의 토대석과 검게 그을린 캬베츠 나뭇
가지를 무엇 때문인지 번갈아 보며 비교하고 있는 모습을 몇 번이나
보았다. 공장 벽에 붙여 놓았던 그 기념사진도 지금은 흔적도 없이
재가 되어 버렸다. 언젠가는 1톤 반 정도 되는 캐딜락을 한 대 사겠다
고 하던 그의 원대한 꿈은 이제 산산조각이 나 버린 것이다. 이제
그는 어떻게 될까?

그런데 갑자기 그가 본국 캘리포니아로 돌아갈 거라는 소문이 났다. 패트론은 미스 호카노. 즉 우직하고 선량한 그를 위해 그녀가 도항 비용 일체는 말할 것도 없이, 향후 1년 동안의 생활비도 충분히 보증을 할 것이라고 한다. 우리들의 노수위 크루크의 말에 의하면, 그 1년치 생활비 운운하는 부분에서 그녀와 아버지 사이에 약간의 의견 충돌이 있었다고 하는데, 결국 미스 호카노는 최종적으로 노판사에게 다음과 같이 주장하여 문제의 해결을 보았다.

"그럼, 좋아요, 아빠. 저 알프레드에게 이야기해서 앞으로 1년 동안 생활비를 보증할 테니까 실의에서 벗어나 다시 소다 파운틴을 시작할 의지가 생기면 될 수 있는 한 빨리, 아니 1년 후에는 다시 펄 시티로 돌아오라고 이야기할게요. 그럼 되죠, 아빠?"

그렇게 해서 노판사는 울며 겨자 먹기로 허락을 하고 말았다.

그리고 드디어 그 이야기가 구체화되어 여름 방학 열흘 전인 오늘은 알프레드 베이커와 이별을 하는 날이다.

아침 조회가 끝나자 우리 A교실에서는 오랜만에, 〈Aloha Oe(알로하 외)〉와 그녀가 좋아하는 〈Old Black Joe(올드 블랙 조)〉를 잇따라 불러야 했다. 우리들은 어느새 이게 무슨 일인가 하고 생각하게 되었다. 수면부족인지 살짝 부은 듯한 얼굴을 한 그녀는 뉴 드레스에 뉴 슈즈이다. 그리고 깊고 촉촉한 눈을 하고 잠시 동안 뭔가 하고 싶은 말이 있는 것처럼 주저주저하더니 이윽고 천천히 입을 열었다.

"오늘은 ……펄 시티의 여러분과 오랫동안 정이 들은……친구였던 소다 워터의 알프레드 베이커 씨와 헤어지는 날입니다. 여러분! 알프레드 씨는 펄 시티 퍼블릭 스쿨 및 생도 일동, 특히 5, 6학년 여러분에 대해 절대적인 애착을 느끼고 계십니다. 그러니 오늘 펄 시티 발 9시 45분 기차로 호놀룰루에 가시게 되었는데, 전송을 하고 싶은 사람은 지금 손을 들어 주세요."

말이 끝나자 생도들은 서로 얼굴을 마주 보았다. 그러나 아부쟁이 알레스를 비롯하여 여기저기서 생도들이 손을 들었기 때문에 우리들도 과감하게 손을 들었다. 그래서 만장일치로 알프레드 베이커의 출발을 전송하기로 결정되었다.

우리들 5학년 및 6학년은 미스 호카노와 앞서거니 뒤서거니 하며 신이 나서 정문을 지나 마을 쪽으로 몰려갔다.

"굿!"

"굿!"

그들은 상쾌한 아침 공기를 가슴 가득 들이마시고 미조(米鳥, 라이스 버드)처럼 시끄럽게 떠들어 대며 정거장으로 달려갔다.

역 앞 광장에 있는 두 그루의 나무 그늘에는 늘 두 대의 오토 모빌이 그곳이 마치 제 자리인 양 나란히 서서 낮잠을 자며 손님을 기다리고 있다. 언덕 끝자락에 위치한 캬베츠 고목나무와 잘 어우러진 에토 상점(스토어)의 벤치에는 열차를 기다리는 필리핀 모자(母子)가 파이를 먹으며 흰 개 한 마리를 쓰다듬고 있다. 아버지는 팥빵을 한손에 들고 벽에 달린 전화기에 대고 풀이 죽어 3개 국어를 적당히 나누어 쓰고 있다. 그 옆에 있는 당구장에서는 미인 아가씨 유키노가 아저씨 손님들을 상대로 7월 4일 미국 독립기념일 축제 당일 호놀룰루가 얼마나 활기차고 떠들썩한지에 대해 이야기하고 있다. 또 그 옆에 있는 이발소에서는…… 등. 페닌슐라 지선인 경편 기차는 오늘도 노란 객차 1량을 거느린 채 본선의 열차가 도착하기를 쓸쓸히 기다리며 졸려운 듯이 엑조스트(exhaust) 파이프의 흰 증기를 신음하듯 푹푹 내뿜고 있다. 이곳 차장(콘텍터)은 금 단추와 금 장식을 한 제복을 영원히 제공받지 못하고 부담 없이 사무원 풍 와이셔츠의 소매를 걷어 올리고 계속해서 느긋하게 옆으로 퍼진 몸을 하고 있다. 그리고 매일 질리지도 않고 그의 유일한 파트너인 젊은 엔지니어를 상대로 창고 앞 양지바른 곳에서 혹은 탱크 아래 그늘에서 좋아하는 외설이나 정담을 펼치고 있다.

우리들은 담쟁이 덩굴로 뒤덮인 공원 대합실에 들어가서도 앉아 있을 수만은 없어서, 물을 뿌리는 호스의 물이 아름답게 무지개를 그리고 있는 파크에 들어갔다. 길게 자란 그곳 잔디밭에서 남학생들과 여학생들은 뒤섞여 인도어 베이스볼을 하기도 하고 땅위로 뻗어 나온 벤얀 트리의 뿌리에 매달려 도깨비 흉내를 내기도 하며 잠시 동안 야단 법석을 떨고 있었다. 그러자 또 역장 겸 우편국장인 게르만 케플러(퓨필들은 심술궂은 그를 보고 저면 터키 꼬키오 꼬꼬꼬꼬 하며 험담을 해댔다.)가 넓은 이마에 파란 세이드를 깊게 그린 채 성가신 듯한 표정을 하고 나왔다.

"헤이 유 키즈! 왜 이렇게 소란을 피우는 거야? 그렇게 소란을 피우면 안 된다니까. 내가 일을 전혀 할 수가 없잖아. 어이, 어이. 그렇게 감 트리(반얀 나무를 의미) 껍질을 벗기면 안 되잖아! 어휴! 히비스커스하고 목련 꽃을 이렇게 꺾어서 어질러 놓다니, 이거 다 너희들 짓? 못 됐군! 못 된 짓 아냐?"

그는 계속 혀를 끌끌 차며 머리를 절레절레 흔들고 생도들을 향해 고함을 질러댔다. 그러나 미스 호카노가 벤치에서 교장다운 위엄을 보이며 조용히 일어서는 것을 보자, 그는 당황스러워하며,

"굿 모닝."

하고 민망한 표정으로 인사를 했다. 그리고는 주근깨투성이인 두 손을 어색하게 비비며 포켓에 질러 넣고 자기가 알아서 역장실로 들어갔다.

"저먼 터키 꼬끼요 꼬꼬!"

마가렛들을 태운 페닌슐라의 지붕 없는 패커드 한 대가 역 앞 광장으로 커브를 틀며 멈추었다. 그리고 그녀가 '시스터!'하고 카랑카랑한 목소리를 내며 장난감 같은 우쿨렐레를 신호 삼아 높이 들어올렸다. 미스 호카노는 그쪽으로 다가갔다. 그녀는 웃으면서 몸을 가볍게 날려 패커드에서 폴짝 뛰어 내렸다.

"그래? 아직이야?"

마가렛은 진지한 표정으로 묻고는 바로,

"굿 바이."

라고 하며 종종걸음으로 달려가서 다시 차를 탔다. 같이 있는 많은 사람들은 교회와 페닌슐라 사람들이었다.

"어디로(웨어)?"

미스 호카노가 그들에게 묻자 그들은 신이 나서 대답했다.

"아무데도(노웨어)."

"바이, 바이."

그리고 그들의 신명나는 패커드는 기분 좋은 엔진 소리를 내며 언덕을 가볍게 올라갔다.

그리고나서 얼마 안 있어 이번에는 붉은 칠을 한 뷰익[13]호 한 대가

언덕을 내려와서 광장을 가로지르더니, 역 대합실에 가로로 정차했다. 안에서 새로 맞춘 양복을 입고 산뜻한 차림을 한 알프레드가 두 손으로는 가방을 들고 입에는 시가까지 물고 살짝 햇볕에 탄 얼굴에 환한 미소를 지으며 모두의 앞에 나타났다.

"굿 모닝, 칠드런."

"헬로 프렌즈."

우리들은 전부 대합실에 모여들었다. 그와 미스 호카노가 잠시 서서 뭔가 말을 맞추고 있었다. 그녀가 '어텐션'이라고 하자 우리들은 일제히 그쪽을 바라봤다.

"여러분, 알프레드 씨가 여러분에게 아이스크림을 쏜다네요."

미스 호카노가 미소를 지으며 말했다.

그리고 이윽고 역 맞은편 지나거리에 있는 잡화상 마우런상점(스토어)의 마우런 모자가 레일 건너편에서 프레이저 박스 째 들고 왔다. 그래서 우리 50여 명은 그 날의 메뉴 스트로베리 아이스크림을 웨이퍼 끝까지 핥아먹으며 알프레드가 시작한 이별의 말을 들었다.

"에…… 여러분. 제가 이번에 코우스트로 떠나는데 대해 여러분의, 에헴 에헴, 이렇게 성대한 전송을 받는다는 것은 뭐라 해도 제게는 분에 넘치는 영광이라 생각합니다. 에……, 그러니까 원래 저는 이 펄 시티에는 열일곱 살에 홀연히, 그래요. 정말이지 홀연히 찾아와서, 아니 그 때는 아직 지금처럼 훌륭한 페닌슐라의 별장지도 확립되어

---

13 뷰익(BUICK)은 미국의 자동차 메이커 제너럴모터즈(GM)가 생산하는 승용차 브랜드. 1903년부터 제조.

있지 않던 시절이었습니다. 그리고 그게, 선라이즈 소다 워터 제조사업을 시작했고 그 이후 정말이지 20년 동안 저는 쭈욱 같은 일을 해왔습니다. 그리고 어느새 이 지역의 터주대감이 되어서 후원해 주시는 여러분의 부모님 내지는 형제자매분들과도 뭐 널리 교제를 하게 되었고 공장도 아시는 바와 같이 근근이 굴러왔습니다. 그런데 결국에는 부주의하게도 실수를 저질러서 이 지역과 여러분 전부하고도 이렇게 황망하게도 헤어지게 되었습니다. 이는 제 일생 일대의 슬픔입니다."

그는 감개무량하게 이쯤에서 말을 끊고 미스 호카노를 돌아보았다. 미스 호카노는 고개를 약간 숙이고 긴장을 했는지 희미하게 한숨을 내쉬었다.

"그러나 여러분, 이는 일전에도 미스 호카노하고 이야기한 바입니다만, 저는 코우스트에 간다고 해도, 그것은 여러분과 영영 이별을 하는 것이 아닙니다. 그러니까 말입니다, 추억의 장소인 어머니의 묘를 찾아뵐 겸 그 외에 세 명의 형제자매도 어떻게 살고 있는지 찾아가 봐야합니다만, 이번에 상처를 받아 실의에 빠진 제 마음을 위로할 생각으로 제 고향(물론 펄 시티가 제일의 고향이라고 한다면, 그곳은 제이의 고향입니다.) 캘리포니아 주 아일튼으로 돌아가는 것이고, 얼마 안 있어 권토중래라고 다시 정든 소다 워터 제조자가 되어 여러분의 품으로 돌아올 것입니다. 오오, 하와이여! 나의 인형! 패시픽 에덴! 제가 어찌 이곳을 잊을 수 있겠습니까? 그것이 1년이 될지 2년이 될지 3년이 될지 모르지만 그저 저는 될 수 있는 한 빨리 빨리 날개를 달고 다시 날 수 있기를 바랄 뿐입니다."

그는 이쯤에서 밝은 표정을 하고 눈을 깜빡거렸다. 역장 케플러는

창문으로 붉고 굵은 목을 쭉 내밀고 수상쩍다는 듯이 이 광경을 바라보고 있었다. 그리고 잠시 후에,

"뭐, 별 시답지 않은 이야기를."

하는 표정으로 다시 고개를 집어넣었다. 알프레드는 계속했다.

"그래서 여러분은 부디 교장 선생님 미스 호카노의 수완을 충분히 믿고 하는 말을 잘 들으세요. 선생님은 여러분을 아끼고 있습니다. 선생님은 여러분들도 아시는 바와 같이 마음먹은 일은 끝까지 이루어내는 신념이 강한 분이니, 정말이지…… 그래서 뭐, 이렇게 펄 시티 학교도 장대한 발전을 이룬 것이라 생각합니다. 부디 앞으로도 더 한층 미스 호카노가 발전하고 나아가 학교의 그리고 또 여러분의 앞날에 영광이 있기를 바라는 바입니다. 그쪽에 도착하면 길고 긴 편지를 펄 시티 학교에 보내겠습니다. 아니 이상 대단히 길어진 것 같습니다. 댓 올 땡큐."

그는 무심결에 머리를 긁적거리며 와인을 마신 것처럼 얼굴이 빨개졌다. 그리고 다시 미스 호카노를 향해 작은 목소리로 무슨 말인가 하고 있었다. 우리들은 이미 아이스크림을 다 먹어버렸고, 대부분은 처음 듣는 그의 지루한 고별사를 따분해하며 듣고 있었다. 이별을 하게 되면 남자라도 다른 사람이 된 것처럼 하지 않아도 될 말을 이것저것 들고 나와 주절주절 떠드는 게 습관인가 보다고 생각했다.

얼마 안 있어 시간이 되어 9시 45분 호놀룰루 상행 열차가 횡단보도 양쪽의 신호기 아래를 지나 유유히 역 구내로 들어왔다. 주위가 갑자기 술렁거리기 시작했다. 다른 승객도 대여섯 명 있었다. 필리핀 모자가 달려왔다. 알프레드는 여생도들에게서 꽃장식(레이)을 몇 개

받았다. 그것을 목에 길게 걸치자 이번에는 미스 호카노가 내민 색색의 선명한 꽃다발(부케)을 손에 들었다. 그리고 드디어 그는 흰 선이 그어진 일등객실에 올라탔다.

"굿 모닝, 미스터 베이커. 고잉 투 더 코우스트, 야? 댓 올 라이트. 덴 페어 웰. 렛츠 씨 유 어게인."

무뚝뚝한 역장은 알프레드를 붙잡고 할 수 없이 빠른 어조로 인사를 하고 있다.

기차가 Pearl City(펄 씨티)를 출발하는 순간 창문 바로 아래 서 있던 미스 호카노는 넓고 풍만한 가슴을 조용히 일렁이며 다시 한 번 반복했다.

"1년 있다가 알았죠? 알프레드⋯⋯. 그럼 마하로(Mahalo)[14]⋯⋯."

알프레드는 새로 산 줄무늬 중산모를 높이 들었지만, 하얗고 긴 플랫 홈 끝에서 차츰 작아져 가는 열차 창문으로 상반신을 내민 그의 모습을 우리들은 알아보고 언제까지고 때 아닌 환호를 보냈다. 미스 호카노는 생각 탓인지 손수건을 힘없이 흔들어대며 조금 흥분해서 붉어진 눈으로 멀어지는 열차를 가만히 지켜보고 있었다. 그러나 그 순간 그녀는 묘하게 밝은 표정을 하고 있었다. 그래서 손가락을 입에 댔다가 던지는 시늉을 하는 키스에 재능이 있는 그 알프레드는 역시 미스 호카노의 마음을 담은 부케를 가슴에 안은 채 일군의 사람들 사이에서 특히 윙크도 하지 않고 다크 써클이 짙어진 그녀의 이별의 표정을 일순 잘 못 보았다고 생각하지는 않았을까?

⋯⋯⋯⋯⋯⋯⋯⋯⋯⋯

14 고맙다는 의미의 하와이어.

그날 나와 휴는 일찌감치 캬베츠 꽃이 드문드문 피기 시작한 숲속 길을 걸어서 집으로 돌아오며 이런 이야기를 했다.

"이렇게 해서 아무래도 선 라이즈 소다수도 마실 수 없게 되고 또 알프레드도 없으니 펄 시티가 한층 쓸쓸해진 것 같지 않아? 그렇지?"

나는 그의 옆에서 입을 꾹 다물고 있었다. 그는 계속한다.

"아아, 아. 드디어 미스 호카노, 사랑의 일주년인가. 그런데 교장 선생님(프린시플) 앞으로 또 할 일이 있네. 그건 그렇고 이틀 정도 전 저녁에 호카노 그 여자가 공동묘지 잔디 위에서 알프레드의 이름을 불러대기도 하고 훌쩍훌쩍 울기도 하며 대단한 장면을 연출했다잖아. 그 대단한 그녀도 네 번째 실연을 하면 어쩌나 해서 공을 들였겠지. 무리도 아니지……."

그가 남일 같지 않다는 표정을 지으며 영탄조로 말한다.

"쓸데없는 이야기 그만 둬, 휴. 센티멘탈은 금물이야. 그하고 그녀는 그냥 묘지에서 신선한 공기를 가슴 가득 들이키며 장쾌한 로얄 팜 글로브 사이를 산책한 것에 지나지 않는 거야. 그리고 알프레드는 저렇게 운 좋게 여행을 떠났고 미스 호카노는 앞으로도 변함없이 명교장으로 남을 거야. 정말로 알프레드가 말한 그대로지."

그는 뭔가 할 말이 더 있는 것 같았다. 그러나 목소리를 낮춰 더듬거리며 덧붙여 말했다.

"그래도 나오도, 호카노의 회초리는 앞으로 더 가혹해질 거야. 일단 내일은 롱펠로[15]의 「마일즈 스탠디시의 구애」야. 싫다 싫어. 쳇!"

---

15 헨리 워즈워드 롱펠로(Henry Wadsworth Longfellow, 1807.1.27~1882.3.24). 미국

그리고 몸을 움추리는 시늉을 했다.

"그리고 미쓰요가 「하이워어사의 노래」인가?"

나도 웃지 않고 그를 흉내내며 어깨를 움츠렸다.

그러나 내게는 그런 일은 어찌 돼도 상관이 없었다. 이제 일주일 남짓 지나면 긴 여름방학(서머 버케이션)이다. 그리고 7월 1일부터 두 달 동안 아버지의 짐마차(웨건)를 타고 기분 좋은 누나들 일단(휴는 가지 않겠다고 한다.)과 마우카의 파인애플 제조장(캠프)에 가서 일을 할 것이다. 9월의 신학기가 시작되면 호놀룰루의 카이울라니 스쿨(센트 루이즈 입학 건은 휴의 실격으로 중지가 되었다.) 제7학년으로 통학을 하게 되어있는데, 거기에 드는 학자금 일부를 벌기 위해서이다. 그래서 나는 그 동안 미스 호카노의 힘든 회초리를 참고 기분 좋게 받아들여야지 하고 일찌감치 결심했다. 다만 옆에 있는 휴에게는 그 사실을 말하지 않았다. 말을 하면 그는 분명 안 그래도 울상인 얼굴에 초조한 빛을 더해 다음과 같이 되풀이해서 말할테니까 말이다.

"유는 나오도, 그래도 되겠지만, 미는, 미는 도대체 어떻게 되는 거지? 또 낙제를 해서 유하고 같이 호놀룰루의 학교에도 갈 수 없고, 결국은 미스 마쓰모토하고 같은 학년으로 일년 내내 회초리를 맞는 거지. 지금은 모든 것이 불안하기만 해. 미는 조만간 학교를 그만두고 매일 아빠하고 모터 보트라도 타고 돌아다닐까?"

― 1930년 10월

....

의 시인이자 교육자. 유럽적인 각운을 사용하여 미국 토속 전설을 옮긴 장시 3편, 「에반젤린(Evangeline)」(1847), 「하이워어사의 노래(The Song of Hiawatha)」(1855), 「마일즈 스탠디시의 구애(The Courtship of Miles Standish)」(1858)를 집필.

사탕수수 밭 화재

——— 1 ———

비가 심하게 내리고 있었다. 높은 전봇대가 늘 왼쪽이나 오른쪽에 우뚝 서 있었는데, 그것이 몇 십 개, 몇 백 개였는지 모른다. 선로 위 침목을 하나하나 발로 누르듯 계속해서 걷고 있었는데, 검은 야자 나무 숲 옆을 지나갈 무렵부터 비는 드디어 소나기로 변했다. 그리고 사탕수수 밭 언덕과 바다가 좌우로 펼쳐질 무렵에는, 사탕수수와 바다를 두들겨대는 빗소리에 일가족은 서로 말을 알아들을 수도 없게 되었다. 게다가 바람도 기세를 더해 몰아쳤기 때문에 전봇대는 끊임없이 머리 위에서 짐승처럼 윙윙 소리를 내며 신음하고 있었고, 침목도 물에 잠겨 흐물흐물 붙은 곳이 있었다. '엄마'가 불안해하자 나는 머리에서 발끝까지 우비를 푹 뒤집어 쓰고, 엄마 손을 잡고 있었다. 요시에를 업고 역시 우비를 화살오징어처럼 뒤집어쓰고 있는 엄마는 내 목소리가 날 때마다 손에 힘을 꽉 주어 끌어당기며, 마치 100미터 정도 떨어져 있는 사람에게라도 이야기를 하듯이 대답을 했다. 두 세 칸 앞쪽에서는 키가 큰 아버지가 챙이 넓은 헬멧 같은 모자에 외투처럼 두꺼운 겉옷을 입고서 등에는 감당할 수 없을 만큼 많은 짐을 잔뜩 짊어지고 걷고 있다. 누나 마리에는 바위처럼 믿음직스러워 보이는 아버지의 그 모습을 응시하듯 아버지와 엄마 사이에서 아버지 쪽으로 갔다가 혹은 엄마 쪽으로 갔다가 하며 종종 걸음으로 걷고 있었다. 엄마의 오른손을 잡고 싶었지만, 그쪽에는 짐이 하나 들려 있었다.

급기야 목표로 하는 구역에 들어왔다고 보였는지 아버지가 격려하듯 자꾸 목소리를 내고 있다. 엄마는 그 말을 알아듣기 힘든지 몇 번이고 되물으며 대답하고 있었다.

"이제 다 왔네."

엄마가 내게 알려줬다.

"와이아와에 온 거야?"

"와이아와에 온 거지?"

나하고 누나는 어쩐지 갑자기 살아난 듯이 목을 쭉 빼고 주변을 둘러보기 시작했다. 오른편으로는 역시 바다가 보였지만, 왼편에는 아주 가까이 보였던 사탕수수 밭은 멀어지고 밭과 캬베츠 숲이 시작되었다. 군데군데에는 하얀 벽을 한 인가가 비를 맞아 수증기를 발하는 것이 보였다.

인가가 있는 잡목림을 바로 왼쪽으로 돌아 얼마 안 있어 아버지가 뭔가 큰 소리로 외치며 선로를 내려와서 카카이(갈대의 일종)가 무성하게 자란, 손질이 되지 않은 밭과 깨끗하게 손질이 된 밭 사이로 난 좁은 길을 걷기 시작했다. 200미터 정도 앞에는 커다란 오하이 나무 두 그루가 울창하게 우산을 펴 놓은 듯 우뚝 서 있었고, 그 아래

로는 거므스름한 집이 보였다. 우리들이 지나온 쪽에서는 끊임없이
기적 소리가 어둠을 가르는 듯 했고, 이윽고 기차가 신음하듯 증기를
좌우로 내뿜으며 윙하고 땅을 울리며 지나갔다.

  돼지우리와 텃밭의 흔적으로 보이는 황폐한 곳을 지나자 마당이
나왔다. 그 집과 정원, 그리고 취사장(키친), 뒤꼍의 공터를 반쯤 뒤덮
을 정도로 넓게 퍼진 두 그루의 오하이 나무 밑에 오자, 무성한 나뭇
가지와 잎 사이로 떨어지는 빗방울이 실을 늘어뜨린 것처럼 여기저
기 떨어져서 마당이 온통 곰보가 되어 있었다. 닭장이 없는 닭들이
취사장 처마 밑에 비에 젖은 채 모여 있다.

  우리들이 도착해도 아무도 나오지 않았지만, 널조각지붕도 굽어져
있고 복도 바닥도 군데군데 벗겨진 연립 단칸방 식으로 된 세 집 중
가운데 집에는 램프가 켜져 있는지, 저녁 전인데도 아무렇게나 열어
놓은 동굴 같이 어두운 다른 방보다는 약간 밝은 편이었다.

  아버지는 오른쪽 집 앞의 낮은 계단을 두 세 개 올라가 무거운 짐
을 복도에 내려놓고 등불이 켜진 방 앞으로 갔다. 그리고 잠시 망설이
더니 '안녕하세요'하고 사람을 불러 보았다. 처음으로 누군가 나왔고,
아버지는 우리들 쪽을 돌아보며 무슨 말인가 했다. 이윽고 여자가
나와서, 복도를 따라 아버지가 짐을 내려놓은 방 문 앞까지 안내했다.
그리고 마당에 서 있는 우리들에게도 갑자기 생긋 활짝 웃는 얼굴을
하며 오라고 손짓을 했다.

  복도로 올라가서 우비를 벗어서 털자, 여자 대신 이번에는 육십에
가까워 보이는 노인이 찌푸린 얼굴을 하고 나왔다. 그는 우리들이
우비를 입고 있어도 모자와 몸체가 연결되는 곳이나 소매 부분이 젖

어있고, 바지나 기모노를 무릎까지 걷어올리고 비에 흠뻑 젖어 맨발로 서 있는 모습을 보고는 말없이 취사장(키친)에서 양동이를 가지고 와서 차양에서부터 발처럼 복도 가장자리로 떨어지는 낙숫물 아래에 놓아 주었다. 그리고는 하늘을 살피며 '비가 심하게 오네'라고 혼잣말을 하며 다시 램프가 켜져 있는 방으로 사라져 버렸다.

기모노를 갈아입고 돗자리가 깔려 있는 방으로 들어갔다. 어두침침한 12조(疊)[1] 정도의 방을 둘러보니, 빗방울이 서너군데 떨어지고 있었다. 그것을 피하려고 엄마 쪽으로 다가가자 지금까지 엄마 등에서 새근새근 자고 있던 요시에가 등에서 내려놓는 바람에 늘 그렇듯이 으앙 하고 평소보다 큰 목소리로 울기 시작했다.

"울루루루루루루."

엄마가 얼르며 다시 무릎 위에 안고 젖을 물리자 울음을 그치고 젖을 빨기 시작했다. 누나는 그것을 보고 있었지만, 다른 생각을 하는 듯,

"엄마, 이 집 어둡죠?"

하고 물었다. 엄마는 거기에는 대답하지 않고,

"마리에, 지나 가방에서 크래커 좀 꺼내 주렴."

라고 부탁했다. 아버지는 커다란 보따리에서 짐을 꺼내며 슬슬 방 정리를 하기 시작했다. 엄마는 등을 굽히고 아삭아삭 크래커를 먹고 있었다. 그러나 가끔씩 한숨을 쉬는 모습을 하고는 크래커를 먹는

---

1 다다미의 장수를 세는 단위로 방의 크기를 나타냄. 크기는 지역별로 다르지만, 도쿄를 기준으로 176cm x 88cm.

것과는 다른 동작을 하듯이 눈을 감았다 떴다 하고 있었다. 아버지에게도 크래커를 권했지만 아버지는 돌아보지도 않고 거미줄이나 먼지를 터는 동작을 반복하며 열심히 방 정리를 하고 있었다.

때때로 나무판으로 된 벽 하나를 사이에 둔 옆방에서는 뭔가 살기 어린 사람들 소리가 떠들썩하게 들려왔다. 그리고 잠시 후에는 무슨 소린가 나더니 무거운 침묵이 이어졌다.

"엄마, 옆집 왜 저럴까?"

나는 크래커를 먹다말고 물어보았다.

"무슨 일인지 모르지."

엄마는 퉁명스럽게 대답했다.

얼마 안 있어 웅성웅성 하는 소리가 나더니 사람들이 일어서는 것 같았다.

"아무래도 오늘은 날이 안 좋네."

"또 내릴 것 같아."

"엄청나게 내리네. 젠장!"

그런 말을 하며 돌아가는 것 같았다.

입구에서 밖을 내다보니, 역시 우비를 입은 남녀 열일고여덟 명이 뒤도 돌아보지 않고 줄줄이 마당을 가로질러 돌아가는 것이 보였다.

"저 사람들 뭐지?"

나는 그렇게 무리를 지어 돌아가는 사람들의 수가 많은데 놀라서 물어보려 했지만, 아버지는 그런 일에는 신경도 쓰지 않고 망치로 방 여기 저기에 못을 박기 시작했고, 엄마는 요시에를 재우고 있어서 목소리를 내는 것이 조심스러웠다.

그러자 누나가 아버지에게 물었다.

"아빠, 여기가 이제부터 미들의 집이에요?"

그러자 아버지는 처음으로 입을 뗐다.

"그래 우리 집이야."

—————— 2 ——————

그 다음 날은 언제 그랬냐는 듯이 날씨가 활짝 개었다. 그리고 우리들은 비로소 이 지역이 생각보다 밝다는 것을 알게 되었다. 집 양쪽에 육중하게 버티고 서 있는 두 그루의 커다란 오하이 나무는 가지 끝 이파리 마다 작고 예쁜 담홍색 꽃을 잔뜩 달고 있었고, 참새는 군데군데 보리 짚으로 지은 집에서 즐겁게 지저귀고 있었다. 그리고 그들 사이로 흘러나오는 햇빛은 땅바닥에 아름다운 얼룩무늬를 그리고 있었다. 우리들의 방에는 창문이 두 개 있었다. 서쪽으로 난 작은 창문 밖에는 잡초와 약간의 잡목이 자라고 있는 공터가 있었고, 그 뒤로는 길을 사이에 두고 완만한 언덕으로 올라가는 사탕수수 밭이 쭉 펼쳐져 있었다. 북쪽으로 난 커다란 창문 쪽은 바로 마당에서부터 올라가는 약간 언덕진 길로, 공터와 파파야나무 숲으로 둘러싸인 이웃집과의 사이를 지나 사탕수수 밭과 이 부락 사이를 이어주는 길로 통하고 있다. 언덕 중간에는 오하이 나무가 있었고, 그 굵은 밑동 맞은편에 오래되어 보이는 우물이 있었다. 마당에 접해 있는 취사장(키친)이 반쯤 보인다. 앞쪽의 선로 맞은편에는 진주만(펄 하버)으로, 온

화한 파도가 미풍을 실어 나르며 끊임없이 일렁이고 있다. 진주만(펄하버)의 수많은 강어귀 중 하나인 이 바다 왼편에는 커다란 야자나무나 여러 가지 나무로 이루어진 숲이 저 멀리 보이고 그곳에는 아름다운 배나 요트가 드나들고 있었다. 그 맞은편에는 사탕수수 밭 말고는 아무것도 없는 육지가 잠을 자듯 가로 누워 있었다. 사람들은 자연스럽게 그곳을 무코지마(向島)²라고 불렀다.

집안은 이제 완전히 사람 사는 집처럼 되었고, 아버지는 여기저기 흩어져서 사는 부락 사람들에게 인사를 하러 갔다. 엄마는 완전히 기운을 차리고 취사장을 정리하고 있었다.

이웃 방에서는 오늘 아침에 시간이 꽤 되었는데도 아무 소리도 나지 않았다. 살짝 들여다보려고 가보니, 방에 어울리지 않는 크고 훌륭한 침대가 안쪽에 자리를 잡고 있었고, 그곳에는 어제 양동이를 들어준 노인이 벌러덩 누워 기계 팽이를 실 위에 올려놓고 혼자 놀고 있었다. 나는 얼굴에 어울리지 않게 혼자서 팽이를 즐기고 있는 노인을 보고 성큼성큼 안으로 들어갔다.

그러자 노인은 딱히 놀란 기색도 보이지 않고 위를 향해 누운 채,
"어제 밤에는 잘 잤나?"
라고 물었다. 내가 잘 잤다고 대답을 하자,
"이사온 지 얼마 안 되었으니 좀 기분이 안 좋을 수도 있어."
하고 혼자 말처럼 대꾸했다. 침대 옆에는 커피 끓이개를 올려놓은

---

2   맞은편 섬이라는 의미로 도쿄(東京)의 무코지마(向島), 히로시마(広島)의 무카이시마(向島) 등 지명으로 사용됨.

곤로가 있었고, 돗자리 위에는 빵 봉지가 뒹굴고 있었다. 쥐가 어두운 구석에서 들락거리고 있다. 노인은 손을 뻗어 내게 빵을 한 조각 주고는, 나이는 몇이냐, 지금까지 어디 살았냐 하며 조금씩 묻기 시작했고, '이제부터 유의 파파도 운이 따를 것'이라고 했다. 이 할아버지의 성은 노히라(野平)라고 했다."

"또 하나 있는 방에는 누가 살아요?"

내가 호기심을 이기지 못하고 물었다. 그러자,

"방 하나 하나의 상황을 다 알아 버리는 것은 좋지 않아. 저거 말이지? 저기에는 사람이 안 살아. 즉 옛날에 이곳에 지나인 대가족이 있었을 때 사용했던 창고야."

라고 웃으며 대답했다. 그리고 일어나서 내게 창문 하나 없이 폭이 좁고 어두운 방을 보여주었다. 그곳에는 좁은 통로 한 가운데를 기준으로 좌우로 여러 가지 모양의 상자나 통이 놓여 있었고 곡물이나 겨 냄새가 코를 찔렀다. 망가진 마구나 빠진 마차 바퀴 같은 것이 음산하게 벽에 걸려 있다.

나는 이 노히라 노인과 친해진 것이 매우 기뻤다.

그런데 그날 저녁이 되자 또 열일고여덟 명이 되는 사람들이 마당을 가로질러 찾아왔다. 그 중에는 어린아이도 두세 명 섞여 있었다.

나는 노인과 친해지는 데만 급급해서 어제부터 물어봐야지 물어봐야지 하고 생각했던 그 사람들에게는 생각이 미치지 못한 것이 후회가 되었다. 그러나 이제 늦었다. 십 수 명이나 되는 사람들이 그 방으로 들어가고 나자 어제와 달리 그 문은 굳게 닫혔고, 그 노인도 나오지 않았다.

　나는 그 방안에서 무슨 일이 일어나는지 궁금해서 견딜 수가 없었다. 엄마는 나에게 그 방 가까이 가지 말라고 주의를 주었다. 그러자 나의 호기심은 점점 더 심해졌다. 아버지가 인사를 하고 돌아왔다. 그러자 엄마는 아버지에게 작은 목소리로 무슨 이야기인가를 했다.

　"미네."

　아버지가 얼굴을 찌푸리며 내 이름을 불렀다.

　"내일부터 학교에 가거라. 이 동네에서도 열 명 가까이 다닌다고 하니 말이다."

　이런 이야기를 하는 가운데 한 여자아이가 취사장 옆으로 얼굴을 내밀고 이쪽을 보고 있는 것이 보였다. 내가 모르는 척 하고 뾰로퉁한 표정으로 오하이 나무를 올려다보고 있자 풀썩 하며 참새 집이 하나 뚝 떨어졌다. 다가가 보니, 모자 정도 크기의 새집 안에는 아직 눈도 뜨지 못한 벌거숭이 참새새끼 세 마리가 노란 주둥이를 벌리고 울고 있었다. 내가 그것을 주워 들려고 하자 아까 그 여자아이가 내 팔을 잡으며,

　"더러우니까 하지 마."

라고 말렸다. 나는 여자아이와 새집의 참새새끼를 번갈아 보고 있었다. 그 때 지나가던 길에 우리 두 사람의 모습을 본 엄마가

　"살아있는 것을 괴롭히면 안 돼, 미네."

라고 했다. 그 바람에 여자아이는 내 손을 놓았지만,

　"미네, 이거."

하면서 내게 오비히(말린 모래무지)를 하나 쥐어주었다. 나는 여전히 새집에 마음이 끌려 그것을 받아들고, 그녀가 같이 건네준 나이프로

검은 오비히를 잘라 입에 넣었다. 그리고,

"유, 미의 이름 어떻게 알았어?"

라고 물었다.

"아니, 뭐, 유의 마마가 지금 말했잖아."

그녀는 이렇게 말하며 스커트의 다른 주머니에서 폭이 넓은 분홍색 리본을 꺼내 머리에 장식을 하고 있었다.

"미의 이름은 가와하라 유키노(河原ユキノ)."

그녀는 내 쪽을 훔쳐보듯 말하고는 차차 미소를 띠었다.

"이 집에 계속 있을 거야?"

"미는 몰라."

"기분이 좀 나쁜 집이지만 이제부터는 괜찮을 거야. 유들이 왔으니까."

이렇게 말하고 나서,

"이 집 뒤 덤불(부쉬)에 잠자리 많아."

라며 갑자기 신이 나서 가자고 했다.

석양에 빛나는 고추잠자리를 잡아서 돌아오니, 아까 그 참새는 사라지고 새집은 텅 비어 있었다.

"엄마, 참새는?"

나도 모르게 목소리가 날카로워지며 물었다.

"미는 몰라."

이렇게 대답을 하기는 했지만, 옆집으로 달려가는 검은 고양이를 보고는 잠자리를 유키노에게 던지며,

"유가 그런 말을 했지?"

하고 화를 냈다. 그리고 엄마에게 떼를 쓰기 시작했다.

"엄마, 고양이가 참새 잡아먹은 거 아냐?"

그 때 나는 누나 나이 정도 되는, 낯선 여자아이가 또 한 명 취사장으로 들어가는 것을 보았다. 옷차림은 어딘지 초라해 보이지만, 이렇게 피부가 흰 여자는 대체 누구일까? 그녀가 살짝 미소를 띠고 지나간 자리를 눈으로 쫓고 있자 유키코가,

"저건 무코지마에 사는 여자야."

라며 뭔가 꿈을 꾸는 듯 말했다.

나는 그것이 무엇을 의미하는 것인 줄 몰랐고 또 그런 것에는 신경도 쓰지 않고 다시 그녀의 뒷모습에 눈길을 주고 있었다. 그리고 그녀 역시 가운데 집으로 들어갔다.

나는 드디어 그 방 안의 모습을 알고 싶어졌다.

그때였다. 갑자기 방 출입문을 뻥 차고 사람들이 다투는 소리가 났다. 그리고 물건들이 날아가는 소리, 깨지는 소리, 외치는 소리, 여자가 울부짖는 소리가 속속 들려왔다.

아버지도 뛰어나갔지만 엄마는 내 손을 잡으며,

"위험하니까 가지 마."

라고 야단을 치듯이 말했다.

그러는 동안 차차 조용해졌고 다시 문이 닫혔지만, 아까 그 여자아이나 다른 두세 명의 어린 여자애들이 얼굴이 파래져서 어둑어둑해진 마당 끝에 오도카니 서 있었다.

유키노는 이제 아무데도 없었다.

이윽고 머리에 붕대를 감은 사람이나 옷매무새가 흐트러진 사람들

이 서너 명 섞여서 어제처럼 돌아갔다. 어제 아버지를 안내한 여자는 아까 그 누나 정도 되는 여자아이를 어서 가자고 재촉을 하면서 어머니에게 호들갑스럽게 인사를 하고는 물러갔다.

그러나 그 여자는 혼자 다시 돌아왔는데, 잠시 옆방에 있나 싶더니 우리 집으로 찾아왔다. 램프 아래에서 보니, 그 여자는 머리를 부풀리고 있었고 목이 가늘고 길었으며, 마흔 치고는 젊은 눈동자를 한 얼굴이었다. 아래턱에는 살짝 베인 흉터가 빛나고 있었다. 그런 얼굴을 한 그녀는 웃으면 금니인지 뭔지가 번쩍거리는 입을 살짝 옆으로 벌리고 웃으며, 카나카 옷을 입은 무릎을 옆으로 해서 앉고는, 아버지에게 작은 소리로 그러나 진지한 목소리로 이야기를 하고 있다.

아버지는 그에 대해 그저 웃으며 대답을 하고 있었다. 그녀는 램프 아래에 모여 있는 우리들을 보더니,

"그러니까 한 번 해 볼 생각은 없나 해서 이렇게 이야기해 보는 거예요."

여자는 들이대듯 말했다. 그러나 아버지는,

"아무래도 원체 재주가 없어놔서."

라고 얼버무리며 일어섰다. 여자도 일어섰지만, 취사장으로 가는 아버지를 따라가지는 않고 히라노 노인의 방으로 간 것 같았다. 이제 아홉 시가 다 되었다. 나는 자려고 북쪽 창문이 있는 곳에서 잠옷으로 갈아입으려고 하다가 바깥을 내다보았다. 램프가 매달려 있는 취사장에서 아버지와 아까 그 여자(오토요 씨라고 했다.)가 좁은 오두막으로 들어가는 문 앞에 앉아 이야기를 하고 있었다. 그 모습이 아궁이 위의 듬성듬성한 격자창을 통해 보였다.

—— 3 ——

열일고여덟 명의 사람들은 거의 매일 왔다. 늦게 두세 명이 더 오는 경우도 있었다. 그리고 날씨가 나쁜 날은 낮부터 대개는 저녁 무렵부터 9시, 10시까지 늦을 때는 12시 지나서까지 옆방에 있었다. 때로는 술이라도 마시는지 이상하게 분위기가 들떠 있는 일도 있었다.

어느 날, 나는 그들이 찾아오는 바다 쪽으로 가 보았다. 화물열차역이 있는 강 입구 쪽, 배가 떠 있는 곳에서 멀찌감치 떨어진 해초가 자라고 있는 해변에 나무판 하나로 된 가늘고 긴 선창이 있었고, 그곳에는 낡은 가솔린 보트 한척이 매여 있었다. 그리고 그 배 안에는 어린아이들 십여 명이 있었고 언젠가 그 여자아이도 있었다.

"유들의 아빠하고 엄마는 어디 있어?"

나는 물어보았다. 그러자 무릎 위에 작은 여자아이를 앉고 있는 그녀(14세, 미야코 양이라고 한다.)가,

"저기."

하며 우리집이 있는 오하이 나무 쪽을 가리켰다.

"뭘 하고 있는데?"

그러자 갑자기 미야코는 몸이 경직되었다.

"저기서 사탕수수, 하나하나(노동)."

하고 턱으로 바다 쪽을 가리켰다. 그곳에는 백인(하오레)의 별장지인 페닌슐라와 마주보고 있는 무코지마가 가로 놓여 있었다. 그렇게 말한 후에 그녀는 바쁜 듯 아이들을 달래며 일어서서 판자 한 장으로된 선창 위를 산보하고 있었다. 그 모습을 바라보는 내 눈에는 그런

그녀의 모습에 어딘가 벌써 '어른' 같은 구석이 있어 보였다. 배 가장 자리를 잡고 있는 어린아이들은 말이 없었고, 어떤 아이는 잠을 자다 일어난 듯이 혹은 울고 난 후처럼 반쯤 입을 벌린 채 그저 나를 낯선 사람을 볼 때와 같은 표정으로 보고 있었다.

"유들 학교에 안가?"

이렇게 물어보니,

"전에는 다녔었는데."

라고 미야코가 맞은편 끝에서 대답했다.

"지금은 왜 안 다녀?"

그러나 이 질문에 대해 그녀는 아무 대답도 하지 않았다. 그리고 어쩐지 살짝 슬픈 표정을 보였다. 그녀의 흰 이마에는 머리카락 몇 가닥이 바람에 나부끼며 부드럽게 흘러내리고 있었다.

내가 돌아가려 하자,

"유의 누나는 어디 갔어?"

하고 묻는다.

"페닌슐라에 식모살이 하러."

이렇게 대답하자, 그녀는 고개를 숙이고는 말이 없었다.

누나는 이곳에 온지 며칠 안 되어서 벌써 페닌슐라에 있는 백인(하 오레)의 집에 식모살이를 갔다. 몇 달 남지 않은 학교 따위 조금도 아깝지 않다고 한다. 나는 아버지의 명령대로 매일 새로운 넥타이를 하고 펄 시티의 학교에 다니기 시작했다. 나와 동년급인 유키노가 매일 아침 학교에 같이 가자고 나를 찾아온다. 끝이 나면 그녀는 매일 나를 부락 여기저기로 데리고 다녔다. 도시에서 자란 나에게는 이 부락은 어쩐지 풍요롭고 신선했다. 망고 나무를 올라가는 것을 가르쳐 준 그녀는 바닷바람에 날리며 게를 낚는 선생님이었고 차가운 시냇물에서 수영하는 것을 가르쳐 주었으며 그 시냇물의 발원지인 바나나 밭으로 거슬러 올라가 그곳에서 노랗게 익은 바나나 서리를 하는 지혜를 알려주었다. 또한 언젠가는 벼에 앉은 참새를 쫓는 일을 맡게 되었는데, 유키노가 점점 ·····························를 표시해 와서, '유키노는 이상하네'라고 생각했다. 유키노는 그 다음날 밤에······························, ····························일본 노래가 들어간 레코드를 듣고 있는데 몸이, ····························라고 나에게 살짝 귓속말을 했다. 내가 누나에게 그 이야기를 하자, 누나는, '노글 걸(불량소녀)'이라고 하며 눈이 휘둥그레졌다.

　이렇게 해서 이곳에 온지 일주일 동안 기울어진 집도 황폐해진 밭도 조금씩 손질이 되었지만, 아버지는 아직 확실한 일을 잡지는 못했다. 집 뒤 공터에 있는 잡목을 베거나 울타리를 치거나 밭을 촉촉하게 하기 위해 연못의 물을 바꾸거나 돼지우리를 수리하거나 바나나 나무를 다시 심거나 했다.

　아침에는 닭들의 소리를 들으며 잠이 깼다. 그 닭들은 아버지가 오하이 나무에 만들어 준 높은 횟대 위에서 꼬꼬댁하고 시간을 알리기도 하고, 푸드득푸드득 날갯짓을 하며 마당 끝 혹은 그들을 위해 새로 만든 닭장 앞으로 내려오기도 했다.

　집 주변이 점점 밝아졌다.

　그러나 무코지마의 그 사람들은 여전히 매일 찾아왔다.

어느 날 나는 창고 겨에 묻어둔 파파야가 이제 익었겠지 하고 안쪽 방 앞을 지나갔다. 그 방 입구는 반쯤 열려 있었고 안에서는 언젠가 그림책에서 본 '암굴 속의 향연'처럼 벌거숭이가 된 남자들이 한 단 높은 자리에 거의 흘러넘칠 만큼 빙 둘러 앉아 있는 장면이 보였다. 그들은 번득이는 눈과 빛나는 이마를 하고 하나의 램프 아래 모여서 뭔가 이상하게 긴장을 하고 있었다. 오토요(お豊)라는 여자(무코지마의 여자라고도 한다.)의 얼굴이 보이고 다른 여자들도 서너 명 섞여 있었다. '정(丁)', '반(半)'이라고 소리를 질렀고, 다시 주사위가 밥그릇에서 떨어졌다.

"좋아! 드디어 ……다!"

"또 두 달 동안……인가?"

"젠장, 해 봐!"

"정!"

"반!"

"갓 뎀! 결국 진 건가? 오미쓰(光)………!"

"좋아, ………! …………………………."

여자는 ……………………………한 손을 놓았다.

걸핏하면 살벌한 기색이 보였다. 노히라 씨는 가만히 생각하듯이 팔짱을 낀 채 '무코지마의 여자' 옆에 앉아 있었다. 나는 언젠가 유키노에게 들은 도박이란 게 이런 것이구나 하며 반쯤 공포심과 함께 빨려 들어가듯이 한 걸음 한 걸음 입구로 들어갔다. 그 때 노히라 씨가 내 모습을 보고 험악한 표정을 지어 보였다. 하지만 일어나서 내게 다가와 10센트를 때리듯 손바닥 위에 올려놓고, 이곳에 오면 안 돼 하며 야단치듯이 달렸다.

　나는 이제야 비로소 우리가 이사를 온 날부터 그들이 거의 매일같이 모이고 있는 비밀을 알 수가 있었다. 그러나 그 비밀스런 일은 그들을 일에서 멀어지게 하고 아이들을 학교에 보내지 않게 했다. 그것은 대체 왜 그렇게 절대적인 것일까? 또한 그들이 그 멀고 먼 무코지마에서 바다를 건너 이곳에까지 와서 그것을 해야 하는 이유는 대체 무엇일까?

———— 4 ————

　엄마는 닭을 키우는 이웃집 다사카(田坂) 네 마마(아주머니의 뜻)와 우물가에서 이야기를 하고 있었다.

　"그야 애들 교육을 말할 계제가 못 돼죠. 부모들이 그런 식이니. 이쪽에서야 놀음을 한다지만, 무코지마에 돌아가면 무코지마대로, ……."

　이렇게 다사카의 마마는 뭔가 생각하는 것처럼 소리를 죽이며 말했다.

　"좁은 방에 부녀자도 홀아비들도 같이 모여서 말이에요. 큰일이에요."

　엄마의 목소리는 들리지 않는다.

　"네, 네, 저러다 조만간, 놀음을 하다……………에요. 언젠가 그런 일로 한밤중에 목욕탕에서 싸움을 하다가 사람이……………………해 버렸지만, 무코지마 캠프에서 일어나는 일이니 아무도 모르죠."

그 때 유키노 네 아빠의 참새를 쫓는 철포 소리와 함께 산탄이 취사장을 덮치는 소리가 함석 지붕 위에서 났다. 나는 혼자서 밥을 먹고 있었다.

"엄마, 가와하라 아저씨 안 되겠어. 또 철포를 이쪽에 대고 쏘고."

엄마들의 이야기가 멈추었다. 그리고 다른 이야기가 시작되었다. 그곳에는 노히라 씨가 세수를 하러 와 있었다. 노히라 씨는 요즘 점점 더 일찍 일어나고 있다. 오토요는 가끔은 자고 갔지만, 무코지마로 돌아가는 일이 많았다. 여자는 전에는 노히라 씨의 아내(와이프)라고도 했고, 그 인연으로 무코지마 사람들은 어려움을 피해 이곳에서 도박장을 열고 있는 것이라고 하는 사람도 있었다. 즉 캠프에서 도박장을 열면 플랜테이션 감독이 바로 눈치를 채지만, 이곳으로 오면 일을 하는 것으로 생각하기 때문이라는 것이다.

어느 날 노히라 노인이 나를 데리고 뒤편에 있는 사탕수수 밭에 들어갔다. 사탕수수는 이제 완전히 다 성장을 해서 군데군데 사탕수수 꽃이 광택을 내며 새 깃털처럼 피어 있는 것이 보였다. 사탕수수가 양쪽으로 쓰러져 있는 길쪽으로 가서 3백 미터 정도 가자 공터가 하나 나왔다. 공터라기보다는 다른 곳보다는 좀 높은 언덕 옆에 생긴 움푹 들어간 장소였다. 나는 이런 곳에 생각지도 못하게 움푹 들어간 곳이 있다는 것을 알고 눈이 휘둥그레졌다. 노히라 노인은 말없이 저벅저벅 패인 곳으로 들어갔다. 그러자 적토의, 지나 접시를 살짝 기울여 놓은 듯한 그 공터 한쪽에는 구아바(과일나무의 일종) 나무 한 그루가 있었고, 그 구아바 나무 그늘에 야트막한 돼지우리 같은 오두막이 하나 있었다.

"이 오두막에 와서 누워 있는 적도 있어."

노히라 씨가 말했다. 그러고보니 옆방에 없는 경우도 있었다. 휭하니 산책이라도 하고 돌아오는 것처럼 시간을 가리지 않고 돌아오는 일도 있었는데, 분명 이곳을 다녀간 것이 틀림없다. 구아바 나무에는 파랗고 굵은 구아바가 많이 열려 있었다. 집 안에는 아무것도 없었지만 베개 하나와 돗자리 하나가 깔려 있었다. 그리고 그곳에는 햇빛이 늘 비치게 되어 있었다.

"이곳에서 이렇게 한 시간이고 한 나절이고 지낼 수 있어서 좋아. 여기에 누워서 뒹굴거리고 있으면 보이는 것은 온통 하늘 뿐. 파란 하늘을 바라다보고 있으면 기분도 상쾌해지지. 밤이 되면 그 파란 하늘이 이번에는 완전히 별로 가득차서 몇 번이나 이쪽에서 저쪽으로 떨어지는 것 같은 기분이 들곤 해. 재미있는 일도 여러번 있어서 산토끼나 꿩, 몽구스가 찾아오는 일도 있는데, 미가 여기에 이렇게 오두막을 가지고 있는 것은 부락 사람들은 아무도 몰라."

완만한 절벽 가장자리를 올라가 보았다. 그러자 사탕수수 잎 물결 너머로 바다 쪽 일대가 내려다보였다.

"저기에 무코지마가……"

내가 아무렇지도 않게 말하자,

"응? 무코지마?"

이렇게 말하며 히라노 씨는 무코지마 쪽을 힐끗 보고는 눈길을 돌렸다. 늘 그렇듯이 얼굴을 찌푸리고 있었다.

"아저씨, 도박은 나쁜 거야?"

그러자 언젠가 열일고여덟 명은 왜 오는 것이냐고 물었을 때, '애들은 그런 것 알면 안 된다'고 하며 가르쳐 주지 않았던 히라노 씨가 반 쯤 중얼거리듯 대답했다.

"음, 좋지 않지."

"그럼 아저씨들은 왜 해?"

그러자 히라노 씨는 뭔가 갑자기 치통이라도 생긴 것 같은 표정을 하고 중얼거리듯, 한 손을 손목 있는 곳에서 꺾으며 자꾸만 흔들었다.

나는 무슨 일인지 이해가 되지 않았다. 다시 바다 쪽을 보았다. 그러자 그곳에서 하얀 파도를 일으키며 가솔린 보트 한 척이 이쪽으로 오는 것이 보였다.

노인은 그것을 보고 있는지도 모른다. 그리고 혼자말처럼 이렇게 중얼거렸다.

"저 작자들이 그냥 단번에 바다에서 홱 뒤집혀 버렸으면 좋겠는데, 저 지네 같은 행렬이……"

두 사람은 그곳을 내려왔다.

5

이사를 오고 스무날이 지났다.

그리고 옆방에서는 매일 밤 도박이 벌어졌다. 그 신비로운 침묵이나 탄성, 살기는 밤새도록 계속되는 날도 있었다. 그리고 그 웃음소리 속에는 도박과는 느낌이 다른 분위기가 섞여 있는 경우도 있었다.

술에 취한 목소리가 들리는 날도 있었다. 싸움도 종종 했다. 그리고 잭 나이프로 화투 상대…………라는 경우도 있었다. 우리들은 점점 밤늦게까지 잠을 잘 수 없게 되었다.

집 주위는 완전히 깔끔해졌다. 그리고 논에는 잡초가 제거된 벼가 파릇파릇 자라고 밭과 논 사이에 늘어서 있는 돼지우리에는 흰 돼지가 한 마리 늘었다. 마당에서 이어진 밭에 심은 파파야 묘목은 쭉쭉 자랐고, 씨를 뿌려 둔 수박과 가지는 통통한 쌍떡잎을 보이고 있었다.

하지만 뒤편 공터의 철조망을 두른 곳에는 잡초가 5부 정도 자란 채 그대로 있었다.

아버지의 일은 아직 자리를 잡지 못하고 있었다.

누나는 페닌슐라에서 매주 일요일 휴가를 받고 돌아왔다. 그녀는 일을 하고 있는 미세스 다킨튼의 가족이나 젊은 미스 다킨튼, 식모들에 대한 소문, 그리고 페닌슐라의 밝은 분위기에 대해 이야기했다.

작은 여동생 요시에는 여전히 그 특유의 큰 울음소리를 내고 있었는데, 요즘은 무코지마의 미야코 양하고 친해져서 잘 안긴다.

그리고 나는 유키노와 학교에 갔다가 돌아와서 같이 놀았다. 이제 모두하고 벌써 친구가 되었다. 그리고 참새를 쫓는 산탄이 가와하라 씨의 철포에서 날아와도 여전히 유키노랑 가장 사이가 좋다.

유키노는 지치지도 않고 계속해서 여러 가지를 가르쳐준다. 우리들을 위해 작은 꽃이 잔뜩 달린 오하이 나무 가지로 오두막을 만들어주기도 하고 하모니카를 잘 부는 방법을 가르쳐주기도 하며 부부놀이 연습도 했다. 그런 장면을 누나가 봐서 두 사람 모두 얼굴이 새빨개진 적도 있지만, 누나는 아무 말도 하지 않는다. 한번은 와이아와

역에서 낙서를 하고 돌아와서 다사카 씨네 맞은 편 이웃집 펠레 할머니 정원에서 집을 보고 있었다. 하루 종일 키가 큰 야자 나무에서 야자가 떨어지지는 않나 해서 위를 올려다보고 있는 것이 재미있다고 웃으면서 돌아가려는데, 저녁 어스름에 누군가 혼자 신이 나서 노래를 부르며 오는 사람이 있었다. 내다보니 그것은 하루 종일 바닷물에 들어가서 물질을 하고 그것을 망태기에 담아 지고 돌아오는 펠레 할머니였다.

6

히라노 씨는 아침에 우리들과 함께 일어나게 되었다. 그리고 방안에서 지저분한 곤로로 취사를 하던 것을 그만두고 우리 캠프에 와서 우리들과 함께 식사를 하게 되었다. 엄마들이 맨발로 밭에 나가 있는 것을 보면 역시 자신도 옷을 걷어 올리고 맨발로 와서 엄마들에게 말을 붙이며 그곳에서 싹이 트고 있는 야채나 심어 놓은 나무를 보는 것을 즐기는 것 같았다. 아버지는 키친 옆 나무 근처에 있는 우물 옆에다 새 우물을 파려고 오하이 나무 가지에 걸어놓은 반달 모양의 등불 아래에서 샘을 파고 있었다. 그게 벌써 50척이나 팠다. 노인은 또 그곳에 있는 굵은 나무 그루터기에 앉아 우물을 파는 그 모습을 보는 것을 즐겼다. 한 시간 정도 바라보기도 하고 이야기를 하기도 하다가 일어섰다. 그리고는 뒷곁에 있는 오두막으로 갔다. 오두막에는 더 자주 가게 되었다. 그러나 그것은 나만 알고 있었다. 물론 무코지마 사람들은 그것을 몰랐다.

히라노 씨가 사라지는 일이 점점 많아지자 '무코지마의 여자'가 히라노 씨를 찾았다. 그러나 없는 것을 알면, 무슨 일인지 아무 죄도 없고 아무 짓도 하지 않은 미야코 양에게 못되게 굴었다. 미야코 양은 아이를 돌보는 한편 엄마의 일을 돕기도 했다. 히라노 씨가 휙 돌아오면 놀음판은 싸움터가 되었다. 그리고 불같이 화를 내는 것은 '무코지마의 여자'와 야마다 씨였다. 야마다 씨는 무코지마 캠프의 우두머리로 여자의 정부라는 소문이 돌았다.

어느 날 내가 학교에서 돌아와 히라노 씨의 방으로 들어가니, 히라노 씨는 우리들이 이사를 왔을 당시와 마찬가지로 침대 안에서 기계 팽이를 가지고 놀고 있었는데, 험악한 얼굴을 하고 뭔가 깊은 한숨을 쉬고 있었다. 내 모습을 보더니 나를 가까이 불러서,

"미네, 학교 재미있니?"

라고 물었다.

"재미있어요. 친구도 점점 늘고 오늘은 철자법(스펠링) 백점 받았어요!"

했더니,

"이 집도 좋아졌어?"

라고 또 물었다.

나는 백발이 듬성듬성 섞인 히라노 씨의 턱수염이 긴 것을 보고는,

"할아버지, 수염 깎아줄까?"

라고 물었다. 그리고 신식 면도기(안전 면도기를 말함)를 가지고 와서 할아버지의 머리를 잡고 턱에 비누칠을 한 다음 싹싹 밀기 시작했다.

그리고 이야기를 계속했다.

"그야 아직 어딘가 불쾌한 구석도 있기는 하지만, 점점 없어지는 느낌도 들어요. 이제 괜찮아요."

그러자 기분 좋게 잠이 들려던 할아버지는 눈을 뜨고는 대답했다.

"그럼 이제 이 집도 얼추 익숙해졌다는 거네."

"네."

그러자 할아버지는 눈을 감은 채 싱글벙글 하며

"이제 완전히 밝아질 거야."

라고 중얼거리며 다시 잠이 들어버렸다. 짧은 순간이었지만 자고 있는 모습이 몇 년이고 몇 년이고 잠을 자지 못한 사람처럼, 그리고 한번 잠이 들면 언제까지 잠을 잘지 모를 것처럼 보였다. 얼굴이 샛노래졌다. 그러나 할아버지는 내 무릎 위에서 완전히 코까지 골며 곯아떨어졌다. 나는 살짝 머리를 다시 침대 베개 위로 옮겨놓고 그 방을 빠져나왔다.

그날 저녁 무코지마 사람들이 다시 찾아왔다. 그리고 히라노 씨는 방에 없었지만, '무코지마의 여자'는 히라노 씨가 이렇게 자주 집을 비우는 것은 우리 식구들 때문이라고 하기 시작했다. 그리고 놀음을 할 때처럼 웃통을 벗은 모습으로 아버지와 엄마에게 시비를 거는 것이 보였다. 아버지도 엄마도 히라노 씨에 대해서는 모른다고 했지만 웃통을 벗은 무코지마 여자의 뒤로 돌아가보고는 깜짝 놀랐다. 그곳에는 성난 뱀이 이리저리 몸을 꿈틀거리고 있는 울긋불긋한 모양의 강렬한 문신이 등에 잔뜩 새겨져 있었기 때문이다. 여자의 팔이나 등뼈가 움직일 때마다 그 뱀이 등에서 꿈틀꿈틀 기어다니는 것 같았다.

다른 무리들은 '내버려 둬!', '내버려 둬!' 하며 방안에서 나와 말했
지만, 여자가 그쪽을 노려보자 야마다 씨를 비롯하여 모두가 입을
다물고 쑥 들어갔다.

"어쨌든 쓸데없이 참견을 하거나 훼방을 놀면 가만 안 둘 줄 알아!"

그렇게 아무렇게나 휙 내뱉고는 놀음판으로 물러났다. 언젠가 아
버지에게 놀음을 권한 후부터 태도가 다소 바뀌었는데, 그렇다고 해
도 여자의 태도가 너무 심하게 돌변하자 엄마는 슬픈 표정을 지었다.
그러나 아버지는 꿈쩍도 하지 않고 다시 샘을 파기 시작했다. 샘은
벌써 70척 가까이나 팠다.

7

히라노 씨는 그 다음날도 돌아오지 않았다. 아버지도 엄마도 진심
으로 걱정을 했다. 혹시 히라노 씨에게 무슨 일이라도 일어난 것은
아닐까 하며. 얼마 안 있어 이웃집 다사카(田坂) 씨와 유키노 네 아저
씨가 사방으로 찾아다니기 시작했다. 나는 혼자서 뒤편 언덕에 있는
오두막에 가 보았다. 그러나 뜻밖에도 그곳에 있을 것이라고만 믿고
있던 오두막에도 없었다. 나는 아버지와 마을 사람들에게 그 이야기
를 했다. 모두 다시 그 오두막으로 몰려갔다. 그러나 그곳에서 히라노
노인의 모습은 역시 찾을 수가 없었다. 몇 그룹으로 나뉘어 근처 사탕
수수 밭을 찾아보았지만 노인은 보이지 않았다.

그날 저녁 여전히 무코지마 사람들은 오토요 씨를 선두로 해서 찾

아왔다. 그들 무리는 찾아올 올 때부터 살기를 띠고 있었다. 그리고 히라노 노인이 또 없다는 것을 알고 컷 캐인 나이프(cut cane knife, 사탕수수를 자르는 용도)나 피스톨, 잭 나이프를 아버지에게 들이대고 위협하기 시작했다.

그러나 아무리 칼이나 흉기를 들이대도 모른다는 아버지에게 어떻게 할 도리가 없었다.

그들은 다시 히라노 씨의 방에서 도박을 하기 시작했다. 그러나 어쩐지 평소보다 더 살기를 띤 목소리가 밖으로도 새어나왔고 서로 치고 박는 소리도 나기 시작했다. 엄마는 또 어딘가 다른 곳으로 이사를 가야 하는 것이 아닌가 하고 아버지에게 의논을 했지만, 아버지는 입을 꾹 다물고 있었다. 그리고 잠시 후에,

"어떻게든 이곳에 정착해야 한다고 했잖아!"

라고 강한 어조로 대답했다.

"그야, 그건 알지만."

엄마는 우리를 바라보며 탄식을 했다.

무코지마 사람들은 그날 밤 열두 시 가까이 되어서 돌아갔지만, 돌아가면서 웅성웅성 히라노 씨 방에서 나온 스무 명 가까이 되는 사람들은 키친으로 가서 찬장에서 양주(와인)나 안주류를 마구 꺼내다 먹어대며 온갖 술주정을 다 부리다가 돌아갔다.

그런데 그리고나서 채 두 시간도 되지 않았을 때의 일이었다. 일가가 모두 잠이 들려고 할 때, 뭔가 이상한 기적 소리가 울리기 시작했고, 잇따라 크고 작은 기적 소리가 들려왔다. 개가 여기저기서 기분

나쁘게 짖어대기 시작했다. 그것은 처음에는 꿈결에 들려왔다. 그런데 아버지가 이불을 획 걷어차는 느낌이 들었다. 그리고 나가더니,

"불이야!"

하며, 히라노 씨의 방으로 가보았다. 그러나 히라노 씨의 방에서는 아무 반응도 없었다.

"무코지마 사탕수수 밭에 큰 불이 났는데, 큰일 났어."

"어머나!"

엄마가 일어났다. 나도 밖으로 뛰쳐나갔다. 그곳에는 약간 오른쪽으로 온통 불길이 번지고 있었다. 그것이 바다에 비쳐 끔찍한 정경을 드러내고 있다. 파란 사탕수수 밭을 태우는 빠직빠직하는 소리와 함께 공중으로 날아오르는 불똥은 바람이 부는 대로 사방으로 재를 떨어뜨렸고, 그것은 희미하게 불빛이 비치는 마당 끝에까지 떨어졌다. 제당 회사(밀)와 기선의 사이렌은 아직도 계속 울리고 있었다.

이윽고 부락 사람들도 모두 일어났다.

"처음에 소변을 보러 나왔는데 무코지마 쪽 하늘이 빨개서, 아직 무코지마 사탕수수를 수확하기에는 이른데 이상하네 하고 있는데, 밀에서 기적이 울리기 시작해서 그제서야 불이 난줄 알았지. 그래도 캠프 주변의 사탕수수는 아직 베지 않았잖아. 혹 그래서 저 캠프 다 탄 것 아냐?"

마을 사람들은 그런 이야기를 하면서 동요를 하기 시작했다. 아버지는 그런 이야기를 듣더니 말없이 준비를 하기 시작했다. 그러나 마을 사람들은 그것을 무모하다고 하며 하다못해 내일까지라도 기다리라고 말렸다. 하지만 아버지는 두꺼운 외투에 헬멧을 쓰고, 손에는

랜턴을 들고 바다 쪽으로 갔다. 그리고 강어귀에서 배 한 척을 빌려다 혼자서 노를 저으며 무코지마로 향했다.

다음날 아침까지 불은 계속 되었다. 불이 지나간 자리에는 아직도 여기 저기 잔불이 있었고, 그곳에서는 연기가 올라오고 있었다. 무코지마는 어제까지만 해도 사탕수수로 푸른색이었지만, 이제는 대부분이 검은 들판이 되었다.

아버지는 돌아왔다. 아버지가 혼자 가는 바람에 긴장을 하고 있던 부락 사람들은 모두 기뻐했다. 그러나 구조를 하러 간 아버지의 배 안에는 무코지마 사람들은 아무도 타고 있지 않았다. 사람들은 일제히 입을 다물었다.

아버지는 지친 몸으로 집으로 돌아오더니 시커매진 얼굴과 옷차림 그대로 취사장에서 엄청났던 구조 상황을 이야기하기 시작했다. 그곳에는 어젯밤 무코지마 사람들이 마시고 내던져 놓은 빈 양주 병 네 다섯 개가 아무렇게나 굴러다니고 있었다.

아버지가 무코지마에 도착했을 때는 와이파후 회사선(회사전용)으로 구조를 하는 사람들도 아직 오지 않아서 아버지 외에는 아무도 없었다. 아마 사람들은 무코지마에는 사람들이 살지 않는다고 생각하고 있었는지도 모른다. 해안에 닿았을 무렵부터 이미 불 근처에는 갈 수가 없게 되었다. 한 동안 불길이 덜 번진 곳으로 올라가서 히라노 노인이 언젠가 이야기한 도랑의 둑을 따라 갔다. 쭉쭉 뻗은 사탕수수 위쪽은 완전히 시뻘갰고 불길에서 상당히 떨어진 곳으로 들어갔는데도 폭약더미가 터지는 듯한 엄청난 불길이 주위를 포위해 와서 죽었다 싶은 생각이 들었다.

불똥과 검은 재가 끊임없이 떨어져서 그것만으로도 끔찍했다. 드디어 둑에 도달했는데, 그곳은 아직 불길이 번지지 않았다. 잠시 안도를 하며 기뻐했지만, 연못가로 올라간 순간 처참하다고나 해야 할까, 맞은편에 한 줄로 혹은 몇 줄로 타오르며 번져나가는 불길이 건너다 보였다. 그 불길에 비친 일대가 온통 다 타서 이제 그곳에는 캠프다운 캠프는 아무데도 보이지 않았다. 연못의 절반을 경계로 하여, 바람의 방향 때문인지 바다 쪽으로 면한 연못 이쪽은 불이 꺼져 있었다. 연못에서 4,5백 미터 가니 과연 캠프는 나뭇가지가 다 탄 오하이 나무 몇 그루만 남기고 다 잿더미가 되어 있었다. 그곳에 랜턴을 비추어보니 아직 연기가 나고 있는 재목 사이에서는 시체가 데굴데굴 굴러나왔다. 하지만, 검게 그을려 누가 누구인지 제대로 분별할 수도 없다. 대개는 모두 다 타 죽었음을 확인하고 철수를 했는데, 가장 마음이 아픈 것은 캠프에서 수 백 미터 떨어진 곳에 어린 아이 세 명이 절반 정도 타서 죽어 있었던 것이다. 그들은 모두 필사적으로 도움을 구하기라도 하듯 그들의 가솔린 보트가 묶여 있는 물가 쪽으로 최대한 몸을 뻗치고 있었다. 캠프는 모두 어젯밤 늦게까지 놀다가 피곤과 취기로 인해 불이 난 줄도 모르고 정신없이 잠이 들어 있었던 것 같다. 그런데 한 가지 이상한 점은 그 캠프에는 누군가 먼저 들어갔는지 새 발자국이 발견되었다는 것이다.

아버지의 이야기를 듣던 사람들은 모두 암울했다.

"그래도 불은 대체 어쩌다가 난 것일까?"

사람들은 제각각 추정을 했다.

------- 8 -------

점심 무렵 네다섯 명의 사복 기마 순사가 무시무시한 채찍 소리를 내며 우리 집으로 찾아왔다. 도박을 한 사람들을 내 놓으라는 것이다. 아버지나 같이 있던 마을 사람들은 범인은 이제 타죽었다며 검게 타 버린 무코지마 쪽을 가리켰다.

"홧! 번?(뭐라고? 타버렸다고?)"

원주민 순사들은 납득이 가지 않는 표정이었지만, 와인을 대접하며 설명을 하자, 다시 말을 타고 돌아갔다.

그날 저녁 히라노 노인이 홀연히 돌아왔다. 아버지와 엄마가 기뻐하며 어젯밤의 화재에 대해 침통한 표정으로 이야기를 하자, 딱히 슬퍼하는 기색도 없이 멍하니 무코지마 쪽을 바라보았다. 그리고 내 머리를 한 번 쓰다듬고는 말없이 그대로 집을 나갔다.

우리들은 너무나 슬퍼서 정신이 나간 것이라고 생각하고 잠시 혼자 두기로 하고 내버려두었다. 한 시간 정도 지나서 뒷결의 오두막에 가보니, 그곳 오두막은 다 부숴져 있었다. 히라노 노인은 이미 아무데도 없었다.

이 사건이 있고 열흘 정도 지나서 이상하게도, 어느 날 미야코 양이 완전히 새 옷차림을 하고 우리들을 찾아왔다. 그녀는 왼팔에 굉장히 심하게 불에 데인 흉터가 남아 있었다. 그녀에게 어디에서 왔냐고 물어봐도 그녀는 와이파후의 경지병원(耕地病院, 플렌테이션 하스피틀)

에서 왔다고 할 뿐, 그 전에 있었던 일은 전혀 모르는 것 같았다.

어떤 사람들은 오랫동안 그 사탕수수 밭 화재의 원인을 지금까지 툭하면 불을 내곤 했던 캠프의 목욕탕 할머니의 탓이라고 했고, 어떤 사람들은 일종의 방화라고 단정하는 사람들도 있었다.

그러나 어쨌든 미야코의 출현에 사람들은 매우 기뻐했다.

이제 그녀는 우리들과 함께 살게 되었고, 그녀의 희망대로 누나 마리에와 마찬가지로 페닌슐라에서 일을 하고 있다.

어느 날 우리들 셋은 유키노를 더해서 연못 주위에 핀 꽃을 들고 위로 겸 아버지한테 데려다 달라고 해서 무코지마에 가 보았다. 그러자 그곳 캠프가 있던 자리에는 새 집이 들어섰고, 검게 타버린 캬베츠 나무에는 옅은 새싹이 잔뜩 돋아나고 있었다.

고풍스런 그 가솔린 보트는 폐선이 되어 기우뚱하게 물에 잠긴 채 물가에 매여 있었다.

--------- 9 ---------

어느 날 우리 집에 말을 타고 채찍질을 하며 찾아온 사람들이 있었다. 우리들은 또 순사가 뭔가 볼일이 있어서 찾아왔나보다 하며, 새로 물이 솟기 시작한 샘물가에 쭈그리고 앉아 있었다. 그런데 알고보니 그것은 멋진 소 다섯 마리를 끌고 온 젊은 카우보이들이었다.

"헬로!"

"헬로!"

공터는 목장이 되었다. 그리고 매일 아침 아버지는 소에게서 짠 우유를 웨건에 싣고 여기저기 배달을 하러 다녔다.

히라노 할아버지 방은 우리들의 놀이터가 되었다.

— 1935년 4월

물소

무더운 날들이 전에 없이 계속되었다.

오후이다. 오늘도 볕이 잘 드는 마당 끝에서는 굵은 아지랑이가 모락모락 피어오르고 있었다. 겨우 한 시간 전에 널어놓은 빨래는 벌써 다 말라가고 있었다. 가끔씩 뺨을 어루만지는 듯한 살랑바람이 불어 왔지만, 그 때마다 흰 색의 혹은 알록달록한 색을 한 빨래가 가볍게 팔락팔락 나부낀다.

해바라기가 잔뜩 피어 있는 꽃밭과 푸른 잎이 뚝뚝 떨어질 듯한 파파야 나무를 드문드문 심어 놓은 넓은 마당 한 쪽 구석에는 정겨운 닭들 열두세 마리가 얌전하게 한데 모여 모이를 쪼고 있었다. 그 중에 어떤 녀석은 열심히 모래를 파고, 또 어떤 녀석은 꽃밭을 팔랑팔랑 날아다니는 나비를 좇아다닌다. 먹이가 목에 걸려 깩깩대는 녀석들도 있었다.

그때였다. 그때까지 어디에 몸을 숨기고 있었는지, 갑자기 사나운 투계용 닭 한 마리가 파파야 나무 그늘에서 늠름하게 불쑥 나타났다. 주변은 자연 긴장하는 것 같았다. 무리를 원만하게 이끌고 있던 수탉은 이미 평정심을 잃고 턱을 있는 힘껏 쑥 내밀고 몹시 경계를 하기 시작했다.

빨갛게 살이 짓물러 보기 흉한 모습을 한 투계는 그런 것에는 전혀 아랑곳 않고, 느긋한 태도로 긴 다리를 성큼성큼 옮겨 조그맣게 무리지어 있는 암탉들 쪽으로 걸어갔다. 그리고 벼슬을 늘어뜨린 살찐 암탉 한 마리를 쫓아다니며 몸을 비스듬히 기울이고 종종 걸음으로 다가가서 몸을 문질러대는가 싶더니, 휙 하고 꽁지를 교차시켜 버렸다.

그러는 바람에 더 큰 소동이 일어나 조용하던 집 전체가 일시에 시끄러워졌다. 약한 수탉들은 허둥지둥 놀라 법석을 떨고 요란하게 꼬꼬댁거리며 진심으로 분해했다. 한편 서둘러 일을 끝낸 투계는 아무 일 없었다는 듯이 일어서서 다른 닭들처럼 특유의 긴 목을 더 길게 빼고 주위 분위기를 살폈다.

그러나 그것도 오래가지는 못했다. 투계가 새로 무리에 끼자 일군의 닭들은 지난 일은 모두 잊어버린 듯 원래와 조금도 다름없이 얌전히 모래를 파거나 부지런히 먹이를 쪼으러 다니거나 했다. 몸집이 작은 당닭은 꿩이 머리를 조금 쪼자 맞은편 히비스커스 울타리 속으로 달아나 숨어들었다.

울타리에 핀 선명한 핑크색 꽃에는 오늘도 꿀벌 무리가 졸리운 듯 희미하게 웽웽거리는 소리를 내며 바쁘게 잔뜩 모여들고 있었다.

널조각으로 지붕을 이은 하얀 본채 옆에 오하이 나무 한 그루가 서 있다. 우산 모양으로 펼쳐진 나뭇가지 끝에는 참새 집이 몇 개나 걸려 있었고, 아래는 매끈한 잔디밭 위로 진한 해 그림자가 끊임없이 움직이고 있었다.

모모나 야스케는 빛이 바랜 고풍스런 의자에 깊숙이 앉아 있다. 흰 셔츠의 소매를 걷어올리고 왼손에는 파란 팽이를 들고 있다. 그리

고 몸으로 느긋하게 장단을 맞추며 커다란 의자를 천천히 흔들고 있
다. 잠깐 낮잠을 자다 깬 듯한 그는 긴 하품을 연달아 하면서 껌뻑거
리는 눈으로 앞에 있는 마당 끝 여기저기에 시선을 던지고 있다가,
이윽고 눈을 번쩍 뜨고는 이렇게 중얼거렸다.

"아저씨, 아까 you(유) 네 닭들 흘레붙었어. 정말이지……왜 그런
짓을 하는 거지?"

그러자 이번에는 그 오하이 나무 아래가 갑자기 떠들썩해졌다. 야스
케 옆에서 책상다리를 하고 철퍼덕 앉아서 열심히 허수아비를 만들고
있는 마에하라(前原) 씨가 먼저 볕에 그을린 시커먼 얼굴을 들고 흰
이빨을 보이며 밝게 웃었다.(야스케의 기발한 질문이 또 시작되었다고 생각하
는 것이다.) 빨간 리본을 하고 코끝에 큰 땀방울이 맺힌 채 스커트 밑에서
무릎을 아무렇게나 하고 앉아 아름다운 레이스를 뜨는 우메카도, 하얀
피부를 하고 웃을 때면 확실하게 이중 턱이 되는 아주머니 뒤에서
자꾸만 키득키득 웃으며 눈을 치켜뜨고 야스케를 올려다보았다.

땀을 닦은 마에하라 씨는 바지 호주머니에서 담배 주머니를 천천
히 꺼내 익숙한 손놀림으로 시가렛을 하나 말며, '글쎄' 하는 표정을
지었다. 그리고 예의 고개를 살짝 갸우뚱하는 모습으로 야스케를 살
펴보듯 천천히 말했다.

"그럼 야스케, you(유)는 대체 왜 태어났지?"

모두 숨을 죽이고 말았다. 어떻게든 야스케에게서 이 질문에 대한
대답을 들을 때까지는 절대로 웃지도 않을 것이라고 노력하는 것 같
았다. 부드럽게 미소를 짓고 있는 아주머니는 자랑으로 여기는 은테
안경을 천천히 벗었다. 마에하라 씨는 일부러 입을 꾹 다물고 성냥을

치익 그어 담배에 불을 붙였다.

　야스케는 자기도 모르게 흔들던 의자를 멈추어 버렸다. (그는 아직 그 이유를 모른다) 그래서 그는 여전히 의자 깊숙이 묻힌 채 커다란 눈을 껌뻑거리며 그 어느 때보다 더 생각에 잠긴 모습을 하고 있었다.

　우메카가 또 키득키득 웃기 시작했다.

　야스케는 초조해져서 대차게,

　"몰라."

라고 내던지듯 대답했다.

　그리고나서 며칠 지난 어느 날, 그날도 야스케는 이웃집 마에하라 씨 집에 가서 놀았다.

　상쾌한 바람이 끊임없이 불어왔고 몸도 마음도 두둥실 떠 있는 것처럼 시원했다.

　오늘은 뒷곁에 가서 잠자리를 잡는 것도 그만두었고 소꿉놀이도 그만두었다. 그리고 마당에서는 잔뜩 신이 나서 줄넘기를 시작했다. 줄 한쪽 끝을 파파야 나무 가지에 묶어 놓고 다른 한쪽 끝은 다른 한 사람이 쥐고 돌린다. 야스케와 우메카가 번갈아 줄넘기를 한다. 세 살 위인 우메카가 선생님이고 야스케가 그녀에게 배운다. 그가 넘어질 뻔 하자 뺨이 분홍색으로 달아오른 우메카가 늘어뜨린 리본을 팔랑거리며 열심히 가르쳐준다. 그림자가 마른 땅바닥에서 용수철처럼 늘어났다 줄어들었다 한다.

　이윽고 땀이 줄줄 흐르자 두 사람은 오하이 나무 그늘로 뛰어든다. 우메카가 집에서 오피히(전복 말린 것)를 가지고 와서 야스케에게도 큼직하게 한 조각 떼어주었다.

그리고 중요한 참새 쫓기. 이제 겨우 싹이 돋기 시작한 벼 모종 판에서 생철로 만든 빈 깡통(이 경우는 빈 석유통)을 두 사람 모두 미친 듯이 두들기며, '훠이, 훠이, ……' 목이 쉬어라 외쳐대고 있었다. 그 러자 참새 떼가 '짹짹' 울며 두 세 마리나 푸드득 날아올라 낮은 하늘 에서 머뭇거린다. 두 사람은 재빨리 막대기를 흔들며 더 한층 앙칼진 목소리를 쥐어짜며 기뻐했다.

그러다 갑자기 야스케는 한 곳을 응시하며 깡통을 두드리는 것을 멈추었다. 그는 정면에 있는 납작한 함석 지붕 아래에서 두 마리의 물소가 시커멓게 겹쳐 있는 것을 빨려 들어가듯 바라보았다. (그 둔중 한 짐승들이 활발하게 저런 짓을 하다니 뜻밖의 일이다.)

야스케는 몹시 당혹스러웠다. 어이없어 하는 우메카를 그 자리에 혼자 남겨놓고, 서둘러 집 쪽으로 달려가더니 요란스럽게 마에하라 씨를 불러댔다.

이윽고 담배를 입에 문 마에하라 씨가 싱글벙글하며 좁은 문의 문 지방을 가로막고 섰다.

"또 왔어? 정말이지 야스케 자주 오네."

그리고 서둘러 담배를 뻐끔뻐끔 빨아댄 후, 땅바닥에 던져버리고 는 그의 뒤에서 성큼성큼 따라 걸었다.

화려한 히비스커스 울타리를 돌자 바로 오두막이 나왔다. 방금 전 의 물소는 진흙투성이가 된 채 아직도 이상한 모습을 하고 있다. 낮은 함석 지붕을 한 천정에는 흙탕물이 튀어 그려진 줄무늬가 반짝반짝 빛나고 있었다.

긴 다리에 카키색 바지를 무릎까지 걷어 올린 마에하라 씨가 철조망을 훌쩍 넘어 오더니 주의 깊게 지붕 아래로 들어갔다. 그리고 풀썩 주저앉는가 싶더니 다시 일어나서 '올 라잇'하고 신호를 보내기라도 하듯 오른손을 마구 흔들며 성큼성큼 돌아왔다.

두 달 전에 태어난 건강해 보이는 회색 새끼 물소는 직사각형 우리에서 뿔이 없는 머리를 마음껏 흔들며 날뛰었다.

야스케는 마에하라 씨와 마찬가지로 팔짱을 끼고 멀리서 그 모습을 하염없이 바라보고 있었다. 이윽고 마에하라 씨는,

"야스케."

하며 불렀다.

"you(유) 모르겠니? 이게……."

"……."

야스케는 마에하라 씨를 올려다보았다. 그러자 마에하라 씨가 혼잣말처럼 중얼거리기 시작했다.

"이게 말야. 전에 그 닭하고 똑같은 거야. ……다만 그쪽은 나중에 알이 나오지만……이건 좀 달라서 나중에 조그만 게 쑥 나오는 거야……."

그리고는 방금 전 그 새끼 물소를 만족스러운 듯이 지긋이 바라보았다.

야스케는 키가 큰 마에하라 씨와 우리 안에 있는 새끼 물소를 번갈아 바라보았다. 그리고 기분 나쁜 듯 얼굴을 찌푸리기 시작했다. (그는 아저씨가 한 말이 이상해서 견딜 수가 없었다.) 그래서 그는 어깨에 힘을 주고 마에하라 씨에게 대들 듯이 갑자기 목청을 높이며 소리를 질렀다.

"쳇 아저씨, me(미)의 집 아빠하고 엄마는 그렇지 않은 걸."

느닷없는 이 역습에 깜짝 놀란 마에하라 씨는 생각이 난 듯이 몸을 뒤로 젖히며 그 어느 때보다 아저씨답게 껄껄대며 웃었다.

"그래, 그래, …… 본 적이 없는 게로구나."

그리고 아주 마음에 든다는 듯 야스케의 낮은 머리를 몇 번이고 쓰다듬어 주었다. 흥분을 한 야스케는 지금 당장이라도 엄마를 만나야만 되겠다는 생각에 아무 생각 없이 그대로 입을 다문 채, 여전히 웃어대고 있는 마에하라 씨의 커다란 손에서 쑥 빠져나가 쏜살같이 내달렸다. 좁은 밭둑길을 따라 비틀비틀 걸어서 그늘진 파파야 나무 숲을 이리저리 빠져나가니 마침내 자기 네 집 마당이 나왔다.

굵은 마디가 몇 개나 되는 석류나무가 대여섯 그루 자라고 있는 마당 한 가운데에는 가느다란 새끼줄로 예쁘게 걸어놓은 그네가 있었고, 그 옆에는 은색 세발자전거가 아무렇게나 나뒹굴고 있었다.

갈색 파페(개 이름)가 하품을 하며 마룻바닥 밑에서 천천히 기어 나오자 닭들이 호박이 쌓여 있는 입구 쪽에서 허둥대고 있다.

야스케는 불렀다.

"엄마―."

"엄마―."

그러자 우물가에서,

"응, 엄마 이쪽에 있어."

라고 엄마가 목청을 높여 대답했다.

가볍게 흰 수건을 쓰고 쨍쨍 내리쬐는 햇볕을 그대로 받고 있는 엄마는 혼자 냄비를 문질러 닦고 있었다.

야스케는 덮개를 벗겨 놓은 네모난 우물을 뒤로 하고 쭈그려 앉더니 숨을 헐떡거리며 애원하는 눈빛으로 말했다.

"엄마, 엄마도 정말 흘레붙어?……"

젊은 엄마는 잠시 손을 놓았다. 눈앞에 둥글게 웅크리고 앉아있는 그를 씁쓸한 미소를 지으며 맞이했다.

"야스케, 이 바보야.……"

그리고는 오늘 아침에 입은 새 셔츠를 빤히 바라보았다. 가슴에는 귀여운 자개 단추가 한 줄로 늘어서서 반짝반짝 빛나고 있었다.

엄마의 이 말 한 마디에 아주 힘이 난 야스케는 몸을 흔들며 말을 이었다.

"노, 그렇지 않지. 마에하라 아저씨는 엄마도 아빠도 흘레붙는다던데, 그런 일 없는 거지……노, 엄마—."

그러자 엄마는 이번에는 눈이 부신 표정을 지었다. 그리고 아주 바쁜 듯이 갑자기 몸을 움직이기 시작하더니 일부러 더 세게 냄비를 박박 문지르는 소리를 냈다.

"아아, 아아, 이제 됐으니까 저리 가라고 했잖아……."

야스케는 이 때 벌떡 일어났다.(그는 지금 더 없이 자신 만만하다.) 머리를 뒤로 돌리고 우물 가장자리에 막 꺾어다 놓은 카네이션 다발을 발견하고는 그 안에서 잽싸게 예쁜 것으로 한 송이를 골랐다. 그리고 엄마 쪽을 힐끗 훔쳐보며, 그것을 자기 모자 옆에 살짝 끼웠다. 그리고 작은 가슴을 조그만 활처럼 활짝 펴고 투스텝으로 가볍게 뛰며 엄마 곁에서 멀어져갔다.

— 1928년 4월

후추

지금 언덕 위에는 복숭아 빛으로 물든 석양이 묵직하게 내려앉으려 하고 있다.

"이렇게 해서 드디어 해가 지는구나.……"

이런 생각을 하며 야스케는 가는 한숨을 쉬었다. 이상하게 몰려 올라오는 감정을 가만히 억누를 수 없는 듯, 이번에는 옆에 있는 마사코를 돌아보았다.

"엄마 이제……돌아올 거니까, 노, 울지 마."

그는 중얼거리듯 달랬다.

하지만 마사코는 여전히 엎어져서 파란 잔디 잎을 잡아 뜯으며 낮은 목소리로 흐느껴 울며 그치지 않는다. 두 눈꺼풀이 울어서 더 한층 빨갛게 부어 오른 모습을 보자 야스케는 그대로 눈을 감아버렸다.

그들은 남매로 일곱 살, 다섯 살이었다. 평소 각별한 애정을 보여 주는 둘은 이날 저녁 무렵 그들의 집에서 좀 떨어진 잔디 위에서 한 차례 엄마가 돌아오기를 기다리고 있었다.

그들 바로 눈앞에는 온통 사탕수수가 가득 자라고 있는 언덕이 펼쳐져 있는데, 한쪽은 이미 햇볕을 잃고 검푸른 허리를 이쪽으로 드러내 보이고 있다. 어느새 두 사람 주변에는 바람이 일고, 수수밭에서는 이상하게 잎사귀가 바스락거리는 둔한 소리가 몰려와서 음산한 기분이 몸에 스며든다.

그 날,……모자 세 명이서 간단히 점심 식사를 마치고, 엄마는 언제나 그렇듯이 어린 미쓰코를 업고 6번 캠프 방면으로 우유를 배달하러 가 버렸다. 아버지는 생선 장수라서 매일 아침 아직 어두컴컴한 시간에 높은 짐마차를 달려서 역시 붉은 수수밭 여기저기를 돌아다니고 있기 때문에, 밤에는 늘 귀가가 늦다. 그래도 평소에는 열네 살이 되는 누나가 함께 있다. 그런데 그날은 하필 누나가 마을 학교에서 돌아오는 길에 그대로 어떤 서양인의 집에 들러 번거로운 빨래를 해야 했다. (최근에는 그런 곳에서 일을 하는 경우는 없었지만.)

야스케와 마사코는 인가에서 떨어진 이렇게 외로운 곳에 이렇게 둘만 남겨진 것이 너무 불안했고, 철포를 맞아죽은 그들의 강아지 피처가 생각이 났다.

그래도 둘은 엄마가 시킨 대로 얌전히 놀며 집을 보고 있었다.

너무 심하게 더운 날이었다.

바람이 조금도 불지 않았다.

야스케는 모자를 깊숙이 눌러쓰고 아지랑이가 모락모락 피어오르는 길바닥 울타리 아래로 기어가서 주특기인 잠자리 잡기에 정신이 팔려 있었다. 안채 뒤쪽 튼튼한 철조망이 둘러쳐진 울타리 안에서는 가끔씩 얼룩소 두 마리가 나른하게 '음매, 음매'하며 울어댔다.

그런데 너무나 뜻밖에도 방금 전까지 그렇게 순하게 자기 옆에서 놀고 있던 마사코의 자지러지는 듯한 비명소리가 갑자기 취사 오두막 쪽에서 흘러나왔다. 그 순간 야스케는 용수철처럼 몸을 일으켜 세웠다. 날개를 가지런히 해서 손에 쥐고 있던 십 수 마리의 고추잠자 리를 그 자리에서 내던지고 소리가 나는 쪽으로 달려가 보았다.

그러자 이것은 또 어찌된 일인가? 낮은 취사 오두막 옆에서 마사코 는 온 얼굴이 눈물투성이가 되어서 불에 데인 듯이 그저 울어대는 것이었다. 그리고 빨갛게 짓무른 혀를 떨며 좀 보라는 듯이 손끝으로 아무렇게나 마구 쥐어뜯고 있었다. 야스케는 미친 게 아닌가 싶은 마사코 앞에서 한동안은 어쩌지도 못하고 멍하니 멈춰서 있었다. 위 로해 줄 말도 나오지 않았다.

그러나 이윽고 문득 그는 마사코의 발밑에 새빨간 것이 떨어져 있 는 것을 알아차렸다. 그것은 틀림없이 커다란 후추알갱이였다. 잘 영 근 후추들이 마른 나무 가지에 주렁주렁 달려 있었다.

야스케는 마사코의 비통한 얼굴을 바라보며, 이대로는 아무래도 끝나지 않을 것 같은 어떤 큰 충동을 느꼈다. 매끈매끈하고 아름다운 후추 한 알을 나무 가지에서 따서 재빨리 그것을 입안으로 던져 넣어 버렸다.

그 찰나 지금까지 흙빛이었던 그의 얼굴은 불에 타오르는가 싶을 정도로 싹 바뀌었다. 커다란 눈물방울이 일시에 멈출 줄 모르고 뚝뚝 떨어지고 규환이 입을 찌르며 열탕처럼 치솟았다.

두 사람은 이상하고 알 수 없는 소리를 내며 엄마를 불러댔다. 그 리고 아무 반향도 없는 상황에서 그들은 괜히 목만 쉬었다.

그들은 지쳤다. 야스케는 잠시 진정을 하고 마사코를 달래려고 했 다. 생각이 났다는 듯이 우물 옆에 서더니 양손으로 물을 떠서 얼굴을 들이밀고 마셨다. 마사코는 지금은 그냥 훌쩍거리고 있다. 주위가 갑자기 고요해졌다. 그들은 새삼 주변을 둘러보고는 처량하게 얼굴을 서로 마주보았다.

얼마 안 있어 아까 그 안채에서 '음매'하는 소리가 울려 퍼지며 그들을 위협하듯이 귀에 들려왔다. 불길한 예감이 드는 울음소리가 계속해서 울려 퍼지자 둘은 오싹한 생각이 들었다.

참을 수가 없게 된 그는 마사코의 한쪽 손을 꼭 잡고 마치 늑대에 쫓기는 어린 양처럼 허둥지둥 그곳을 떠났다. 앞뜰의 파파야 밭을 쏜살같이 달려 단숨에 빠져나가 잡초가 우거진 잔디밭으로 나왔다. 그 한쪽 구석에는 낮은 지붕의 지저분한 돼지우리가 일렬로 늘어서 있다. 둘은 그곳까지 오자 미련이 남은 듯 잠깐 뒤를 돌아보며 멈춰섰다. 그 아이들의 엄마는 매일 저녁 항상 그 작은 오솔길을 통해 돌아오기 때문이다.

막무가내로 울어대는 그들의 울음소리를 알아듣고 언덕 아래에서 꿀벌을 기르는 하라다(原田) 할아버지가 검은 안경을 쓴 눈으로 그쪽을 바라보며 지팡이를 짚고 일부러 달래주러 찾아왔다. 하지만 와인을 먹어 술 냄새를 풍기며 웅얼거리는 듯한 위로의 말이 무슨 소용이 있을까? 둘은 고개를 숙이고 그저 하염없이 흐느껴 울었다.

언덕에 걸려 있던 석양은 이제 모습을 완전히 감추어 버렸다. 그리고 이제 그것은 언덕 맞은편 광막한 사탕수수 경작지 지평선으로 천천히 가라앉고 있었다.……이곳은 언덕에 가려져서 해질녘 어스름이 길다.

그야말로 사방은 어둑어둑해지고 벌써 여기저기 뭉게구름은 노을에 물이 들었다가 빛을 잃어가고 있지만, 아직 한 두 줄기 석양이 반짝이고 있다. 저 멀리 마을 쪽에서 힘없이 뎅그렁거리는 공장의 기적 소리가 사그라지듯이 꼬리를 끌며, 사탕수수 밭에 나가 일을 하는 사람들에게 각자 자신의 캠프로 돌아가는 때인 '다섯 시'를 알렸다.

야스케는 조금씩 쥐어짜듯이 옅어져 가는 언덕의 하늘을 바라보며 가슴을 졸이고 있었다.

한 시간 정도 지났다. 이제 해도 완전히 저물어서 차츰 어스름이 깔리고 있다. 작은 우리 안에서는 배가 고프다고 꿀꿀거리며 울어대는 돼지들의 울음소리가 그들 옆으로 점점 더 격렬하게 새어 나왔다.

그때였다. 저녁 어스름 속에서 그림자 인형극의 그림자처럼 하얀 앞치마를 두른 사람의 모습이 그들 눈앞에 동시에 들어왔다. 파란 우유 캔을 양손에 들고 종종걸음으로 돌아온 엄마의 모습이었다.

그들은 함께 그 좁은 풀밭길을 달려갔다. 그리고 엄마에게 찰싹 달라붙더니 엉엉 울기 시작했다.

그런 그들을 보고 엄마는 깜짝 놀라 우유 캔을 털썩 내려놓았다.

잠시 후 야스케는 겨우 울음을 삼키며 쉰 목소리로 더듬더듬 이야기했다.

"후추는 ……엄마……매워, 노……후추는……정말로 매워, 노……"

훌쩍거리며 이 정도로 이야기를 반복하고나자, 이번에는 엄마에게 더 찰싹 달라붙어 있는 마사코를 가리키며 고개를 들고 말을 이었다.

"엄마……마사코가, 노……후추 먹고, 매워, 매워 하며 울었어.

……그렇게 매우면 나도 먹어봐야겠다고 생각해서 하나 먹어 봤어. 그랬더니, ……엄마……역시 정말 매워, 노, 역시 후추 매워, 노……"

그러나 이윽고 두 그루의 오하이 나무 아래 있는 그들의 집에는 빨갛게 불이 켜졌다. 그들은 창가의 밝은 램프 아래에서 달콤한 사탕수수를 홀짝이고 있었다.

—『문학 쿼털리(文學クオタリイ)』1(大盛堂, 1932)

숲의 학교

—— 1 ——

숲의 학교 정원 잔디 위에서 본오도리(盆踊)[1] 연습이 계속되고 있었다. 오후이다. 아침 연습 조도 낮부터 하는 학생들도 모두 모인 전교생 150명이 큰 원이 되어 높은 망루 주위를 돌며 춤을 추고 있다. 4시에는 호놀룰루로 학교를 다니는 생도들도 연습에 참가할 것이고 그렇게 되면, 신부수업으로 재봉연습을 하는 불상 뒤 열 명 남짓 되는 여자들도 올 것이다. 밤에는 7시부터 남자도 여자도 어른도 아이도 모두 다운타운이나 부락에서 찾아올 것이다.

"덩, 덩, 덩더덩 쿵……."

망루의 북[2]에 추임새를 넣어 장단을 맞추며 팔과 다리로 휙휙 서로 몸을 비껴가듯이 춤을 추고 있다. 춤 선생님은 이와쿠니(岩國) 출신의

---

1 음력 7월 15일 밤에 남녀들이 모여서 추는 윤무(輪舞). 본래는 정령(精靈)을 맞이하여 위로하는 뜻으로 행한 행사임.
2 야구라타이코(櫓太鼓)를 말함. 야구라(櫓)는 높은 망루, 다이코(太鼓)는 북이라는 뜻으로, 개장이나 폐장을 알리기 위해 높은 대에서 치는 북을 일컫는다.

야마카와(山川) 씨. 북은 빙고(備後) 출신의 히로나카(廣中) 씨 담당이다.

"덩, 덩, 덩더덩 쿵……."

사모님은 눈이 부실 정도로 산뜻한 남색 바지를 입은 채 안경을 쓴 선생님과 함께 나무통으로 만든 화분이 죽 늘어선 주택의 마루 끝에서 싱글벙글 웃으며 학생들이 춤추는 것을 보고 있다. 본오도리가 개최되는 것은 학교 아니 마을이 생긴 이래 처음 있는 일이다. 그 춤과 북 소리가 매우 기쁜 듯이 캬베츠나무 숲을 뒤흔든다.

"덩, 덩, 덩더덩 쿵……."

그 때 학교의 하얀 울타리 위에는 카키색 군복을 입은 미군 병사들이 장난삼아 빨강, 하양, 분홍의 히비스커스 꽃을 제각각 모자에 꽂고 한 줄로 나란히 서 있었다. 그들은 오늘 숲 길 맞은편에 캠프를 쳤는데, 갑자기 천둥이 치듯 길 맞은편 땅이 울리자 무슨 일인가 하며 달려와 본 것이었다. 그리고 그들은 이 이상한 광경에 적을 발견했을 때 이상으로 눈을 부릅뜨고 찬탄의 침묵과 야유를 섞어서 보냈다

"오우, 일본 댄스!"

"아가씨, 굿 멜로디!"

"아하하……."

"아하하……."

"아하하……."

캬베츠 숲은 춤과 이 뜻밖의 구경꾼들 일단에 의해 시끌벅적해졌다.

그리고 저녁 가까운 무렵. 유려한 나팔소리가 이 숲의 혼란을 정돈하듯이 숲 속을 예리하게 관통하며 울렸다. 오동나무 위에 있던 병사들은,

"안녕히."

"감사합니다."

라고 익살을 떨며 제각각 말을 다 맺지 못하고 떠났다.

하지만 이 일곽의 혼간지(本願寺) 소학교 마당에서는 그런 일에는 관계없이, 차츰 어두워지는 가운데 사람들은 계속해서 춤을 추었다.

2

우리들은 학교 조례 때 또 싸움을 해야만 했다. 그것은 3년 전의 일이었다. 종이 울리고 우리들이 본 교사(校舍) 앞 계단 아래 두 줄로 서 있으면, 내 옆에 있는 모리야마 이치로(守山一朗)가 꼭 내 모자를 벗겨서 던지든가 아니면 발로 차는 것이었다. 그가 왜 이런 도전을 하는 것인지 나로서는 전혀 알 수가 없었지만, 서로 이웃해 살면서 내가 그보다 성적이 좋았던 것이 문제였는지 모른다. 게다가 난감한 것은 그가 나보다 키가 크다는 것이었다. 나는 그가 던진 모자를 주워 오든가 다리를 걸어 채인 후에는 그에게 원망스런 눈빛을 돌려주었다. 그러면 항상 그는 성글게 수염이 나기 시작한 가무잡잡한 얼굴에 두터운 입술을 움직여 냉소로 대꾸하는 것이었다. 그렇게 되면 나는 필사적으로 그의 가슴에 달려든다. 하지만 결국 나는 왁자지껄한 행렬 속에서 그에게 맞아 무참히 쓰러지곤 했다. 그리고 선생님의 중재에 의해 겨우 싸움을 끝내고 교실로 들어간다. 간혹은 두 사람 모두 다른 방법으로 벌을 받는 경우도 있었다. 나는 그 때마다 그를 얼마나 원망하며 훗날 복수할 것을 다짐했는지 모른다.

그리고 어느 해, 나는 갑자기 키가 크기 시작해서 그와 거의 비슷하게 되었다. 나는 그것이 얼마나 기뻤는지 모른다. 게다가 사모님 선생님이 와서 우리들의 담임이 된 이후의 일이기는 하지만, 나는 이제 다시는 지지 않겠다고 굳게 결심했다. 그리고 그 싸움은 올해도 여전히 계속되고 있었다. 우리들이 틈만 나면 으르렁대며 싸워대는 모습을, 사모님은 처음에는 눈에 확 띄는 남색 바지를 입고 화분이 늘어선 주택 쪽 복도에서 아름다운 눈썹을 여덟팔자로 모으며 잠시 동안 멍하니 바라보고 있었다. 그러나 요즘에는 두 사람의 싸움을 그냥 웃어넘기는 일이 많았다.

3

본오도리 연습은 점점 더 열심히 계속되었다. 그리고 마침내 사모님도 끌려 나오게 되었다. 나는 교실에서 읽기나 습자 시간에 가끔씩 지친 듯 내 의자 옆에 가볍게 걸터 앉는 것처럼, 사모님이 내 앞이나 뒤에서 춤을 추기를 바랐다. 하지만, 사모님은 사람들이 많은, 나와는 반대쪽에서 춤을 추었다. 바지를 입지 않고 화사한 기모노를 입은 통통한 모습이 살짝 상기된 흰 얼굴과 함께 운동회 때보다 더 한층 눈에 띄게 매력적으로 보였다.

병사들은 이 숲에 캠프를 차린 이후 지루한 듯이 누워 빈둥거리거나 하모니커 합주를 하거나 산양을 기르는 포루투갈인 미망인을 상대로 트럼프 놀이를 하느라 신이 나 있었다. 망루의 북이 울리기 시작하자, 오늘도 울타리 건너에서 이 광경을 신기한 듯이 바라보고 있었다. 그 중에서도 사모님이 조금 부끄러워 하며 춤을 추는 사람들 속으로 섞여 들어가는 것을 발견하자, 그들은 다른 날보다 더 신이 나서 떠들어댔다.

"헬로, 스위티!"

"사모님!"

그런데 그날 밤 학교에서 또 도난 사건이 한 건 발생했다.

다음날 아침, 학교에 가 보니, 경관 조와 콧수염 우에노(上野) 씨(학교 보호자), 그 외에 마을 유지들이 모여 있었다. 그들은 주택 뒤편의 창문과 울타리 사이로 난 좁은 골목길에서 현장 검사와 협의를 진행하고 있었다.

우리들은 수업을 쉬고 마당의 야트막한 둔덕에 있는 큰 캬베츠나무 아래에서 이 일에 대해 서로 이야기했다.

그러나 범인이 누구인지 쉽게 밝혀질 것 같지는 않았다. 다만 판명이 된 것은 창문을 넘어 침입했다고 여겨지는 커다란 발자국과 침실 옆 거실 경대의 서랍에서 비싼 보석이 들어간 반지가 없어졌다는 것이었다. 그 외에 도난당한 물건은 딱히 아무것도 없었던 것 같은데, 가장 안쪽에 있는 교실까지 갔다가 되돌아간 발자국이 있는 것에 여러 가지 의문이 있었다. 어떤 사람은 발자국이 어지럽게 흐트러져 있는 것으로 보아 술에 취한 사람이 들어온 것이라고 하고, 어떤 사람은 교실인 줄 모르고 더 안쪽에 귀중품이 있다고 생각해서 문을 열었지만, 침실이 나오는 바람에 사람들이 일어날 것을 걱정해서 가까이에 서랍이 있는 것을 잘 됐다 싶어 그 안에서 반지만 들고 간 것이라

했다. 또 어떤 사람은 뭔가 다른 목적이라도 있다는 듯이 말없이 고개
를 갸우뚱했다. 하지만 그 어느 경우라도 선생님도 사모님도 불상
뒤 세 기숙생들도 본오도리 연습과 준비에 지쳐서 알 수가 없었다.

정원 망루 주위는 어젯밤 얼마나 열심히 연습했는지 말해주기라도
하듯이 잔디가 먼지를 가득 뒤집어쓰고 잿빛이 되어 있었다.

--------- 4 ---------

소나기가 폭포처럼 쏟아지고 있었다. 우리들은 본오도리를 새 교
실의 높은 바닥에서 시작해야 했다. 지금은 6월 말로 학년말이기도
하고 시험도 끝나서 학업보다 본오도리가 중요했다. 우리들은 7월
13일에 이웃 마을 와이파후와 경연을 펼칠 것이기 때문에 질 수는
없다. 그래서 비가 오는 날도 맹연습이다. 잠시 춤을 쉬게 될 때면,
모두 대패 밥을 모아다가 조그맣게 모닥불을 피워 놓고 불을 쬐고
있었다.

그러나 나는 불을 쬐면서도 아직은 오늘 아침 일 때문에 슬펐다.
읽기 시간이었다. 모리야마 이치로가 독본을 읽고 있을 때, 사모님은
평소처럼 책상 사이사이로 돌아다니고 있었다. 그러다 내 옆을 지날
때, '앗!'하고 조그맣게 소리를 질렀다. 보니, 책상 옆에 모자를 걸어
놓은 못에 사모님의 바지가 걸린 것이었다. 나는 나도 모르게 '오피히
(전복)가 걸렸다'며 웃으며 주위를 둘러보았다. 갑지기 와하는 웃음소
리가 났다. 그러자 사모님은 표정이 확 바뀌었다.

"무슨 말이에요!"

사모님은 모리야마 이치로를 돌아보며, 가볍게 물었다. 그리고는,

"이제 좋아요."

라고 가볍게 말을 건넸다. 나는 그래도 아직 웃고 있었지만, 웃으면서 차츰 그 말이 슬퍼졌다. '무슨 말이에요!'라니. 나는 그 정도로 사모님의 강한 반발을 산적은 없었던 것 같았다. 지금까지 야단을 치던 방식과는 좀 다른 것 같았다. 그러자 언젠가 모리야마 이치로와 싸웠을 때 벌로 창고에 갇혀있다가 나왔던 일이 있었는데, 그 때 어두운 창고 안에서 나에게 과자를 살짝 쥐어주면서,

"알겠죠? 벌을 서는 대신 내가 이것을 줄게요. 다른 사람한테는 보여주면 안 돼요."

라고 했다. 내가 과자를 받아들고 말없이 있자,

"마사토는 몇 살이죠? 그런 이치로 같은 노글 보이(불량소년)를 상대로 매일 싸우는 것은 이 사모님 싫어요."

라고 작은 목소리로 말해 준 일이 생각났다. 나는 울고 싶은 기분이 들었다. 그대로 있다가 종이 울리자 우리들은 백인(하오레) 학교에 갔다. 사모님이 그렇게 화를 낸 것은 어느 정도는 도난 사건 탓도 있을 것이라고 생각했다. 나는 사모님이 늘 왼손 새끼손가락에 끼고 있던 반지가 없는 것을 함께 생각해 보았다. 그래도 나는 그렇게까지 화를 내는 것이 슬퍼서 견딜 수가 없었다. 백인(하오레) 학교가 끝나고 본오도리 연습을 위해 다시 학교로 돌아왔을 때도 나는 일부러 주택 앞을 지나가며 사모님에게 모자를 벗고, '안녕하세요'라고 인사를 했다. 그러나 사모님은 아직 화가 나시는지 평소처럼 인사도 하지 않고 그냥

입가를 샐룩거리는 것만 같았다. 나는 오늘은 춤을 추지 않겠다고 생각했다. 그래도 모처럼 본오도리를 이런 기분으로 보내는 것은 너무나 마음이 무거웠다.

미즈에가 빗속을 우산 하나를 쓰고 달려왔다. 그리고 모리야마 이치로에게 내밀며 쓰라고 했다. 그러자 모리야마는 쓰지 않겠다고 하며 미즈에를 밀쳤다. 할 수 없이 미즈에는 내게 왔다. 나는 물보라를 맞으며 두 팔과 스커트 자락이 젖어 있는 것을 보고 그녀를 위해 적당한 자리를 내주었다.

그러자 맞은편에 있던 모리야마가 나를 보고, '여자나 밝힌다'고 하며 경멸하듯이 비웃었다. 그 모습을 보니 나는 순간 욱하는 기분이 들었다. 그에게 덤벼들자 그는 반쯤 저항하면서 한동안 건물 바닥 아래로 이리 저리 도망을 쳤다. 그리고 마지막엔 나를 세게 한 대 치고는 빗속을 달려 쏜살같이 도망쳤다. 나도 뒤를 쫓아 달리기 시작했다. 건물 바닥 아래에 있던 일단이 이것을 보고 동요하기 시작했다. 나는 죽어라 달렸다. 나는 지금이야말로 이 기분을 어떻게든 해야만 한다고 생각했다.

모리야마 이치로는 정원에서 이리저리 기를 쓰고 도망을 다녔다. 내가 엄청나게 험악한 표정으로 점점 그를 따라붙고 있다는 것을 알고는 그도 기를 쓰고 울타리를 넘어 캬베츠나무 숲으로 도망을 쳤다. 나도 숲으로 달려 들어갔다. 그리고 나는 마침내 그를 붙잡았다. 그런데 그 때 그는 갑자기 공격 자세를 취하는가 싶더니 나한테 붙잡혀 있는 상태에서 나를 공격했다. 이 의외의 역습에 나는 잠시 멈칫하며 그를 다시 쏘아보았다. 그리고 바로 그 순간 나는 깜짝 놀랐다. 그는 오른 손을 옆구리에 갖다 대었고 그곳에는 예리한 단도가 빗방울을 뚝뚝 떨어뜨리며 기분 나쁘게 번득이고 있었다. 가만히 단도를 들고 머리와 어깨 너머로 빗방울을 떨어뜨리고 있는 그의 얼굴, 평소보다 좀 창백해 보였고 비에 젖어 도자기처럼 빤질빤질 빛나며 지금 당장이라도 나를 덮칠 것 같았다. 나는 갑자기 울고 싶은 충동이 일었다. 동시에 학교 쪽을 힐끗 보니, 비가 주룩주룩 내리는 숲을 지나 학교 정원 너머로 희미하게 보이는 주택이 있을 뿐이었다. 그리고 복도에는 뭔가 사람 그림자 같은 것이 움직이는 것 같기도 했지만, 사모님은 아까 인사를 했을 때처럼 외면을 하고 집안으로 사라진 것 같았다. 눈앞에서는 모리야마가 같은 자세로 나를 노려보고 있었다. 얼굴에 희미하게 조소마저 띠고 있었다.

그 순간이었다. 나는 와락 울음을 터뜨리며 순식간에 그에게 돌진하여 단도를 쥐고 있는 그의 손목을 있는 힘껏 꽉 붙잡고 그대로 내 신체를 찔렀다. 깜짝 놀란 모리야마가 두 손을 들고 뭐라 외치면서 도망치는 것을 보고, 나는 그대로 의식을 잃고 말았다.

정신을 차리고 나니 많은 사람들이 나를 둘러싸고 있었다. 내 머리 맡 근처에는 엄마가 있었고, 엄마는 작은 목소리로 내 이름을 부르고 있었다. 내가 깊은 잠에서 깨기라도 한 듯 두리번 두리번 주위를 둘러보기 시작하자, 엄마는 눈물 자국이 있는 얼굴에 미소를 가득 띠고 모두에게 가볍게 인사를 한 번 했다. 그러자 다른 사람들도 모두 동시에 인사를 하며 몸을 움직였다. 학교 선생님은 하얀 얼굴에 안경을 번득이며 두 손을 꼭 잡고 부드럽게 웃고 계셨고, 이웃집의 다케다(竹田) 씨, 나카무라(中村) 아주머니들도 죽 서 있었다. 그리고 침대 끝

쪽에는 세로줄 무늬의 새 셔츠를 입은 모리야마 이치로가 자기 아버
지와 함께 고개를 숙이고 나란히 서 있었다. 내가 깨어난 것을 보자,
모리야마의 아버지는 이치로를 재촉하며 내 머리맡으로 다가왔다.

"우리 이치로가 말도 안 되는 상처를 입혀서……정말로 죄송합니
다. 용서해 주세요."

그리고 굵은 목을 푹 숙였다. 이치로도 눈썹을 찌푸리며 고개를
숙이고 있었다. 그런 그를 보고 마음속으로는,

"잘못한 건 미, 아니에요?"

하고 싶었지만 곧 고개를 돌렸다. 그리고 그 후에는 목이 다른 말을
하는 것처럼 색색 울렸다.

"분명 얘가 잘못을 했겠지요. ……늘 잘못을 하니까요."

엄마가 중얼거리듯 말했다. 그리고 내 이마에 맺힌 작은 땀방울을
살짝 닦아 주었다.

"뭐, 이제부터 마사토도 이치로도 싸우지들 말거라."

선생님이 앞으로 잡은 두 손을 놓고 두 사람의 얼굴을 번갈아 보며
웃었다.

순간 침묵이 이어졌지만, 이번에는 낯 간지러운 대화가 오갔고, 나
는 그 대화를 하는 사람들 덕분에 어쩐지 다른 무리의 사람들을 보는
것 같은 느낌이 들었다.

문이 열리고 일본인 간호사가 들어왔다. 그리고 그 뒤에서 키가
큰 월터 해밀튼이 가볍게 휘파람을 불며 들어왔다. 이 의사는 아무리
위급한 환자를 진찰할 때도 휘파람을 부는 것이 미덕이라면 미덕이
었다.

"huhun(흐흠), 나카시마 보이, 괜찮나? 댓츠 올 라이트."

이렇게 일본어를 섞어서 말을 붙이고는 다시 한 번 내 다리의 상처를 보았다. 그곳에는 붕대가 엄청나게 칭칭 감겨 있었다. 이제 출혈도 멎었고 단지 가끔씩 펄떡펄떡 맥박이 뛸 뿐이었다. 나는 쿡쿡 쑤시는 통증을 다시 느끼면서 아까 깨어났을 때부터 뭔가 째깍째깍 시계 소리가 나는 것을 의식하고 있었는데, 그것은 아주 조용한 상태로 돌아와서 그렇다기보다는 오열을 하고 엄청나게 가슴이 벌떡거리는 꿈에 시달린 탓인 것 같았다.

간호부가 창문의 커튼을 활짝 열어 제쳤다. 그러자 어디에서인가 빗방울이 똑똑 떨어지는 소리가 났다. 하지만 방금 전 내리던 소나기는 이제 완전히 그치고 활짝 개어서 저녁에 가까운 오후의 햇살이 방안으로 밝게 비쳐 들었다. 이곳은 바다와 가까운 백인의 별장지(마을에서 약 반 마일)에 있는 병원이다.

이윽고 월터 해밀튼은,

"올 라잇 보이."

라고 한 번 더 말하고 가버렸다. 간호부도 그 뒤를 따랐다. 그리고 결국 선생님과 모리야마 부자도 다른 사람들과 함께 돌아갔다. 어머니는 그 사람들을 전송하고는 의자에 앉아 나를 위해 귤을 까기 시작했다. 나는 아까부터 신체를 제대로 움직일 수 없어서 가만히 있었다. 아무 생각도 하지 않으려 했다. 빗방울 소리도 들리지 않게 되었다. 나는 하품을 하기 시작했다. 그러나 하품을 한 뒤에 왠지 모르게 잠시 눈물이 흘러나왔다. 내가 갑자기 기침을 하면서 엎드리자 엄마는 허둥지둥 귤을 까는 것을 그만두고 '마사토', '마사토'하고 부르며, 자라고 이불을 덮어주었다.

————— 5 —————

 아침에 학교에 가니 아직 아무도 오지 않았다. 선생님들은 아직 자고 있는 것 같았다. 그래서 나는 학교 정문으로 들어가서 기념비가 있는 왼편의 야트막한 언덕 위에 있는 캬베츠나무 아래 잔디에 앉았다. 여기에서는 주택의 선생님들이 주무시는 방 창문이 보인다. 태양이 벌써 숲속을 들여다보기 시작했다. 지금 숲은 캬베츠나무 열매로 위도 아래도 모두 온통 노랗게 보였다. 이슬이 맺힌 노란 열매들이 아침 햇살을 받아 파란 잎 사이에서 반짝반짝 빛이 나서 금가루를 뿌려 놓은 듯 눈이 부시다. 첫 상행열차가 숲 바깥쪽을 지나가는 것이 서 있는 나무들 사이로 활동사진처럼 언뜻언뜻 보인다. 이윽고 두 명, 세 명 바깥쪽 잠자리언덕길이나 뒷길 기타 이곳저곳에 있는 샛길로 생도들이 모여든다. 그러자 선생님들의 방 창문이 스륵스륵 세로로 열린다. 이 창문을 여는 것은 늘 사모님이다. 사모님은 뭔가 얇은 일본 옷을 입고 창문의 철망을 통해 바깥 경치를 바라보고 있었다. 살짝 부어오른 눈. 나를 보고 있는 것 같았다. 이른 시간이라 놀라셨는지도 모른다. 그러나 나는 마치 캬베츠나무의 참새 둥우리라도 세고 있는 것처럼 벌러덩 누워, 작은 맥처럼 나뭇가지 사이로 새어드는 햇빛이 만드는 얼룩을 전신에 받으며 한쪽 눈을 감고 위를 올려다보고 있었다. 뭔가 입을 꼭 다물고 불만스런 표정으로 보이는 것은, 일어난 지 얼마 안 되어서 기분이 나쁘다기보다는 50야드도 떨어져 있지 않은 곳에 있으면서 생도인 내가 벌러덩 누워서 인사도 하지 않기 때문 아닐까? 그러나 나는 결국은 모자를 얼굴 위에 올려놓고 발끝부터 조금씩 움직여 경사면을 미끄러져가며 언덕 뒤로 몸을 숨겼다. 이제 보이지 않겠지. 모자 안에서 방금 전까지 감았던 눈을 살짝 뜨고 살펴보니, 사모님은 아직 허리띠를 고쳐 매며 이쪽을 보고 있다. 조금 뿌루퉁한 눈은 여전히 기분이 나빠 보인다. 아니 그렇다기보다 사모님의 저 얼굴은 아침 숲의 공기를 마시면서 뭔가 먼 곳을 생각하는 얼굴이라고 하는 것이 더 적당할지 모른다. 사모님의 일본 고향은 이곳 숲처럼 1년 내내 공기가 갖가지 꽃이나 캬베츠나무 열매처럼 달콤한지도 모른다. 언젠가 사모님에게서 감이라는 과일을 받은 적이 있는데, 그런 달콤한 향기. 히로시마라는 곳은 감의 명산지임에 틀림없다. 그런데 감의 명산지에서 사모님이 하와이로 건너온 것은 2년 전의 일이다. 펄 시티의 신부!

사모님이 펄 시티 역에 호놀룰루 별원(別院) 사람들과 도착한 것은 마우카(mauka)에서 파인애플 수확이 한창이던 8월의 어느 일요일 아침의 일이었다. 학교에서는 우리들 일요학교 생도들이 입구에서 정숙하게 한 줄로 서서 기다렸다. 잠자리언덕을 십여 명의 호위를 받으며 우리들 앞으로 지나간 것은 그로부터 얼마 안 있어서의 일이었지만, 우리들은 그때 일제히 인사를 했다. 그런데 상급 여생도들 중에서는 몰래 울음을 터뜨리는 사람도 있었다. 그러자 사모님은 뭔가 들릴락말락한 목소리로 중얼거리며 지나갔는데, 역시 끝내는 웃으면서 손수건으로 눈물을 닦고 있었다. 그 때는 일단 해산을 했고, 우리들이 부형들과 결혼 피로 식장에 간 것은 정오 가까운 시각이었다. 본 교사 불단

정면에 신랑신부인 선생님과 사모님이 단정하게 나란히 앉아 있었고,
우리들은 두 줄로 된 긴 식탁을 사이에 두고 넓은 회장에 미어터질
정도로 많이 모여 있었다. 그리고 그 사람들은 정면에 있는 두 사람을
바라보며 얼마나 기뻐들 했던지. '펄 시티의 신랑신부'라고 사람들은
추켜세우며 칭찬을 해 댔다. 이윽고 술자리가 흥건해지고 엄마가 샤미
센을 연주하기 시작했다. 샤미센을 켜면서 큰 목소리로 노래를 부르는
엄마가 나는 싫었다. 엄마 옆에서 '켜지 마', '켜지 마'하며 내가 열심히
조르자 술을 따르던 사모님이 내 얼굴을 들여다보며,

"어머, 어머니를 난처하게 하고 있군요."

하며, 엄마와 가볍게 얼굴을 마주보며 웃었다. 나는 얼굴이 빨개져서
엄마의 등 뒤에 숨어 여전히, '엄마', '엄마'하고 불렀다. 엄마가 연주
하기를 주저하고 있자,

"괜찮지 않아요?"

라고 온화하게 엄마에게 말하며 내 이름을 물어보았다. 그리고 마침내,

"저, 마사토 군, 착하지. 몇 학년이에요?"

라고 하며, 젓가락 끝으로 양갱을 집어 주었다. 그러자 나는 갑자기
냅다 달아났다. 그날 밤, 연회가 끝나고 돌아와서 엄마는 옷소매에서
종이에 싼 것을 내게 내밀었다. 그것은 낮에 사모님이 내게 준 양갱이
었다. 그리고 2년 동안― 사모님이 계속 내 담임이었다. 우리들은 그
동안 얼마나 노래 실력이 늘고 일본 이야기를 들었는지 모른다. 여생
도들은 재봉이나 수예를 익혔다. 그리고 운동회 때 사모님이 연주하
던 오르간과 학예회 때 발휘하신 밝은 기지에 펄 시티는 밝고 행복했
다. 신 교사(校舍)가 생겼을 때의 일이었다. 신축 연예회가 있었다. 나

는 '나쁜 지장(地藏) 보살'이었는데, 길에서 사람들의 도시락을 훔쳐 먹는 장면의 연기가 좋았다고 하며, 무대 뒤 대기실로 돌아오자마자 사모님은 내 손을 잡아끌고 다시 무대로 나갔다.

"마사토 군의 연기가 일등이었습니다."

사모님은 이렇게 칭찬을 해 주었다. 그러자 나의 연기가 기가 막히다며 배꼽을 잡고 웃던 만당(滿堂)의 관객들이 더 우렁찬 박수와 환호를 보내주었다. 그날 밤 상으로 사모님에게서 『다케토리 이야기(竹取物語)』3를 받았다. 가끔씩 벌을 받는 일도 있었다. 특히 나하고 모리야마 이치로 두 사람은 다른 사람들보다 더 자주 벌을 받았다. 선생님은 정말로 화가 나면 우리들을 본 교사 복도 끝 창고에 가두곤 했다. 그리고나면 삼십분 정도 지나 밖에서 인기척이 나고, 사모님은 우리를 살짝 꺼내 주고 '싸움을 하면 안 돼요'라고 하며 과자를 준다.

학교에는 이제 아무도 없고, 사모님은 하카마(袴)4 차림이 아니다. 벌써 시간이 그렇게 되었나. 나는 서둘러 모자를 얼굴에서 떼 본다. 그러자 사모님은 하카마를 입으시려는 참이었다. 눈은 역시 어딘가 꿈꾸 듯 먼 곳을 보는 듯하며……. 나는 결국 인사를 할 기회를 놓치고 말았다. 숲 속이 차차 활기를 띠고 있었다. 작은 새들이 시끄럽게 지저귀고 고추잠자리가 천을 짜듯이 왔다갔다 했다. 어디에서인가 음식 냄새가 났다. 이윽고 잠자리언덕 쪽에서 군가를 부르며 아무렇

3 헤이안시대(平安時代)에 성립한, 일본에서 가장 오래된 설화. 작자, 성립 시기 미상. 대나무를 베는 나무꾼 할아버지에 의해 대나무 속에서 나온 가구야공주의 이야기.
4 하반신에 착용하는 일본의 전통 의상. 축제 등 특정행사나 관혼상제, 성인식, 졸업식 등 공식적 자리에서 입는 정장, 특정 직업의 제복 등으로 사용.

게나 바스켓을 지고 있는 모리야마 이치로들이 내려왔다. 사모님은
그 노래를 듣더니, 정신이 든 듯 눈이 휘둥그레져서 바지 자락을 한
번 툭 털고는 창문 쪽으로 모습을 감추었다. 이윽고 수업이 시작되었
다. 나는 군가가 나는 쪽으로 시선을 돌리며 중절모를 뒤로 제쳐 쓴
후, 기는 자세로 단숨에 올라갔다.

——— 6 ———

이곳에 들어온 지 벌써 열흘째다. 나는 완전히 회복되었다. 이제
누워 있는 시간이 적고 지팡이를 짚고 정원 여기저기를 산보하는 일
이 많아졌다. 월터 해밀튼은 유리창 너머 의무실에서 팔짱을 끼고
산보를 하는 내 모습을 보며 고개를 끄덕끄덕하고 있었다.

그 다음날이었다. 내가 그렇게 정원을 산책하고 있는데, 엄마가 커
다란 봉투 하나를 건네주었다. 동시에,

"저, 학교 도둑은 역시 군인이었댄다."

하며 이상하게 웃었다. 내가 깜짝 놀라 봉투를 열어보니 학교 통신표
와 사모님이 보내주신 편지가 들어 있었다. 통신표에는 지금까지 계
속 '을'이었던 품행점수가 '갑'으로 되어 있었다. 편지에는,

"마사토 군, 이제 퇴원할 수 있나요? 빨리 나아서 다시 건강한 모습
으로 만나요. 본오도리는 이제 내일이에요."

라고 적혀 있었다. 그것을 다 읽고 나서 나는 엄마에게 말했다.

"엄마, 미 내일 여기 나갈래."

그리고 그 때 내 머리 속에서는 와이파후의 본오도리 일행을 맞이
하여 신나게 춤을 추는 그날 밤의 모습이 그려지면서 반딧불이 등불
처럼 환하게 밝아졌다.

— 『작품(作品)』(作品社, 1935.7)

캠프의 환상

우리 형은 열여덟 살에 하와이에 와서 스물한 살에 정신 이상(?)을 일으켜 열차에 치여 죽었습니다. 이것은 그 불행이 있기 1년 전 형이 쓴 수기입니다.──작자.

X월 X일

오늘은 깜짝 놀랐다. 8호 경작지에서 늘 그렇듯이 지루하게 이어지는 물대기 작업이 시작되었지만, 나는 이 일이 가장 마음이 편하다. 왜냐하면 사탕수수도 벌써 6피트 이상 자랐고, 이렇게 되면 아무리 키가 큰 내가 서 있어도 아무데서도 또 아무도 나를 알아보지 못할 것이기 때문이다. 정오가 지나 회사(밀)의 사업 개시 기적이 울리고 나서, 나는 예초기 손잡이에 턱을 댄 채 서서 주변 분위기를 살펴보았지만 근처에 나처럼 물을 대는 사람은 딱히 없는 것 같았다. 나는 매우 가벼운 마음에 안도를 하면서, 가장 긴 도랑에 물을 대기 시작할 즈음 갑옷같이 무거운 복장 그대로 적당한 그늘에 길게 누워 있었다. 물이 졸졸 흐르는 소리를 들으며 파란 사탕수수가 바람에 나부끼는 사이사이로 언뜻언뜻 보이는 높은 하늘을 올려다보고 있으면 세상

즐겁다.

그리운 일본의 산들이 떠올랐다. 산이라고 하면 고향의 산은 모두 기품이 있고 가슴을 활짝 펴게 하는 느낌이 들었다. 하나하나 뭔가 원대한 희망을 드러내고 있는 것 같다. 그 중에서도 아소산(阿蘇山)[1]은 웅대하다. 그 산 기슭에서 자란 나는 매일 아침 외양간에서 소를 끌고 나와 등에 올라타고 마을 밖 다리 언저리에서 조용히 연기를 내뿜고 있는 아소의 풍경을 바라보는 것이 좋았다. 그리고 집에 돌아오면 서둘러 연필과 도화지를 꺼낸다. 산 그림을 얼마나 많이 그렸던가. 그 시절의 추억.

그런데, ……. 그 때 갑자기 어디에서인가 피스톨을 발사하는 소리가 들렸고 동시에 자동차 펑크가 나는 것 같은 소리가 나더니, 사람들의 엄청난 외침 소리가 들려왔다. 그렇다면 이곳은 가도 쪽임에 틀림없다. 그 소리가 무엇을 의미하는지는 모른다. 어쩐지 예의 홀드 업(holdup, 강도) 짓인 것 같았다. 사라져가는 외침소리로 상상해 보건데, 뭔가 반짝거리는 한낮의 아스팔트 도로 바닥에 새빨간 피가 쫙 떨어지면서 새끼손가락 같은 느낌으로 흐르는 것 같아서 감히 가 볼 생각도 하지 못했다. 잠시 후, 다시 조용해졌다. 나는 어제, 그제 이틀 동안 계속해서 자지 못한 탓도 있는지 점점 피곤해졌고 그대로 잠에 곯아떨어졌다. 그런데 채 삼십분도 되지 않았을 것이다. 깜짝 놀라 벌떡 일어날 만큼 큰 소리가 나는 바람에 갑자기 잠이 깼다. 이번에 난 소리는 무엇일까?

1　일본 규슈(九州) 중앙부 구마모토(熊本)에 위치한 활화산.

주변은 온통 해질녘처럼 어둑어둑했고, 낮은 하늘은 옅은 묵색 구름에 뒤덮혀 있었다. 하와이에서는 흔히 있는 일이니, 갑자기 소나기(샤워)가 쏟아지는가보다 하며 일어나서 가보려고 했다. 그런데 내가 물을 갈지 않고 그대로 내버려 둔 탓에 하나의 둑에서 다른 둑으로 물이 흘러넘쳐 일대는 온통 물바다가 되어 있었다. 사실을 말하자면, 나 자신도 발목까지 잠겨 있었다. 쏴! 하는 파도소리 같은 소리와 함께 이미 가까이 몰려온 호우가 예상되었다. 동시에 굵은 빗방울이 후두둑후두둑 사탕수수 잎을 마구 두드리기 시작했다. 나는 깜빡 잊고 두고 온 우비를 가지고 오려고, 여전히 우르르쾅쾅 끊임없이 쳐대는 천둥소리를 경계하며 큰 도랑 쪽으로 가기 시작했다. 그런데 가다 보니 일부 사탕수수의 잎이 시들고, 이상하게 그곳만 어두운 곳이 있었다. 이상한 생각이 들어 가까이 가보고는 깜짝 놀랐다. 때때로 사탕수수 밭 일을 감시하러 돌아다니는 회사의 감독(루나)이 얼굴색이 변한 채 사탕수수 그루터기에 기대고 앉아 있었다. 흔들어서 깨워보려 했지만, 머리만 덜렁덜렁할 뿐 아무 반응이 없다. 혁대를 보니, 쇠사슬은 검게 변색이 된 채 커다란 오른쪽 포켓으로 주루룩 흘러들어가 있었다. 말할 것도 없이 평소 자랑스러워하던 금시계도 무화과색으로 녹이 슬어 있었다. 불쌍하게도 멋진 수염을 기른 이 포르투갈인 감독(루나)은 벼락을 맞아 그 자리에서 죽어버린 것이었다.

그리고 얼마 안 있어 비도 그치고 천둥소리도 멀어지더니 다시 오전처럼 햇빛이 쨍하고 났다. 하지만, 어찌된 일인지 나는 작업 종료 시간인 5시까지 기다리지 못하고 빨리 사탕수수 밭을 벗어나고 싶어 일을 하다 말고 그대로 캠프로 돌아왔다. 첫째는 뜻밖의 그 사고에 대해 보고도 해야 했고, 오늘은 호놀룰루 시의 책방에 일찍이 주문해 두었던 『우키요에와 풍경화』[2], 『태양(太陽)』[3] 등이 와 있을 것이라 생각하니 도저히 참을 수가 없었던 것이다. 그러나 캠프로 돌아와 보니, 아무도 돌아오지 않아 빈집 같다는 생각이 들어 어찌해야 좋을지 몰랐다. 일단 이대로 와이파후에 있는 회사에 가서 직접 이 일을 보고할까 생각했지만, 먼저 데라다(寺田) 씨(형 네 캠프의 소루나)에게 말하는 것이 순서라는 생각이 들어 내 방으로 들어가 그리다 만 그림을 그리고 있었다. 그림을 그리고 있으면 이상하게도 기분이 차분해진다. 묵으로 밑그림을 대략 다 그렸다. 이제 드디어 그림물감을 써야 하는데, 또 빨간 색이 먼저 눈에 들어온다. 왜 이러는 것일까? 빨강, 빨강. 이 색을 잘 사용하면. 그러나 '기요히메(淸姬)'[4] 그림에서는 먹이 중요하다고 생각하며 한숨 돌리려고 일어나서 창가로 갔다. 그런데 문득 바깥을 보니 엄마가 레일이 깔린 벼랑 아래 길을 먼지를 뽀얗게 일으키며 종종 걸음으로 서둘러 달려오는 것이 아닌가? 손에는 뭔가 하얀 꾸러미를 들고……. 그 순간 나는 일시에 당혹스러워졌다. 나는 반쯤 잊고 있던, 아니 잊으려고 애쓰던 일을 다시 떠올려야 했다. 어머니는 빨래를 구실로 나와 아버지가 일전에 와이피오의 집에서 부딪힌 일을 어떻게든 해 보려고 온 것이다. 나는 그런 엄마의 세심한 마음을

2 1914년 고지마 도리미즈(小島烏水)가 발표한 『우키요에와 풍경회(浮世繪と風景畵)』.
3 일본 최초의 종합잡지 『태양(太陽)』(博文館, 1895.1-1928.2, 총 531책 발행)을 말함.
4 도조지(道成寺) 전설의 기요히메(淸姬)를 말함. 마음을 준 승려 안진(安珍)에게 배신당하고 원한을 품은 기요히메가 도조지라는 절에서 안진을 종과 함께 태워 죽이는 내용.

모르는 것은 아니다. 그리고 내가 좀 꼬였다는 것도 알고 있다. 그러나 그래도 어쨌든 얼마 전의 일은 부모라 해도 그렇게 쉽게 넘어갈 일은 아니다. 다시 한 번 여기에 기록한다. 삼 일 전 그날 밤, 나는 또 필요한 곳이 있어서 10달러 정도 돈을 마련해 달라고 하려고 저녁 무렵에 가서 밤이 될 때까지 기다리고 있었다. 생선 장사를 마친 아버지가 마차를 타고 막 돌아왔을 때였다. 나는 딱히 도와드릴 생각도 않고 집안에서 약간 쭈뼛쭈뼛하고 있다가, 마구를 내리고 들어온 아버지에게, '어서 오세요'라고 인사를 하려고 일어서려 했다. 그 순간 아버지가 갑자기 내 뺨을 두세 대 때렸다. 갑자기 일을 당한 나는 비틀거렸다. 하지만, 아버지는 여전히 그 특유의 몽매한 눈을 날카롭게 번득이며, '이 후레자식!'이라고 고함을 질렀다.

"부모가 아침부터 밤까지 이리 뛰고 저리 뛰며 일을 하고 지쳐서 돌아왔는데, 마구 내리는 거 하나 거들기는 커녕 인사도 하지 않고 뻔뻔하게 버티고 있다니, 뭐야! 게다가 돈을 달라고? 대체 부모 속을 얼마나 썩일 속셈이냐? 한심한 놈! 나가! 나가라고!"

엄마가 달려왔다. 울음을 터트렸다. 같은 램프 가까이에서 공기놀이를 하던 여동생과 남동생들이 울부짖기 시작했다. 이것도 나는 엄마가 방금 전 마구 내려놓는 것을 거들면서 아버지에게 이른 것이라 생각한다. 나는 그런 엄마에게도 호의를 가질 수가 없다. 왜냐하면 나 혼자 일본에 남겨놓고 오랫동안 가까이에서 키우지 못한 데서 오는 나에 대한 냉혹한 처우일 것이라 나는 생각한다. 아니 그것은 확실하다. 와이피오 사람들은 부모를 비롯하여 여동생이나 남동생들도 나를 백안시한다. 상대가 그런 생각이라면 방법을 강구하지 않을 수 없다. 그렇게 결심을 하고 나는 엄마가 울며 말리는 것도 듣지 않고 조리를 걸치고 나와 버렸다. 그날 밤 이후 나는 이곳 데라다 씨에게도 말하지 않고 각오를 했다. 나는 누가 뭐라 해도 나의 이 그림 수업을 그만두지 않을 것이다. 나하고 와이피오 사람들하고 의견이 통 맞지 않는 것도, 가까운 예를 들자면, 단순히 내가 하와이에 오고 나서도 여전히 그림을 그린다는 것에 원인이 있는 것 같다. 하지만 내가 어찌 그림을 단념할 수 있단 말인가? 나는 네 살 때부터 이미 그림을 그리기 시작했다. 그것은 그때까지 아직 일본에 있던 우리 부모들도 알고 있을 것이다. 그리고나서 17년 동안 계속해서 나는 정식으로 중학교에도 들어가지 않고 농사일을 하는 틈틈이 독학으로 열심히 그림공부를 해 왔다. 그런데 지금에 와서 생활이 좀 어렵다고 해서 쉽게 이 길을 그만 둘 것이라면,……. 그야 물론 나는 일을 하지 않고 그림을 그리는 경우도 있다. 또 물감이나 책 등 돈이 좀 드는 경우도 있다. 그러나 그렇다고 해서 나는 이렇게 박해를 당해야 하는 것일까?

어쨌든 나는 엄마를 만나고 싶지 않다. 나는 그리다 만 그림을 펼쳐 놓은 채, 밖으로 도망치듯 방을 나갔다. 그런데 엄마는 내가 나가는 것을 본 것일까?

"시게루(茂)!"

"시게루!"

연달아 부르며 언덕을 올라오는 것 같았다. 나는 처음에는 숨기 위해 마쓰모토(松本)의 방 쪽으로 서둘러 갔지만, 가는 길에 하쓰코(初子, 데라다 씨의 맏딸)가 빨래를 하는 것을 보고 재빨리 변소에 숨기로 했다. 그리고 1,2분 지나자 과연 엄마는 하쓰코에게 내가 어디로 갔는지 물어보고는 둘이서 마쓰모토 네 집으로 찾으러 가는 것 같았다. 잠시 후 광장 쪽에서 두 사람의 목소리가 나더니, 이번에는 목욕탕 앞에 서서 내 이름을 두 사람이 번갈아 부르고 있었다. 그러더니 잠긴 문을 똑똑 두드리기 시작했다. 그러나 내가 어디에서도 보이지 않는 것을 알고, 엄마는 체념한 듯 나에 대해 뭔가 물어보는 것 같았다.

"이것 좀 시게루에게. 엄마가 빨래를 가지고 왔다고 전해 주세요." 하고 약간 쉰 목소리로 말했다. 나는 그 때 고개를 살짝 들고 높은 옹이구멍으로 엄마가 돌아가는 모습을 보고 있었는데, 엄마는 울고 있는지 풀이 푹 죽어 있었다.

나도 그곳에서 한 10분 정도 고개를 숙이고 있다가 기운을 차리고 방으로 돌아와 보니, 하쓰코 씨가 혼자 내 방에 들어와서 내 그림의 먹이 떨어지지는 않는지 확인을 해 보듯이 새끼 손가락에 침을 발라서 조용히 문지르고 있었다. 입구에 있는 내 모습을 보고는 좀 놀랐는지 급하게 흰 치열을 보이며 그림을 원래 위치로 돌려놓고 나무라듯이 말했다.

"시게, 너 엄마하고 싸웠어? 싸우면 안 돼."

이렇게 말하며 옆에 놓여 있는 신문지로 싼 것을 내밀었다. 나는 갓 열여섯이 된 이 소녀의 단순함이 늘 믿음직스럽다. 그러나 지금 나는 견딜 수 없는 초조감에 시달리고 있다. 나는 그녀가 내민 것을 다시 책장에 올려놓고 말없이 앞뒤 모든 것을 잊고 옷을 갈아입고 그대로 캠프를 나왔다. 그러는 사이 소녀는 상기된 내 얼굴을 보고 있다가 이윽고 조용히 고개를 가로젓기 시작했다. 그리고 나는 이미 와이파후로 가는 길을 부지런히 걷고 있었다.

와이파후 시내로 3분의 2정도 오자 비로소 5시 파하나[5]를 알리는
종이 울렸다. 나는 그제서야 비로소 그 포르투갈 감독(루나)이 생각이
났다. 말을 해야 하나? 그러나 나는 1마일 이상이나 되는 길을 다시
돌아가서 그 일을 데라다 씨에게 말을 할 용기가 도저히 나지 않았다.
게다가 데라다 씨는 하쓰코 씨에게서 오늘 나하고 엄마 사이에 있었
던 이야기를 들었을 테니 나한테 어떤 귀찮은 이야기를 할지 모른다.
그 사람은 원래 사서 고생을 하는 사람이니 말이다. 에라 모르겠다.
나는 그냥 이대로 마을로 갈 거야.

우체국에는 내 앞으로 온 우편물이 하나도 없었다. 호놀룰루의 책
방은 어떻게 되었을까? 일본에서 아직 짐이 오지 않았는지도 몰라.
그래도 너무 오래 걸린다, 너무 오래 걸려. 나는 기다릴 수가 없다.

실망을 하고 긴 T자 형 모양의 거리를 걷고 있다가, 호눌룰루에서
일본 영화대가 와 있다는 것을 알게 되었다. 상영물은 〈불여귀(不如
歸)〉[6]와 〈일본혼의 정수(精髓日本魂)〉라는 신파와 구극 두 개로 모두
진부하다고 생각했지만, 결국 들어가 보기로 했다. 이럴 때는 활동사
진[7]을 보는 게 최고다. 활동사진은 어쩐지 동심을 불러일으켜 사람을
순수하게 만든다. 게다가 이렇게 외국에서 일본 활동사진을 본다는

---

5 파하나(pau hana) '일이 끝나는 시간'을 의미하는 하와이어.

6 원작은 도쿠토미 로카(德富蘆花, 1868~1927)의 동명 소설 『불여귀(不如歸)』(『國民
新聞』, 1898~1899). 1932년 쇼치쿠(松竹) 작으로 감독은 고쇼 헤이노스케(五所平
之助).

7 영화의 구칭, 줄여서 '활동'이라 함. '모티베이션 픽처(motivation picture)'의 역어.
1896년 수입된 이래 1920년대 중반까지 이 명칭으로 불리웠다. 변사가 활약하는
대중오락으로, 1903년에는 최초로 상설관이 개설, 1912년 일본활동사진주식회사
(日本活動寫眞株式會社=日活)가 설립되었다.

것은, 나로서는 북소리와 샤미센 소리를 듣는 것만으로도 눈물이 나올 정도로 반갑다.

과연 반주와 변사가 있기는 했지만, 영화 화면에는 빗발이 심해서 눈이 너무 아팠다. 게다가 상영하는 건물이 큰 탓도 있지만, 화면이 그렇게 귀신처럼 커서는 활동사진이라는 실감도 나지 않고 뭔가 구름이 이리저리 움직이는 것 같은 불쾌한 느낌이 들었다. 그러나 그 상영관에 있는 구경꾼들은 대부분 일본인이었고 열 명 가까이 되는 장사꾼들은 지나인, 카나카, 포루투갈인 등 제각각으로, 이는 어찌된 일인지 모르겠다.

오두막을 나온 것은 열한 시 가까이 되어서였지만, 기분이 상당히 차분해졌다. 지나인이 운영하는 가게에 들어가 야키소바 5센트 어치를 사서 데라다 콤파로 돌아갈 때까지 긴 여정을 함께 하며 위로하려고 생각했다. 마을에서 떨어진 곳에 위치한 하얀 벽을 한 포르투갈인들의 캠프가 있는 곳 쯤부터 슬슬 인가가 없는 길로 접어든다. 무섭지는 않다. 딱히 서두르지도 않고, 깔때기 모양으로 입을 벌린 봉지에서 야키소바를 조금씩 꺼내 먹으면서 가다보니, 사탕수수 밭 사이로 난 넓은 국도가 한 걸음 한 걸음 걸을 때마다 점점 좁아지는 것 같았다. 국도라서 이 늦은 밤에도 가끔씩 자동차나 자전거가 지나갔는데 그게 모두 휙휙 지나가 버린다. 그래도 봉지에서 야키소바를 심심풀이로 꺼내먹으면서 딱딱한 길을 터벅터벅 걸어가고 있었다. 그런데, 갑자기 2,3백 미터 정도 앞에 대낮처럼 환하게 빛을 받고 있는 마차 한 대가 눈에 들어왔다. 많은 사람들이 타고 있다. 그 빛은 아무래도 사탕수수 밭에서 비추고 있는 서치라이트인 것 같았다. 이 역시 필리핀 사람들의 장난이겠지 하고 생각했지만, 푸르스름하고 강렬한 그 광선이 이번에는 좌우 양쪽의 사탕수수 밭에서 오고 있다. 그것이 세 번째 쫙 비쳤을 때, 다시 마차 위를 보니 대여섯 명이 타고 있었다. 그 무리들은 별로 소란스럽지는 않았는데, 잠이 든 것인지 아니면 위축이 되어서 그런 것인지 거의 꼼짝도 않고 그저 조용히 말을 몰고 있었다. 마침내 불빛이 사라지고 어둠속에서 달가닥달가닥 말발굽소리만 들려왔다. 달가닥달가닥 하는 그 음률을 듣고 있자니 어쩐지 와이피오의 집에 있는 암탉, 뭐라고 했더라 그래그래 자니다, 그 자니의 발자국 소리와 비슷하다. 그리고 보니 마차 위에 있는 그 대여섯 명은 태세(포즈)도 그렇고 나이도 그렇고 아무래도 와이피오 가족들일지도 모른다. 높은 마부석에 파란 셔츠를 입고 오른손에 채찍을 들고 있는 것이 아버지이고, 그 옆에 기대고 있는 것이 둘째 여동생, 그 뒤에 앉아 있는 네 명이 차례로 첫째 마리에, 셋째 미에코, 그리고 엄마, 건방지게 중절모를 제쳐 쓴 것이 아무래도 나오토(直人)인 것 같다. 아니 그런 게 아닐까 하고 확인을 하려고 다시 한 번 빛이 비치기를 기다렸지만, 결국 네 번째 서치라이트 조명은 없었다. 그리고 마차의 말굽소리는 점점 멀어져만 갔다.

— 1931년 10월

카나카

이웃집 라카 할머니는 도저히 손을 쓸 수 없는 주정뱅이였다.

우리 형이 급성 정신 이상으로 야간 화물열차에 치어 횡사하고 2주일 후, 엄마를 비롯한 우리 여섯 식구는 아버지와 아저씨를 남기고 그 유골과 함께 먼저 일본으로 돌아가기로 했다. 그 전날 밤, 집에서는 아주 간단한 송별모임이 있었다.

날이 저물고 집을 양쪽에서 우산처럼 감싸주고 있던 오하이 나무가 어두워지기 시작하자, 집 안에 걸려 있는 세 개의 램프는 어쨌든 꺽쇠 모양으로 된 집을 환하게 비추었다. 그리고 열 집 정도 되는 이웃집 사람들은 제각각 초롱을 들고 혹은 전별금을 한손에 들고 모여들었다. 그러나 처음에 식구들끼리만 모이려던 것이 어느 새 소문이 났는지 마을에서 사탕수수 밭 건너에서 그리고 바다의 만 건너에서도 아는 사람들이 두세 명씩 모여들었다.

"안녕!"

"안녕하세요!"

그들은 이렇게 인사를 하며 양쪽 끝에 있는 넓은 문으로 어딘가 쓸쓸하지만 활기찬 표정으로 드나들었다.

그 때,

"하, 할로, 마마(아주머니라는 뜻)!"

혀가 꼬인 소리를 내며 정원의 출입문을 밀치고 들어오는 사람이 있었다. 라카 아주머니였다.

그녀는 물론 손님의 한 사람으로 들어왔지만, 아까 부르러 갔을 때는 낮잠이라도 자고 있는지 안으로 문이 잠겨 있어서 열리지 않았다. 지금 그녀가 유일하게 의지하고 있는 개 밀만이 눈이 부신 듯 꽃 넝쿨이 기어다니는 입구에 앉아 하얀 꼬리를 천천히 흔들고 있었다.

그런데 지금 그녀는 이웃인 자신을 초대하지 않았다고, 이미 와인을 한 잔 걸치고 온 분위기로 원망을 하며 엄마를 다그치고 있다. 그에 대해 엄마가 해명을 하자,

"오오, 나오토 보이. 올 라잇, 올 라잇."

하며 기분이 좋아져서 몇 번이고 고개를 끄덕이며 위로하듯 엄마의 등을 가볍게 두드렸다. 엄마는 그녀를 회장인 본채로 안내했다.

라카는 대체 몇 살일까? 머리는 세어서 8부 정도는 백발이고 넓적한 얼굴에는 하얗게 곰보가 나 있는데다 성긴 지도처럼 수많은 주름이 패여 있다. 그래서, '라카 할머니'라는 말을 듣는 것인데, 어떤 사람은 이미 오십을 넘었다고 하고 또 어떤 사람은 육십을 넘었다고도 한다. 하지만 그런 그녀가 가운 같이 헐렁하고 긴 옷자락의 의복(드레스, 통칭 카나카 옷)을 입고 포이(하와이토란)를 캔다든지 물고기를 잡으러 물속으로 뛰어든다든지 친구를 만난다든지 할 때면, 젊은 사람들처럼 자세가 꼿꼿해지고 얼굴 혈색은 선명해진다. 그런 그녀는 물개처럼 바다에 들어가면, 한손에는 채취한 것을 담은 망태기를 들

고 또 한손에는 살아있는 새우를 들고 나와 쩝쩝거리며 맛있게 먹는
다. 그것을 보고,

"춥지 않아요?"

라고 물어보면,

"노, 춥지 않아. 일본인은 소금이야(금방 녹는다, 즉 물에 약하다는 뜻.)."

하며 즐거운 듯 입안에 뭔가를 집어넣고 먹으면서 바다 속을 헤엄쳐
돌아다닌다. 아마 한 나절은 그러고 다니는 것 같다. 또한 어느 날
그녀가 친구를 맞이하는 것을 보았는데, 그녀는 상대가 7,8백 미터
앞에서 레일 위를 가느다란 휴지조각 같은 크기로 움직이며 오는 것을
보고는, 더 이상 참을 수가 없었나 보다. 마당의 야자나무 숲 울타리에
기대어, '기다릴게!'라고 하며 환희에 가득 찬 소리를 지르며 하얀 손수
건을 자꾸 흔들어 보였다.

그리고 그녀는 일본인들이 많은 이 지역에서는 누구나 똑같이 이
웃처럼 지냈는데, 지난 해 외동딸인 카히나리가 우쿨렐레에 능숙한
도회(호놀룰루)의 지나인과 행방을 감추자 그 사위인 존도 어느새 사
라져버렸다. 그 이후 오래된 집에 홀로 남겨진 그녀는 옆에 개를 가까
이 하며 좋아하는 와인만 자꾸 마시고 있다. 자신은 아무도 없어서
오히려 홀가분하다고 하면서 말이다.

그래서 형이 죽고 모든 사람들이 장례를 치루느라 밤을 새며 통곡
을 하는 가운데도 그녀는 유일한 취객이었다.

술자리가 어느 새 흥건해졌다.

"어이, 이봐! 마마! 노래 하나 해 봐. 이제 헤어지잖아."

야채장수 오카(岡) 씨가 엄마에게 탄원을 했다. 엄마는 오리집 시게

씨와 마에하라 아주머니들과 침통한 표정을 하고 뭔가 목소리를 낮추어 이야기하고 있었다.

"그럼, 마마 이제 이야기는 됐으니까 샤미센 연주해 주면 어때?"

엄마는 이야기를 멈추고 미소를 지으며 아버지의 안색을 살폈다. 아버지는 형을 잃은 지 얼마 안 되는 슬픔이 이 자리를 침울하게 할 것이 걱정이 되어, 굵은 눈썹을 일부러 더 치켜 올리며 많은 사람들을 상대로 술을 마시고 있었다. 그러나 모두 흥이 나서 떠드는 소리를 듣고는,

"불러 봐."

라고 한 마디 했다. 그것은 정말로 보기 드문 일이었다. 엄마는 그 때 빌려다 둔 샤미센을 무릎 위에 올려놓고 전에 없이 부드러운 목소리로 노래를 부르기 시작했다.

"이야, 이야!"

"나카지마 마마—!"

"휘이!……휘잇!"

휘파람 소리와 함께 모두 칭찬 일색이었다. 그리고 종이에 싼 금화, 싸지 않은 은화의 '꽃'이 엄마를 향해 사방에서 날아들었다. 엄마는 참으로 민망해 하며 몸둘 바를 몰라 자리에 앉은 채 그저 웃고만 있었다.

그리고 어머니는 답례로 다시 샤미센을 연주해야만 했다. 엄마의 목소리는 노래를 부르는 동안 점점 더 맑고 높게 울려 퍼졌다. U자형으로 차려진 식탁 위의 갖가지 음식 접시도 이제 거의 다 비워졌고 흰 테이블보는 술을 흘린 자국으로 지저분해졌다. 마흔 명 정도 되는

손님들의 얼굴은 모두 램프 불빛을 받아 빨갛게 번들거리고 있었다. 신묘한 여흥에 사람들은 모두 흥이 나서 떠들썩해졌다.

그 때 취할 대로 취한 라카 할머니가 이번에는 목에 꽃 장식(레이)을 걸고 기둥에 기대어 입구에 나타났나 싶더니, 실내로 들어와 두 손을 허리에 대고는 훌라 댄스를 추기 시작했다. 사람들은 다소 어이 없어 하면서도 숨을 헐떡거리며 춤을 추고 노래를 하는 그녀의 몸짓에 결국은 배를 잡고 웃었다. 얼마 안 있어 술병을 들고 온 한 남자가 그녀 앞으로 가더니 자신도 할머니 흉내를 내며 익살스런 모습으로 춤을 추기 시작했다. 장내는 이제 폭소와 절규로 극도로 동요하였다. 그리고 담배, 모자, 휴지조각들이 차례차례 날아들었다.

그 순간이었다. 라카 할머니가 춤을 딱 멈추었나 싶더니, 얼굴이 새빨개진 삼촌이 달려 나가 방금 전 할머니와 춤을 추던 남자의 머리를 퍽퍽 때리기 시작했다. 분노에 가득 찬 욕설을 마구 퍼부었다. 분위기가 갑자기 썰렁해졌다. 아버지가 취사장(키친)에서 달려왔다.

"고로쿠(小六)! 내가 오늘 손님들을 부른 이 자리에서는 싸움이 일어나지 않도록 하라고 그렇게 이르고 만사 당부를 해 두었는데, 지가 먼저 싸움을 거는 놈이 어디 있냐! 바보같은 놈!"

아버지가 비통한 목소리로 삼촌에게 고함을 질렀다. 라카 할머니는 몸을 무너뜨리며 연신 분해서 울고 있다가 결국은 같이 춤을 추던 남자에게 뭔가 따지고 있었다. 네다섯 명이 위로를 했지만 여전히 울부짖었고, 결국은 밖으로 끌려 나갔다.

"아아, 미안해요. 나는 또 이렇게 해서라도 모처럼 춤을 추어주는 라카 할머니에게 술병에 담긴 술을 머리에 줄줄 붓는 녀석을 보고 화가 났어요. 이 자리의 분위기를 생각하다 보니 어느새 눈물이 왈칵 쏟아질 만큼 화가 났어요."

그리고 울음을 터뜨렸다. 아버지는 그런 삼촌을 살짝 돌아볼 뿐, 완전히 썰렁해진 분위기를 다시 살리기 위해 엄마에게 다시 샤미센을 연주하라고 했다.

다음날은 예정대로 호놀룰루에서 저녁에 출발하는 기선에 승선을 해야 했다. 아침 열한 시, 우리 여섯 명은 아버지의 마차(웨건)에 미리 준비해 둔 짐을 싣고 조용히 말을 달렸다. 집 뒤 사탕수수 밭을 따라 난 언덕진 길을 그냥 흔들리는 대로 지나가다 보니, 그곳에 있는 라카 할머니 집 안에서 누군가 따라오면서 우리 마차에 대고 열심히 불러대는 사람이 있었다. 우리들은 말없이 돌아보았다. 그러자 그곳에는 어젯밤에 왔던 라카 할머니가 갈색 얼굴의 머리에 하얀 붕대를 칭칭 감고 비틀거리며 넓은 저택의 뒤꼍을 가로질러 오는 것이 보였다. 우리들은 그래도 시간 상 서두르고 있었기 때문에 굳이 마차를 멈추지도 못하고, 한 손을 들어 이별을 고했다. 그러자 라카 할머니는 울타리까지 달려와서,

"바이, 바이……"

를 몇 번이고 되풀이 하며, 언제까지고 하얀 손수건을 흔들고 있었다.

─ 1931년 12월

하와이 태생의 감정

— 1 —

　나는 이제 갓 열여섯이 된 하와이 출신의 소년입니다.

　이번에 처음으로 혼자 꿈에 그리던 모국— 일본을 방문하게 되었습니다.

　내가 탄 S·O마루는 태평양의 거선(巨船)입니다. 적재 톤수 만 2천 톤.

　호놀룰루 항을 출발하여 사흘째 되던 날 저녁은 파도가 정말로 높았고, 선체는 끊임없이 계속해서 심하게 흔들리고 있었습니다. 파도에 시달릴 때마다 선체는 여기저기에서 육중하게 삐걱거리는 소리를 냈고, 거기에 장단을 맞춰 배의 옆구리를 치는 파도소리가 들렸습니다.

　이곳은 선미에 있는 지하 동굴 같은 삼등 객실입니다. 불결하고, 축축한 말똥을 태웠을 때 나는 것 같은 퀴퀴한 냄새가 납니다. 선실 천정 군데군데에는 전등이 먼지를 뒤집어쓴 채로 매달려 있습니다.

　우리들은 가장 안쪽 칸 캐빈에 누워 있었습니다. 파도가 거친 날은 심심풀이로 익살극도 펼치고 기세 좋게 나니와부시도 부르거나 샤미센(三味線) 연주도 하지만 그런 모습은 어디론가 사라지고, 제각각 층층이 설치된 선반(천으로 된 해먹) 위에서 마른 입을 꼭 다물고 있습니다.

나는 서쪽에서 세번째 줄 맨 위에 있습니다. 내 바로 아래 해먹에는 젊은 여자가 누워 있습니다만, 그 사람은 한 칸 아래 있는 교원으로 보이는 남자의 아내였습니다.

나는 원래 다부진 체격을 한데다 열여섯 살 치고는 지나칠 만큼 키가 크고 또 위도 엄청 강해서 배멀미는 절대 하지 않았습니다. 우리 선실에는 오십여 명의 선객이 여기 저기 누워 있었습니다만, 그 중에서 마지막까지 배멀미를 하지 않은 사람은 아마 저 혼자뿐이었을 것입니다.

"……일본은 섬나라로, 풍경이 아름답고 인정이 많으며……"

나는 호놀룰루의 책방에서 출범 직전에 산 『일본 종합 안내』라는 얄팍한 책을 펼쳐놓고 몇 번이고 몇 번이고 반복해서 읽느라 정신이 없었습니다.

"후지산(富士山)은 일본에서 제일 높은 산, 마치 부채를 거꾸로 세워 놓은 것 같은 모습이다.……"

나는 어느새 엎드려서 다리를 번갈아 가며 바닥을 쳐서 소리를 내고 있었습니다.

그 때 갑자기,

"헤이, 유, 시끄럽잖아!"

라고 떨리는 목소리로 고함을 지르는 작자가 있었습니다.

나는 즉시 아래에 있는 선생이라고 생각했습니다.

나는 비로소, 남들이 배멀미로 고생을 하는 것을 잊고 정신이 팔려 혼자 즐거워하고 있었다는 사실을 깨달았습니다. 나는 『일본 종합 안내』를 덮고 벌러덩 누웠습니다. 그리고 측면의 둥근 창문을 보았습니다. 그곳에는 심하게 동요하는 저녁 무렵의 검푸른 해면과 흰 거품을 내며 부서지는 파도가 있었습니다.

저녁이 되자 정말이지 잠깐이기는 했지만, 밤에 지나갔던 그 카우아이 섬(Kauai)[1]의 인상이 머리에 떠올랐습니다. 2km정도밖에 떨어져 있지 않은 섬(하와이 제도 북쪽에 있다.)에는 생각이라도 난 듯이 둔한 랜턴 불빛이 점점이 빛나고 있었습니다. 그 중에 약간 큰 랜턴 불빛은 배를 향해 오면서 뭔가 신호라도 보내는 듯이 완만하게 좌우로 흔들렸습니다. 그 다음에는 또 내가 살던 정든 호놀룰루 시도 떠올랐습니다. 그러나 나는 언제나 그 상념으로 주먹을 문질러 지워버립니다. 그런 것은 선미의 흰 파도와 함께 던져 버리자. 지금 나는 아직 보지 못한 꿈에 그리던 나라—일본으로 향해 가고 있는 것 아니냐? 이렇게 나는 나의 동경으로 마음을 채우면 그만이었습니다. 저의 희망은 기분 좋게 날개를 달았습니다.

마침내 캐빈에서는 심하게 토하는 사람들이 속출했습니다. 흰 옷을 입은 보이가 돌아다니며 아무렇게나 양은 대야와 양동이를 나누어주었습니다. 보이에게 팁을 주지 않는 사람들은 비참합니다. 아니 2,3불 정도로는 거의 효과가 없습니다. 그들은 혼자 혹은 다른 사람의 도움을 받으며, 옆에 있는 필리핀인, 지나인, 인도인 등이 군데군

---

1   하와이제도 가운데 네 번째로 크며 지질적으로 가장 오래된 화산섬이다. 산지가 많고 와이메아 협곡을 비롯하여 많은 침식곡이 있다. 사탕수수, 쌀, 파인애플 등이 재배된다. 1778년 영국의 J.쿡이 하와이를 발견할 때 최초로 상륙한 섬이다.

데 웅크리고 앉아있는 선실과 기름을 지글지글 끓이는 열기로 가득
한 조리실을 간신히 빠져나가, 웅웅거리는 엔진소리와 파도를 헤치
는 추진기 소리로 둘러싸인 끔찍한 변소에서 볼일을 봐야 합니다.
어느 누구든 쿠르릉쿠르릉 끔찍한 소리를 내며 흔들리는 변소에서
볼일을 보기는 쉽지 않을 것입니다. 그래서 대부분은 돌아오다가 지
쳐서 널부러지든가 하얗게 질려서 한 시간 가까이나 지나서 선실로
돌아왔습니다. 그들은 열흘 정도 항해를 하는 동안 식사도 제대로
하지 못하는 것 같았습니다. 게다가 어찌된 일인지 배의 보이 말로는
뭔가 잘못되어서 그렇다고 합니다만, 밥이 윤기 없는 팥밥처럼 불그
스레하고 지독한 냄새가 나서 선객들은 통 먹으려 하지 않습니다.
어쩔 수 없이 뭔가 먹고 싶을 때는 (배에 들고 탄 개인 음식은 거의 남아
있지 않습니다.) 대개 보이가 가외로 팔러 다니는 빵이나 크래커, 통조
림 같은 식료품을 사 먹으면서 허기를 달래는 형국이었습니다. 그리
고 또 그것을 바로 토합니다. 그리하여 삼등객들은 야위어서 기력을
잃어가고 있습니다. 미국에서 탄 사람들은 물론이고 4, 5일 전에 하
와이에서 탄 승객들도 대부분은 손을 들었습니다.

　내 침대 아래에 누워 있는 젊은 교원부부도 그랬습니다. 여자(그녀
의 이름은 리사코라고 했습니다.)는 나와 마찬가지로 올해 스무 살이 되
는 하와이 태생으로, 하와이 태생 여자 특유의 가무잡잡하고 탄력
있는 피부에 아름다운 몸매를 하고 있었습니다. 여자의 남편은 오아
후 섬 와이아나에(Waianae) 근처 시골 학교에서 교사로 있었다고 하
며, 서른다섯은 되어 보이는 각진 얼굴에 뻣뻣한 콧수염을 기르고
있고, 땅딸막한 몸을 하고 있습니다.

그는 아내를 무척이나 좋아했습니다. 너무 심하게 좋아해서 그런지 여자는 늘 좀 귀찮아하며 별로 상대를 하지 않았습니다. 그러자 남자는 (그는 보기 싫게도 볼록한 어묵 모양의 금반지를 왼손에 세 개, 오른손에 두 개 끼고 있었습니다.) 갑자기 폭군 같은 표정을 짓고는 자기 마음 대로 달려듭니다. 때때로 지나 가방 속에서 어려운 일본 글자가 빼곡하게 적혀 있는 책을 꺼내 소리 높여 읽기 시작합니다. 자신의 아내를 위압하기라도 하려는 듯이 말입니다. 그러나 아내는 전혀 신경을 쓰지 않습니다. 게다가 그녀는 남자보다 한 칸 위층에 누워 있기 때문에 그대로 가만히 있으면 남편의 모습은 눈에 들어오지 않는 것입니다.

그런데 하루하루 배가 움직임에 따라 여자는 그렇게까지 약해지지는 않았는데, 남자는 점점 더 쇠약해졌습니다. 여자는 파도가 평온한 날은 별일이 없었습니다만, 일단 파도가 거칠어지면 금새 남자 이상으로 혈색이 나빠지며 멀미가 심해집니다. 그들은 아이도 없고 걸릴 것이 아무 것도 없습니다만, 그렇게 파도가 거친 날에는 남자는 여자를 보살피려 합니다. 토할 것 같으면 양은 대야를 가지고 왔습니다. 볼일을 보러 갈 때는 자기도 휘청거리면서 억지로라도 침대에서 내려와 손을 잡고 멀리 있는 변소까지 데리고 가려고 합니다. 그게 정말이지 꼴불견입니다. 그런데 이제는 그것도 안 됩니다. 그 자신도 이미 일어설 수 없을 만큼 멀미를 하니까 말입니다. 그럼에도 불구하고 엄청 안달을 합니다. 젊은 아내 앞이니 자신의 약한 모습을 보이고 싶지 않은 엄청난 집념 때문인 것 같습니다.

어제도 나는 점심 식사를 끝내고 나서 그동안 사 모은 스무 장 정도 되는 일본 명소 그림 엽서를 침대에 누워 바라보고 있는데, 캐빈

한 가운데 있는 식탁 근처에서 쿵하는 큰 소리가 났습니다. 바로 그쪽을 보니, 놀랍게도 그 교원이 높은 벤치에서 바닥으로 벌러덩 굴러떨어져 있었습니다. 손에는 아직 밥그릇이 들려 있었는데, 그 안에 담긴 노란 된장국이 여기 저기 쏟아져서 안 그래도 지저분한 바닥을 더 지저분하게 만들었습니다. 그도 그럴 것이 애초에 그는 아내에게 약한 모습을 보이는 것이 싫어서 먹고 싶지도 않은 음식을 너무 억지로 먹으려고 한 것이 이 사단이 난 원인일 것입니다.

"어떻게 된 거야. 이러면 안 되는 것 아냐? 이것 좀 봐, 이렇게 국물을 엎지르고……"

보이가 혀를 끌끌 차며 선생이 있는 쪽으로 다가와서 마치 어린아이를 나무라듯이 야단을 쳤습니다. 남자는 아무 말도 못하고 보이를 살짝 째려 볼 뿐이었습니다.

"제대로 서지도 못하는 주제에 어기적어기적 기어 나오는 것 자체가 잘못된 것 아냐? 어서 누워 있으라구."

보이가 고압적으로 다시 한 번 다그쳤습니다.

나는 선생이 딱한 생각이 들어서 잠자리에서 내려가 울상을 하고 있는 그를 도와주었습니다. 그러자 평소의 태도와는 달리 순순히 건장한 내 어깨를 짚고 원래 자기 자리로 돌아갔습니다. 나는 씁쓸했습니다. 평소에 그는 내게 반감을 품고 있어서 내가 하는 말을 절대로 듣지 않으려 했습니다만, 오늘은 어지간히 죽겠는 모양입니다. 그를 침대에 눕혀 놓고 작은 계단으로 올라가 잠자리에 들려 하다가, 남자가 심하게 구역질을 하려는 것을 알게 되었습니다.

'어이쿠 어쩌나'하는 생각이 들었지만 어쩔 수 없었습니다. 계단으로 올라가다 말고 다시 내려가서 그에게 양은 대야를 대주고 등을 두드려 주었습니다. 구역질이 끝나고 그가 벌러덩 누워서 '후우, 후우' 하며 괴롭게 숨을 내쉬는 것을 보고 나서야 다시 계단을 오르려 하는데, 이번에는 또 여자가 나를 올라가지 못하게 했습니다.

"유타카 씨, 고마워요."

그러더니 잠시 아래를 살피고는 목소리를 낮추었다.

"유타카 씨, 오늘 밤에는 달이 떴겠죠? 저 오랜만에 데크에 나가 보고 싶어요. 데리고 가 줄래요?"

나는 갑자기 어떤 일이 생각 난 듯이 역시 작은 목소리로 그녀에게 대답을 했습니다.

"아, 맞다. 오늘 밤 데크에서 마술을 한 대요. 우에후지(上藤) 씨(최근에 나하고 친해진 보이)가 그랬어요."

나는 그녀가 오늘은 레이스를 뜨기도 하고 멀미가 그다지 심하지 않은 것을 알고 있었기 때문에, 그렇게 말했습니다. 그리고 서둘러 잠자리에 들었습니다. 선체가 좌우로 흔들리는 것을 의식하며 잠시 누워서 오늘은 그가 꽤 온화하다는 생각을 했습니다. 그리고 차츰 이런 생각을 했습니다.

"저 학교 선생은 왜 평소 나에게 반감을 품고 있는 것일까?"

―――― 2 ――――

해가 진지 얼마 안 되어서 나하고 우에후지 씨가 넓은 백 데크에서

식후 운동을 하고 있는데, 리사코 씨가 순백의 양장으로 옷을 싹 갈아
입고 우리들 앞에 나타났습니다. 그녀 말대로 그 날 밤은 초승달이
떴습니다. 그래서 그녀가 갑판으로 나오자 아직 소녀 같은 모습이
확연히 드러납니다. 그녀는 바람에 흰 스커트를 날리며 다가옵니다.

"마술은 어디에서 해요?"

"저기에서요. 무대는 낮부터 준비를 했습니다. 이제 한 시간 후면
시작이 될 겁니다."

아직 전깃불을 켜지 않아 무대만 시커멓게 보였습니다.

얼마 안 있어 시간이 되었기 때문에 우에후지 씨는 서둘러 자리를
떴습니다.

두 사람만 남게 되자 나는 살짝 가슴이 두근거렸습니다.

그녀는 대담하게도 내 손을 잡아 끌며 핸드 레일에 기대었습니다.
그곳에서 그녀는 나와 함께 달빛을 찬미했습니다. 나는 덩치는 어른
못지않았지만 아직 갓 열여섯이 된 소년입니다. 그러나 이렇게 둘이
서 달을 바라보기도 하고 파도가 하얗게 번득이는 어두운 바다를 바
라다보고 있자니, 어쩐지 여자의 남편의 심정을 알 것 같은 기분이
들게 되었습니다.

여자는 말없이 뭔가 생각에 잠겨 있는 것 같았습니다.

나는 무도회라도 개최하는 것처럼 밝은 일이등 선실 쪽에 눈길을
보내기도 하고 가슴을 핸드 레일에 갖다 대기도 했습니다.

이 여자의 남편은 나를 싫어합니다. 소년인 나, 게다가 하와이에서
태어나 일본을 동경하며 항해 여행을 하는 나는, 일본에서 중학교를
나와 교사까지 되었다는 그녀의 남편을 기분 좋게 '아저씨'라 부르며

일본에 대해 물어보고 싶은 것이 이것저것 잔뜩 있었습니다. 하지만, 그는 처음부터 나를 싫어했습니다. 특히 그녀가, 소년의 몸으로 그 먼 여행을 혼자 하고 있는 나를 동정해서 위로 삼아 이것저것 챙겨준 다든가 같은 세대인 우리들이 하와이 태생이라는 친밀감으로 이야기를 주고받는 것을 보거나 들으면, 그는 아무래도 기분이 나빠지는 것 같습니다. 그리고 파도가 거칠어서 멀미가 심한 날에는 선원처럼 건강한 내가 다른 사람들하고 똑같이 그녀를 도와주려 하면, (아마 그녀가 나를 이것저것 챙겨주기도 하고 친절을 베풀기도 하니 그에 대한 보답을 하려는 마음도 있었던 것 같습니다.) 그 선생은 어른답지 못하게 굵은 눈썹을 찌푸리며 내 손을 매몰차게 뿌리치려 듭니다. 나는 어안이 벙벙해 집니다. 그러나 여자는 남자가 도저히 가망이 없다는 것을 알고 있기 때문에, 남자에게는 좀처럼 의지를 하지 않습니다. 그러면 그는 더 한층 버럭버럭 화를 냅니다. 그리고 내게도 화풀이를 하려 합니다.

내가 그녀와 함께 갑판에 나온 것은 이번이 세 번째입니다. 그녀는 화장실에 간다고 하고 나왔을 것입니다. 그러니까 갑판에 너무 오래 있지는 못합니다. 길어야 한 시간 반입니다. 처음 만났을 때 그녀는 내게 이것저것 많이 물어 보았습니다. 오아후 섬 어디에서 태어났느냐, 열여섯 살이 될 때까지 어떤 특별한 일이 있었느냐, 왜 어린 나이에 이렇게 혼자서 일본에 가느냐, 등등 계속해서 캐물었습니다. 나는 선생님 사모님 앞에서 대답하기라도 하듯이 차근차근 순순히 대답했습니다. 그 중에서도 나는 마지막 질문, 그러니까 왜 일본에 혼자 가느냐 하는 질문에 이렇게 대답했습니다.

"아버지가 지난 달에 돌아가셨어요. 그래서 저는 두 살 때 뭔가 사정이 있어서 일본으로 돌아간 엄마 집을 찾아가는 거예요. 아버지가 살아계실 때도, 엄마는 나를 보고 싶다며 나한테만 편지를 보냈어요. 아버지는 야마구치 현(山口縣) 출신인데, 엄마는 태평양 반대편에 있는 가나자와 시(金澤市) 출신이에요."

어린 소년답게 아주 간결하게 대답을 하자 그녀는 어느 정도 감동을 한 것 같았습니다. 그래도 그녀는 딱히 더 이상 말을 하지 않았습니다.

그런데 두 번째, 그것은 항해를 한지 꼭 5일째 되는 날 밤의 일이었습니다. 저는 무선 전신소에서 그날 S.O 뉴스를 손에 들고 캐빈으로 들어가려다가 흥분한 표정을 한 그녀와 마주쳤습니다.

내가 고개를 살짝 숙이고 지나가려 하자 그녀는 내 상의 소맷자락을 잡아끌며 말없이 턱짓으로 갑판으로 나와달라고 했습니다. 나는 무슨 일이 있나보다 하며 그녀가 이끄는 대로 순순이 갑판으로 나갔습니다. 그날은 바다가 그렇게 잔잔한 날도 아니었습니다만, 그녀는 뭔가 살기를 띠고 있는 것 같았고 딱히 멀미를 하는 것 같지도 않았습니다.

기중기 로프 위에 걸터앉더니 그녀는 저 멀리 바다 끝 수평선을 바라보며 말했습니다.

"나 지금 고가미(古上, 그녀의 남편)하고 싸우고 왔어요. 나는 싫어요. 나한테 저렇게 집착하잖아요. 배를 타고 나서 그런 것만은 아니에요. 저게 원래 그 사람 버릇이에요. 게다가 배 안에서는 침대가 다르니 더 심한 거예요. 그리고 아무래도 그 사람은 유타카 씨가 방해가 된다고 생각하는 것 같아요. 그래서 내가, 당신 질투하는 거지, 유타카 씨가 뭘 어쨌다고 그래? 이러면 더 기를 쓰며 노골적으로 유타카 씨를 비난하고 공격을 해요. 내가, 저런 어린애를 상대로 그러는 것을 보면 당신은 어른답지 못하다고 하면, 뭐가 어린애냐, 당신하고 그 아이하고는 그렇고 그런 것 아니야 하는 거예요. 원래 그 사람은 질투심히 심한 사람인데 배를 탄 후 몸이 마음대로 안 되는데다가 당신 같은 사람이 있으니까 더 심해졌어요. 그리고 내가 바로 당신 아래 침대에 있는 것을 그 사람은 계속 이상한 눈으로 경계를 하며 한시도 눈을 떼지 않으려고 해요. 고가미는 그닥 돈도 자랑할 만큼 번 것도 아니면서, 기분 나쁘게 내가 남편입네 하듯이, 내가 뭔가 자기 마음대로 하지 않으면 항상 저렇게 갑자기 폭군이 되어서 나를 어떻게든 위압하려 해요. 나도 한 마디 하고 싶어요. 겨우 혼간지(本願寺) 교사인 주제에 내가, 내가 일본어를 잘 못하고, 어려운 일본어 문자를 읽지 못한다고 뻐기지 마라! 잘난 일본어 좀 읽고 쓸 줄 안다는 것이 당신이 유일하게 내세울 수 있는 것 아니냐, 그게 뭐 그리 교양 있는 일이냐, 나는 하와이에서 태어났으니까 그런 것은 할 수 없지만, 당신이 그렇게 잘났다고 한다면, 나는 대신 당신이 읽지 못하는 어려운 영어를 당신이 일본어를 읽는 것보다 더 빨리 읽고 머리가 나쁜 당신보다 더 제대로 이해하고 있다! 이렇게 말해 주고 싶어요, 저는. 어쨌든 후텁지근한 그곳의 공기가 싫어서 견딜 수가 없어요."

단숨에 다 털어놓으려 하니 어조가 점점 더 격해졌고, 그러자 그녀는 시선을 의식하며 주변을 둘러보았습니다. 그러나 삼등 갑판에는 딱히 우리들의 이야기를 듣고 있을 만한 사람은 없었습니다. 다만

일이등 갑판에서는 고리던지기 놀이를 하고 있는지 간간이 떠들썩한
소리가 흘러나왔습니다.

그녀는 평소 목소리로 돌아와서 다시 이야기를 계속했습니다.

"나도 실은 유타카 씨처럼 일본을 보고 싶어요. 하지만 나는 남편
이 싫어서 그 사람과 같이 돌아가는 게 싫어요. 그래도 어쩔 수 없지
만, 요코하마(橫浜)에 내리면 한 번 보세요. 나는 도쿄로 도망칠 거예
요. 그것을 실패하거나 아니면 도망쳤다가 붙잡히면 그 때는 포기하
고 다시 남편과 함께 남편의 고향 구마모토(熊本)로 가 주려고 해요.
어쩔 수가 없잖아요."

그녀는 거기서 말을 끊고 더 차분한 톤으로 털어놓았습니다.

"사실 나는 저 사람 처음부터 사랑하지 않았어요. 저 사람은 비열
한이에요. 작년 여름의 일이었죠. 호놀룰루의 센트 루이스 스쿨의 방
학 때 내가 와이나에서 미싱 회사를 하고 있는 집으로 돌아가서 일을
하고 있는데, 학교 선생을 하고 있던 그 사람이 갑자기 제게 접근을
했고, 오헤어를 따러 가자고 산 속으로 꼬득여 내서 결국 강제로 나를
자기 것으로 만든 거예요. 나는 그 무렵 매우 밝고 쾌활한 여학생이었
지만, 이후 완전히 어두운 성격이 되어 버렸어요. 왜냐하면 제게는
아름다운 포르투갈인 청년 애인이 있었거든요. 그리고 그 일이 포르
투갈 청년에게 알려졌고 그 순정한 청년은 자신은 그저 제당회사 일
꾼인데 반해 고가미는 어쨌든 한 지방의 소학교 경영자라고 하니 미
련 없이 손을 떼고 어디론가 사라져 버렸어요. 그 이후 나는 자포자기
하는 마음으로 학교도 그만두고 결국은 고가미와 결혼을 한 거죠."

그녀는 전날과는 달리 그 날은 혼자서 자신에 대한 이야기를 끊임

없이 해댔습니다. 그러나 그것은 당시 나로서는 별 관심이 없는 것이었습니다.

그런데 오늘은 어찌된 일인지, 그녀는 내게 아무 질문도 하지 않는가 하면, 그녀 자신에 대해서도 이야기를 하지 않습니다.

무대에는 완전히 막이 둘러쳐져 있고 전기불도 켜졌으며, 선수, 선미의 삼등실 선객들이 그래도 삼사십 명은 모여 있었습니다. 이윽고 데라우치 마메타(寺內豆太) 일행의 마술이 시작되었습니다. 우리들도 갑판 위에 깔린 돗자리 위에 자리를 잡고 앉았습니다.

그러나 무대 위에서는 별 볼만한 곡예도 없었습니다. 다만 그냥 예인 일동이 활기차 보인 것은 일본이 점점 가까워졌기 때문이라고 생각했습니다. 둘러쳐진 막은 계속해서 바람에 날리며 종종 무대 위의 목소리를 지워버렸습니다. 밝은 전등 아래에서 각자 산책을 하는 듯한 일이등실 선객들이 높은 곳에서 갑판을 내려다보고 있었습니다. 그리고 주의해서 들어보고 나서야 비로소 행복한 폭스 트롯(foxtrot)[2] 소리가 들려왔습니다. 나는 하마터면 춤을 추고 싶은 충동에 넘어갈 뻔 했습니다. 그러나 그녀는 시간이 없다고 하며 인사를 하고 돌아갔습니다.

------- 3 -------

어느 날 우에후지 씨가 재미있는 것을 보여주겠다며 나에게 작은

2 4분의 4박자의 사교댄스. 현재도 미국식 사교댄스의 한 종목으로 사용된다.

기물(器物)을 보여주었습니다. 그것은 뚜껑이 단단히 덮혀 있었고, 지름은 두 치 정도에 길이 한 자 정도 되는 원통형 물건이었습니다.

"캐빈에 돌아가서 열어봐."

미리 단서를 달고 그는 다음과 같은 이야기를 했습니다.

"선원을 하다보면 여러 가지 일이 있어. 하지만 그 중에서도 이건 좀 특별한 거야. 작년 정월의 일이었어. 배가 샌프란시스코를 출범하여 하와이에서 오십 리 정도 거리가 되었을 때, 파도는 아주 잔잔했지. 선수에 서 있는데 마침 배가 진행하는 방향의 바다 속에 뭔가 반짝거리는 것이 있었어. 바로 그물을 던져서 그것을 건져 올렸는데 그것이 제대로 걸려 올라왔지. 보니 동으로 만든 둥근 통으로 안에 뭔가 들어있는 것 같은 거야. 열어보니까, ……아, 그 다음은 네 판단에 맡길게."

나는 서둘러서 캐빈으로 돌아가 그것을 살펴보았습니다. 굳게 닫힌 뚜껑을 열어보니 안에서는 둥글게 만 종이가 하나 나왔습니다. 거기에는 서툰 일본어로 다음과 같은 내용이 적혀 있었습니다.

"태평양 연안 동포 여러분, 저는 일본인이지만 아직 일본을 본 적이 없습니다. 겨우 일본에서 태어났다는 여자를 아내로 두고 있으며 일본을 동경의 대상으로 생각하고 있을 뿐입니다. 그런데 아, 그 소중한 아내를 2주일 전에 잃고 말았습니다. 아내는 스페인 감기에 걸린 것입니다. 그 큰 슬픔을 견딜 수가 없어서 저는 지금 평화롭게 운영하고 있던 저의 어업(양어장 경영)도 다 잊고 며칠 동안 아무 생각 없이 해변 여기저기를 돌아다니고 있었습니다. 그리고 마침내 저는 어떤 아이디어가 떠올랐습니다. 저는 그렇게 해서라도 현재 저의 이 괴로 움을 날려버리고 싶습니다. 저는 아내가 지니고 있던 물건들을 하나 하나 살펴보았습니다. 그리고 살펴보는 동안 새삼 눈물이 났습니다. 나는 적당한 오동나무 상자(이것은 아내가 일본에서 가지고 온 것입니다. 그 안에는 방석을 만드는 마름모꼴로 된 색색가지 작은 천들이 들어 있었습니 다.) 세 개, 그리고 곧 태어날 아기(그녀는 임신 6개월이었습니다.)를 위해 준비한 주먹만한 보닛과 리본이 들어간 뚜껑이 달린 나무 상자 두 개는 쉽게 찾아낼 수 있었습니다. 그러나 저는 아무래도 일곱 개의 상자가 있었으면 했습니다. 왜냐하면 제 아내의 이름이 나나코(七子) 였기 때문입니다. (절대 비웃지 말았으면 합니다.) 그래서 저는 나머지 두 개를 찾기 위해 온 집안을 뒤졌습니다만, 아무래도 적당한 것이 없었습니다. 겨우 눈에 들어온 것이 벽 못에 걸려 있는 두 개의 증서 상자였습니다. 저는 그것을 못에서 내려 속에 든 것을 꺼냈습니다. 하나는 제가 하이 스쿨을 졸업할 때 받은 것이고 다른 하나는 작년에 아내가 로스앤젤리스에서 개최된 자수 강습회에 3개월을 다니고 득 업사(得業士)[3]라는 직함을 따고 돌아왔을 때의 기쁨을 표시한 것입니 다. 그래서 겨우 일곱 개의 상자가 완성되었습니다만, 그것을 제가 어떻게 한 줄 아세요? 저는 그 상자 하나하나에 지금 막 당신이 읽고 있는 저의 슬픔과 같은 흥미로운 시도를 하나 적은 종이조각을 넣고 밀폐를 했습니다. 그리고 그 일이 끝나고 나서야 비로소 나는 어느 달 밝은 밤에 내가 평소 애용하던 모터 보트(아아, 나와 그녀는 이 보트

....

3   예전의 의학 전문학교 등의 졸업생에 대한 칭호.

를 타고 얼마나 즐거운 꿈을 꾸며 여기저기 돌아다녔던가?)를 타고 난바다
로 나갔습니다. 이제 로스앤젤리스의 야시장도 교교한 일루미네이션
불빛을 끄고 모두가 잠자리에 들 무렵이었습니다. 나는 부드럽게 모
터 소리를 멈추었습니다. 바다에는 바람 한 점 없었고, 파도는 매우
잔잔했습니다. 그리고 그 일곱 개의 오동나무 상자와 원통을 바스켓
에서 꺼내 그것을 바다에 천천히 던져 넣었습니다. 그러자 그 일곱
개의 상자와 원통은 해수면 위에 멋지게 떠올라 한동안 보트 옆에
붙어 있었습니다만 이윽고 각자의 방향을 잡은 듯이 해안과는 반대
방향으로 달빛을 받으며 차례차례 사방으로 흩어졌습니다. 나는 순
간 눈을 감았습니다. 왠지 모르게 눈물이 계속 났습니다. 아내를 잃고
슬퍼하던 요즘 오늘밤의 기도가 최소한의 위로가 된 것입니다. 물론
그 일곱 개의 상자가 어떻게 될지 저는 모릅니다. 그 상자들은 정처
없이 태평양을 둥둥 떠다니는 동안 부서질지도 모릅니다. 어쩌면 끔
찍한 상어에게 먹혀 끝장이 날지도 모릅니다. 워낙 넓고 넓은 태평양
이니 말입니다. 어떻게 될지 알게 뭐랍니까. 그러나 저는 반복해서
말합니다. 그 일곱 개의 상자가 그 날 이후 바다에 둥둥 떠 있다고
생각하는 것만으로도 제게는 더없는 위로가 됩니다. 물론 어찌어찌
하다가 누군가의 손에 들어가서 제가 다음에 적어 놓은 것에 대해
대답을 해 준다면 더 이상의 기쁨은 없을 것입니다. 그 때야 말로
일본의 동화에 나오는 '용궁'의 보물상자 이상으로 환영을 할 것입니
다. 다만 한 가지 욕심을 말하자면 하나라도 좋으니 일본으로 갔으면
하는 것입니다. 그러나 도저히 그럴 가망성은 없겠지요.
  지금까지 많이 지루하셨을 것입니다. 저는 영어는 잘하지만, 서툴기

는 해도 제가 가장 사랑하는 아내 나나코가 짬짬이 가르쳐 준 일본어가
이런 경우에는 제 기분을 얼마나 편안하게 해 주는지 모릅니다. 나쁘게
생각하지 말고, 부디 다음 질문에 대해 대답해 주기를 바랍니다.

당신이 가장 감동한 일은(로망도 괜찮습니다) 어떤 일입니까?

위 질문에 대해 재미있게, 가급적 길게 써서 언제든 아래 주소로
보내 주십시오.
1917년 3월 2일
재(在) 로스앤젤리스 해안로 K호지
주지 사부로(十字三郎, 21세)

나는 이것을 뱃사람 특유의 엉뚱한 망상증이 아닐까 하고 생각했
습니다. 나는 그것을 아래 여자에게 보여주려고 반쯤 손을 내밀었지
만 어쩐지 마음이 내키지 않아 그대로 다시 집어넣었습니다.

---------------- 4 ----------------

파도는 잔잔합니다.
배는 지금 17노트로 달립니다.
선객들은 이제 이틀 후면 육지가 보인다고 해서 배멀미에 야윈 **뺨**
에 긴장감을 띠고 있습니다. 한 때 어떻게 되는 것은 아닌가 하고
걱정이 될 만큼 **뼈**와 가죽만 남은 할머니(그녀는 술주정뱅이다. 그녀는
젊었을 때 하와이에 와서 도박을 배우고 매음을 시작했으며, 결국은 망가진

몸과 그녀를 어느 정도 위로해 주는 오백 달러의 돈—아아, 그것도 얼마나 덧없는 것일까—을 선물로 들고 지금 삼십년 만에 일본에 돌아가는 길이다.)는 다소 기분이 좋아졌는지, 옆에 있는 오키나와현(沖縄縣) 사람을 붙잡고 〈얼마나 재수가 좋은가(なんてまんがいいんでしょ)〉[4]를 부르며, 계속해서 옛날 일본에서 유행했던 노래를 기억해 내려고 열심히 머리를 쥐어짜고 있었습니다.

필리핀인, 지나인, 인도인 등이 잡거하고 있는 이웃 선실에서 어제 사망자가 두 명 나왔습니다. 그리고 바로 그날 저녁 수장을 했습니다. 한 명은 필리핀인 남자이고, 다른 한 명은 안남(安南)[5] 여자입니다. 그 유족에 대한 기부금을 모으기 위해 일을 도와주는 남자 두 명이 돌아다녔습니다. 우리들의 선실에서도 몇몇 명이 제각각 기부금을 냈습니다.

나는 갑판으로 나왔습니다. 갑판에는 선객 네다섯 명과 선원이 돌아가면서 망원경을 손에 들고 뭔가를 보고 있었습니다. 저 멀리 수평선 쪽에서 배 한 척이 가는 연기를 내며 이쪽을 향해 다가오고 있었습니다. 그리고 차츰 확대되어 왔습니다.

"N·C 회사의 배다!"

"저건 F호야!"

이윽고 회백색 선체가 기울어진 채 S·O마루호와 나란하게 우현 바다에 나타났습니다. 신속하게 의례 깃발이 내걸렸습니다. 하얀 연

---

4 1898년 무렵부터 유행하던 노래로 끝말을 잇는 방식의 말장난 노래. 제대로 된 제목은 〈얼마나 재수가 좋은가(なんて間がいゝんでせう)〉.

5 현재의 베트남 지역으로 당나라 때 안남도호부를 두었던 데서 유래한 지명.

기가 확 올라오며 사이렌 소리가 울려 퍼졌습니다.

손수건이 하얀 밀가루처럼 휘날렸습니다.

"저건 어디로 가는 거죠?"

"샌프란시스코행이에요."

"샌프란시스코, 그래요.."

"저 배하고 만난 것을 보니 요코하마도 이제 얼마 남지 않았어요."

"아, 그래요?"

맵시 있는 차림을 한 고등 선원과 선객이 서서 주고받는 말이었습니다.

---------- 5 ----------

오늘도 파도는 온화합니다.

내일 하루면 된다.

슬슬 선실 여기저기에서 나니와부시, 오키나와의 자미센(蛇味線)[6] 등이 배를 처음 탔을 때처럼 연주되기 시작했습니다.

배멀미는 반으로 줄었습니다.

그리고 삼등선실 식탁에는 밥그릇 숫자가 늘어났습니다.

이삼일 내내 누워있던 고가미 선생은 야윈 뺨에 음식을 잔뜩 집어 넣고 식탁 의자에 기대고 있습니다.

----

6   오키나와의 대표적인 현악기인 산신(三線)의 속칭. 동체가 뱀가죽으로 되어 있음.

그리고 오늘은 희안하게도 밥 두 그릇을 가볍게 먹어치웠다고 침대에
돌아와서 아내에게 말했습니다. 그리고 덧붙이듯이, 살짝 말했습니다.

"보이에게 2달러가 아니라 10달러를 쥐어 주었으면 이런 고생은
하지 않았을 텐데."

그리고는 이쑤시개를 쓰는 손을 멈추지 않았습니다.

그는 나에게도 전처럼 그렇게 심술을 부리지 않는 것 같습니다.

리사코 씨는 남편이 식사를 하고 나서 먹으러 갑니다. 그리고 내일
요코하마에 상륙하기 전에 아직 완성되지 않은 레이스를 마무리하겠
다며 의욕을 보이고 있습니다.

이 9일 동안 삼시 세끼를 한 번도 거르지 않고 먹은 것은 우리 선실에서
역시 나 혼자뿐이었습니다. 정말이지 표창을 받아야 할 지경입니다.

나는 『일본 종합 안내』와 『명소 그림엽서』 스물 몇 장을 다시 한
번 가방에서 꺼내 열심히 보기로 했습니다.

6

아직 새벽 5시였습니다.

주변이 웅성거리고 있습니다.

나는 눈이 부셨습니다. 둔탁한 전등 빛을 받으며 사람들이 도처에
서 꿈실거리고 있습니다.

상륙 준비를 하는 것입니다.

나는 과감하게 팔을 뻗고 벌떡 일어섰습니다.

약간 쌀쌀했습니다. 지금까지 없던 경험입니다.

그렇습니다. 이미 10월이 된 것입니다.

"내일 새벽 무렵부터 기온이 좀 내려 갈 거야. 어쨌든 일본은 벌써 가을의 한 복판이니까 말이야. 조심해."

우에후지 씨의 말이 생각났습니다. 어쨌든 계절에 민감해질 필요가 있습니다.

나는 준비한 셔츠를 두 장이나 껴입고, 그 위에 예의 바르게 상의를 걸쳤습니다.

일본인 선객 대부분은 요코하마에서 배를 내리게 되어 있습니다. 선객의 짐은 어젯밤 완전히 다 준비가 되었습니다. 그리고 각각 헷갈리지 않도록 기둥이나 빈곳에 숙박지를 적은 표찰을 붙인 채 모아 두었습니다.

한밤중까지 레이스에 매달려 마무리를 한 리사코 씨는 나보다 늦게 일어났습니다. 그녀의 남편은 기분 좋게 그녀를 깨웠습니다. 그녀는 졸리운 눈을 비비며 소녀처럼 생글생글 웃고 있었습니다. 둥근 창으로 보이는 바다가 아침 햇살을 기다리고 있습니다. 그녀는 그쪽을 향하고 서서 열심히 빗질을 하기 시작했습니다.

짐이라고 해야 달랑 가방 하나 뿐인 저는 가뿐하게 갑판으로 나갈 수 있었습니다.

"안녕."

"안녕하세요."

우에후지 씨가 다가왔습니다.

"오늘 드디어 상륙이군, 축하해."

"우와, 상륙이네요. 신세 많이 졌습니다."

우에후지 씨는 조끼 주머니에서 시계를 꺼내 보여주었습니다.

"이제 한 시간, 아니 30분 지나면 후지산(富士山)이 보일 거야. 새벽에 보는 후지산은 멋지지."

저는 고개를 끄덕였습니다.

정오 전에는 배가 요코하마 부두에 도착하지 않을 것이라는데도 기다림에 지친 사람들은 이미 갑판 여기저기에서 아직 날도 밝지 않은 바다 저 먼 곳을 바라다보고 있었습니다. 그들에게는 육지를 보는 것이 얼마나 기쁜 일이었을까요. 그 안에는 필리핀 사람이나 중국 사람들도 섞여 있었습니다. 오늘은 엔진 소리조차 규칙적이고 기분 좋게 들립니다.

"어느 쪽이 동쪽이지?"

우현에 기대고 있던 어떤 사람이 다른 한 사람에게 물었습니다.

"이쪽이지."

"기다려, 기다려. 후지산이 나와야지."

"알고 있어."

처음 말을 꺼낸 사람이 잘라 말했습니다.

기중기가 삼등선실 천정을 꿰뚫고 계속해서 짐을 갑판 위로 들어올립니다. 이윽고 갑판은 삼등선실에서 기어 나온 선객들과 짐으로 가득찼습니다. 아직 뱃멀미가 가시지 않은 선객들은 이 사람 저 사람에게 위로를 받으며 웅크리고 있었습니다.

삼십 분이 지났습니다.

선객들이 동요하기 시작했습니다.

그 때 한 남자가 엄청나게 큰 소리로 외쳤습니다.

"후지산이 보인다!"

"어디?"

"어디라고?"

"아아, 후지산이다."

"보이네, 보여."

"후지산!"

"와, 정말 후지산이네!"

그 소리는 순식간에 갑판으로 퍼져나갔습니다. 사람들은 환희에 가득찼습니다.

노파가 손에 배 티켓을 든 채 울기 시작했습니다. 그 옆에서 줄무늬 옷을 입은 가냘픈 젊은이 한 명이 노파에게 말을 걸고 있습니다.

과연, 눈앞에는 신비로운 산이 모습을 드러내고 있습니다. 육지는 아무데도 보이지 않습니다. 단지 저 멀리 지평선 너머 맑은 아침 하늘을 향해,… 이 얼마나 부드럽고 평화롭게 그려진 실루엣일까요!

저는 저도 모르게 가방에서 스케치 북과 연필을 꺼냈습니다. 그 광경에 흥분한 나머지 그림에 소질이 없는 내가 최초의 기록을 남기고자 화가가 된 것입니다.

저는 후지를 올려다보고 또 올려다보며 연필을 핥았습니다. 그리고 저는 천천히 이 기쁨을 백지에 전달해 갔습니다.

그러나 흰 눈을 머리에 이고 연보라색을 띠며 점점 더 선명한 모습을 드러낸 후지는 점점 더 새로운 감동으로 저를 흥분시켰고, 이제는 제 추적을 허용하지 않았습니다.

저는 그림 그리는 것을 멈추었습니다.

저는 언젠가 호놀룰루시의 청순한 무희 하나코(花子)와 함께 혼간지(本願寺) 창고에서 놀다가 우연히 발견한 한 폭의 명화를 생각해 볼 여유가 필요했습니다. 명화에는 영산(靈山)을 둘러싼 일본의 모든 기쁨이 흘러 넘치고 있었습니다.

저는 이 감동을 어찌해야 좋을까요?

저는 일단 내던졌던 스케치 북을 집어들고 다시 연필을 핥기 시작했습니다.

"미는 하와이 태생의 소년. 태어난 지 16년 만에 처음으로 일본을 보았습니다. 이것은 꿈이 아닙니다. 산자락이 뿌연 모습을 한 후지산이 나타났습니다. 그리고 이제 몇 시간만 지나면 저는 모국의 육지에 멋지게 첫발을 들여놓을 수 있습니다."

언젠가 배 안의 좋은 친구 우에후지 씨에게 받은, 가지고 있기에는 살짝 부담스러웠던 원통이 지금 새삼 떠올랐습니다.

설령 한물 간 것이라도 괜찮다. 나는 이제 약간의 책임감조차 느끼며 로스앤젤리스에 있는 미지의 친구, 주지 사부로 군에게 답장을 써서 보내기로 결심을 했습니다. 스케치 북의 도화지를 그의 것과 바꾸어서 원통에 담았습니다. 그리고 나는 천천히 그 구리 빛 원통을 갑판 밖으로 던져버렸습니다. 답장을 담은 원통은 과연 그의 수중에 돌아갈까요? 그러나 저도 그와 마찬가지로 그의 절실한 요구에 응하여 원통을 바다에 던진 것만으로도 이미 충분히 만족스럽습니다.

제 곁에는 어느새 여자가 서 있었습니다.

그녀는 여학생 취향의 화려한 모자를 깊숙이 눌러쓰고 새로 짠 레이스가 달린 소매를 신경 쓰면서 나에게 뭔가 말을 걸 것 같았습니다.

손잡이가 긴 양산을 자신의 밋밋한 아랫배 쪽에 아무렇게나 세워 놓고 말입니다.

"유타카 씨, 이제 곧 헤어지는군요. 요코하마에 상륙해도 어차피 묵는 곳은 서로 다르겠죠? 몸조심해서 가나자와에 계신 어머니께 가세요. 저는 역시 고가미의 고향 구마모토로 돌아가야겠어요."

그녀는 조금도 슬프지 않은 듯 제게 이별을 고했습니다.

저는 그녀를 축복했습니다. 그녀에게 이렇게 프레쉬한 말을 듣다니. 언젠가 갑판에서 그녀가 내게 해 준 이야기가 사실이었든 거짓이었든 전혀 관계가 없습니다. 나 같은 사람이 참견할 필요가 전혀 없지 않나 싶습니다.

그때 그녀의 남편이 배멀미로 살이 빠져 헐렁해진 양복 넥타이를 만지작거리며, 복닥거리는 사람들과 섞여 좌현 갑판에 서 있는 우리들을 발견하고 서둘러 찾아왔습니다.

"이제 드디어 세 시간 남았네. 어이, 자네, 유타카 군. 배 안에서는 실례를 한 것 같은데, 너무 나쁘게 생각하지 말게. 어쨌든 나는 멀미를 해서 그런 것이니 말이네. 하하하……."

그는 코 옆에 깊은 주름을 만들며 활기차게 웃었습니다. 그리고 새삼 진지한 표정을 하고는 그의 젊은 부인을 내게 소개하며 악수를 청했습니다.

배는 지금 마지막 힘을 쓰며 사가미나다(相模灘)[7]로 들어섰습니다.

— 『소설 : 시와 시론 별책(小說 : 詩と詩論別冊)』(厚生閣, 1932)

7　보소반도(房總半島)와 이즈반도(伊豆半島) 사이의 해역.

역자 후기 및 작품 해제

　본서는 나카지마 나오토(中島直人, 1904.4.20~1940.12.13)의 창작 단편집 『하와이 이야기(布哇物語)』(東京;砂子屋書房, 1936.12)를 번역한 것이다.

▌이민과 식민의 일본어문학

　일본은 근대 이후 이민이나 식민 정책에 의해 많은 국민들이 해외로 이주하였고, 그들 이주민들은 디아스포라로서 고유의 언어와 문화를 유지하는 삶을 유지하였다. 아시아에서는 제국의 침략정책의 일환으로 대만이나, 한국, 만주, 남양 등으로 식민에 의한 이주가 이루어졌으며 북미나 남아메리카로는 일자리를 찾아 일찍부터 노동이민이 이루어졌다. 이들 이민, 이주민들은 친숙한 사람, 풍경, 가치관, 언어에서 멀어져 낯선 환경, 언어, 사람들을 상대로 적응해 가는 고투와 혼란의 과정 속에서도 자신들 고유의 문화와 언어를 유지하며 디아스포라로서 아이덴티티의 변화를 겪게 된다. 그들은 일본어 신문이나 잡지를 간행하여 상호 커뮤니케이션을 꾀함과 동시에 고향에 대한 그리움과 현지에서의 고난과 혼란스러운 삶을 문학으로 표현하여 공유하며 자신들의 커뮤니티를 유지하였다. 그러나 아시아에서의 식민지 이주는 패전으로 인해 더 이상 유지될 수가 없었고, 일자리를 찾아 이루어진 북미나 남아메리카의 노동이민으로 이루어진 그들 사회는 현재로도 이어지고 있다는 점에서 차이가 있다.

▎일본인의 하와이 이주와 일본어문학

일본인들이 하와이에 이주를 하기 시작한 것은 메이지유신이 시작된 1868년의 일이다. 148명의 도항 이래 1908년 미일신사협정 체결로 노동이민이 전면 금지될 때까지 10만 명 이상의 일본인이 하와이로 이주하였다.[1] 1860년대에 들어 하와이 왕국의 중추적인 산업으로 성장한 제당산업의 일손을 메우기 위해 시작된 노동이민은 정주시대(1908~1924)를 거쳐 오늘날 120만 여명에 달한다. 이렇게 관제 이민 내지는 플랜테이션 노동자로서 외지 돈벌이를 목적으로 이민을 간 일본인들은 현지에 정착하며 자신들의 문화를 발생시키고 일본어로 신문과 잡지를 간행한다. 물론 초기에는 내지 작가의 전재가 주를 이루었고 차차 내지와 하와이를 왕래하는 일시 거주 작가가 나오게 되었다. 그리고 이들이 어느 정도 정착하여 2세가 나오는 1910년 전후부터는 하와이 고유 작가가 나오기도 한다. 그들은 당시 하와이인

---

1 渡部七郎『布哇歷史』(興學會教育部, 1935), pp.366-68 참조.

구의 40%를 차지하며, 중국인, 하와이 원주민 등에 대한 대타적 자아
인식이나 국가와 민족에 대한 개념, 낯선 자연과 고된 일상생활의
묘사, 고향에 대한 그리움 등으로 자신들의 아이덴티티를 드러낸다.
이와 같이 흐름에서 하와이이민 2세 작가로서 나카지마 나오토의 단
편 창작을 모은 단행본 『하와이 이야기』는 주목할 만하다.

■ 하와이 이민 2세 작가 나카지마 나오토

　하와이 문학의 존재 자체가 주목을 받기 시작한 지 오래되지 않은
만큼 나카지마 나오토도 많이 알려져 있지는 않다. 그는 구마모토현
(熊本縣)에서 하와이 섬 와이파후(Waipahu)의 사탕수수, 파인애플 등
플랜테이션 노동이민자 사회로 이민을 온 부모 밑에서 태어난, 하와
이 이민 2세 작가이다. 펄 시티 공립학교에 다니는 한편 일본어 보습
학교인 펄 시티 혼간지 학원(本願寺學園)을 졸업하였다. 14세가 되던
1919년에는 호놀룰루 카이울라니 스쿨로 진학했으나 일본에서 온
형이 하와이에 적응하지 못하고 사망하는 사건이 발생하는 바람에,
아버지를 제외한 일가족은 일본으로 귀국을 하게 된다. 이후 와세다
대학(早稻田大學) 영문학과에 진학하였으나 중퇴하였다. 1928년, 동
인지 『1928(一九二八)』에 「물소(すゐぎゆう)」를 발표한 이래, 『신과학
적 문예(新科學的文芸)』, 『나무신발(木靴)』의 동인으로 활동하며, 하와
이에서의 추억과 회상을 중심으로 한 작품을 발표하면서 지명도를
높혀 갔다. 1936년 12월에는 그간 발표한 단편을 모은 창작집 『하와
이 이야기』를 간행하였다. 이 단편집 간행으로 하와이 도항비를 마련

한 그는 같은 해 12월, 하와이로 돌아갔다. 한때 하와이중학교(布哇中學校)에서 교편을 잡았으며, 하와이 일계 3세 여성과 결혼하였다. 이후 미국 본토로 건너가 1939년 9월 샌프란시스코에서 100km 정도 남쪽에 있는 길로리(Gilroy)의 일본인학교 길로리학원(ギルロイ學園)의 교장이 되었다. 그러나, 1940년 12월 13일, 교통사고로 인한 뇌손상으로 향년 36세의 삶을 마감하였다.

▎작품해설

　본 역서 『하와이 이야기』에서는 제목에서도 알 수 있듯이, 이동으로 점철된 그의 생애 중에서 인격이 완성되어 가고 한창 감수성이 예민하고 풍부한 학창시절을 지낸 하와이에서의 삶이 애절하게 그리고 때로는 유머러스하게 그려진다. 본 역서는 원저의 구성을 그대로 따라 「하와이 역(ハワイ驛)」(1933.12), 「하와이의 두 소년과 캠프(ハワイの二少年とキャンプ)」(1930.10), 「미스 호카노의 회초리(ミス・ホカノの鞭)」(1930.10), 「사탕수수밭 화재(キビ火事)」(1935.4), 「물소(すゐぎゆう)」(1928.4), 「후추(胡椒)」(1932), 「숲의 학교(森の學校)」(1935), 「캠프의 환상(キャンプの幻想)」(1931.10), 「카나카(カナカ)」(1931.12), 「하와이 태생의 감정(布哇生れの感情)」(1932)　10편을 차례대로 번역하였다. 각 작품의 내용을 살펴보면 다음과 같다.

　「하와이 역」은 본서의 제일 앞에 오는 작품으로, 외부에서 하와이로 들어오는 관문인 하와이 역의 첫 인상을 시작으로 하와이 펄 시티 공립학교를 마치고 호눌룰루의 카이울라니 스쿨로 진학하는 소년 '나'=나오토의 시선으로 일상생활이 점묘 형식으로 그려지고 있다. 하와이 어린아이들의 집합소인 하와이 역의 풍경과 낙서, 방학 동안 생선장수인 아버지의 짐마차를 타고 누나, 친구 구마오(熊夫)와 함께 하는 파인애플 농장 체험, 일본에 혼자 남겨졌다가 하와이의 가족에게 왔지만 적응하지 못하는 형과 이민생활의 고단함에 그런 아들을 이해 하지 못하는 아버지와의 갈등, 형의 정신이상과 철도자살 등의 사건을 중심으로 이야기가 전개된다. 그 가운데 펄 시티와 와이피오의 아름다 운 자연 풍광, 사춘기 소년 소녀들의 어렴풋한 성적 자각, 하와이 원주 민 카나카와 중국인, 필리핀인, 네덜란드인, 하오레 등 다양한 인종과 민족들이 어울리는 하와이 이주민 사회의 실상과 암묵적인 위계 질서, 애욕과 욕망이 교차하는 이민사회의 세계가 펼쳐진다.

「**하와이의 두 소년과 캠프**」는 주인공 나오토가 생선 장수인 아버 지의 소개로 여름 방학을 이용해 친구 구마오와 함께 파인애플 플랜 테이션에 일을 하러 갔다가 방학이 끝나면서 산을 내려오는 동안의 체험을 그린 작품이다. 플랜테이션 이민자 사회의 애환과 갈등, 여가 시간 동안 일본식 골패 놀이를 하면서도 현지의 악기인 우쿨렐레를 들으며 고향을 그리는 일상 생활. '루나'라 불리는 플랜테이션 농장 감독들이 휘두르는 권력에 대한 반감, 파인애플 플랜테이션 농장 일 과 통조림 공장 일의 실상과 그에 대한 이민사회의 인식 등이, 친구 구마오의 하쓰요에 대한 짝사랑이나 물소를 놀리려다 오히려 혼쭐이 난 에피소드와 함께 유머러스하게 교차하며 그려지고 있다.

「**미스 호카노의 회초리**」는 펄 시티 공립학교의 교장 미스 호카노를 중심으로 '나' 나오토와 친구 몽골계 지나인종인 '휴'의 학교 생활이 함께 그려지고 있다. 호카노는 카나카의 명문 출신으로 아버지는 펄 시티 판사이며 호놀룰루시의 사범학교를 최고점으로 졸업한 재원이다. 그녀는 공립학교를 3년 만에 굴지의 학교로 키우고 유치원 설립의 건을 당국에 신청하여 성공을 했다. 이와 같이 성공한 교육자로 근엄한 그녀이지만, 27세인 현재까지 결혼은 하지 못하고, 백인(하오레) 남자들에게 농락당하기를 반복하는 히스테릭한 모습으로 그려진다. 남쪽은 지나거리이고 북쪽은 일본인 거리로 나뉘어 있는 펄 시티에서 전통적인 지역과 가족에 의해 겨우 토착민으로서의 특권을 유지하고 있는 카나카 출신의 지식인 여성, 몽골계 지나인 학생 등 민족적 위계의 일단면을 드러내는 작품이라 할 수 있다.

「**사탕수수 밭 화재**」는 젖먹이를 포함한 아이 셋을 둔 일가족이 새로운 일자리를 찾아 황폐해진 아이아와의 사탕수수 농장을 처음 찾아오는 장면으로 시작하여, 도박과 애욕, 알콜에 탐닉하다 처참한 결말을 맞이하는 일본이민사회의 실상이 소년 '나' 미네의 시선으로 그려진다. '나'는 이 새로운 집으로 이사 온 이래 옆방 노히라 노인의 방에 늦은 밤에 정체 모를 사람들이 몰려오는 것을 보고 의아해 한다. 나중에 알고 보니 그것은 '무코지마'에 사는 플렌테이션 노동자들로 감독의 눈을 속여 오토요라는 여자의 전 남편이었던 히라노 노인의 집에서 열일고여덟 명의 남녀가 섞여 도박을 하는 것이었다. 그들은 도박과 알콜, 애욕에 빠져 어린 자식들마저 방치하고 결국 방화로 의심되는 화재로 비참한 죽음을 맞이한다. 그 와중에 '나' 미네의 부모는 끝까지 그들의 유혹을 뿌리치고 건실하게 노동을 하며 밭을 일

구고 가축을 기르며, 아들 미네는 학교에 보내고 딸은 페닌슐라에 있는 백인(하오레)의 집에 식모살이를 보낸다. 그리고 결국 화재 이후 목장이 들어서자 우유배달업을 하면서 정착을 한다.

「물소」는 이민자 가정의 어린 소년 '모모나 야스케'의 시선에 의해 포착된 하와이의 자연과 그 섭리가 천진난만하게 그려지고 있다. 야스케는 우연히 눈에 들어온 마당의 닭, 돼지, 물소 등 짐승의 교미 모습이 이해가 안 되어 이웃집 마에하라 씨에게 묻는다. 마에하라 씨는 그것이 네가 태어난 과정과 같은 것이라 설명한다. 깜짝 놀란 야스케는 엄마에게 진위를 묻지만 젊은 엄마는 얼버무린다. 이와 같이 야스케의 시선으로 파악되는 자연의 섭리가 오하이 나무, 히비스커스 울타리, 강아지 파페, 참새 쫓기, 상쾌한 바람 등 하와이 특유의 아름다운 풍광과 함께 수채화처럼 그려지고 있다.

「후추」도 이민자 가정의 어린 남매의 천진난만하고 귀여운 그러나 동시에 엄마 없이 어린 동생을 돌봐야 하는 이민자 사회의 애환이 교차하는 에피소드이다. 일곱 살 야스케는 열네 살 누나가 서양인의 집에 빨래를 하러 가는 바람에 다섯 살 여동생 마사코를 돌보며 사탕수수 밭 캠프에 우유배달을 하러 간 엄마를 기다린다. 잠자리 잡기에 정신이 없던 야스케가 마사코의 자지러지는 듯한 비명소리에 놀라 가보니, 마사코는 빨간 후추 열매를 먹고 혀가 빨갛게 짓물러 있었다. 야스케는 위로해 줄 말이 없어 자신도 먹어보니, 자신도 너무 맵다. 무턱대고 울어대는 소리에 이웃집 할아버지가 와서 달래보지만 소용이 없다. 한 시간 쯤 후 일을 마치고 불길한 예감에 서둘러 돌아온 엄마에게 두 남매는 쏜살같이 달려가 달라붙어 '후추'는 맵다고 하며 울음을 터트린다. 이들 가족은 이윽고 두 그루의 오하이 나무 아래 있는 집 밝은 램프 아래에서 달콤한 사탕수수를 홀짝인다.

「숲의 학교」는 호눌룰루의 혼간지(本願寺) 소학교 생도들의 본오도리(盆踊) 연습을 중심으로 '나' 마사토와 모리야마 이치로의 갈등과 화해 에피소드가 그려지고 있다. 본오도리 경연은 학생들만이 아니라 인근 다운타운, 부락 등에서도 많은 남녀들이 참가하고, 내가 다니는 백인(하오레) 학교의 선생님이자 '펄 시티의 신랑신부'인 사모님도 참가하게 되면서, 인근에 주둔한 미군 병사들에게도 관심의 대상이 된다. 그러나 늘 시비를 거는 모리야마와 싸우게 된 나는 급기야 나이프로 다리를 다치고 의식을 잃게 된다. 사모님 선생님도 나서서 화해를 돕고, 나는 와이파후의 본오도리 일행과 신나게 춤을 추는 그날 밤의 모습을 마음 속에 그려본다.

「캠프의 환상」은 하와이에 와서 적응하지 못하고 정신이상으로 열차에 치여 죽은 작가의 형이 자살 1년 전에 쓴 수기로, '나'(=형)의 눈에 비친 하와이에서의 생활과 그림에 대한 애착, 가족 간의 갈등과 불신이 그려져 있다. 나는 플랜테이션 농장에서 일을 하게 되었지만, 그 일들은 지루하다. 루나가 벼락에 맞아 죽은 것을 계기로 시내로 나왔지만, 소루나인 데라다 씨에게 신고도 하지 않고 책방에 주문해 둔 문학, 그림 잡지가 궁금해서 견딜 수 없다. 나는 결국 자신의 방으로 가서 그림을 그리며 마음의 안정을 찾는다. 그리고 3일전 그림을 그리는데 필요한 10달러를 빌리려고 집에 갔다가 아버지에게 맞은 일, 그것은 엄마가 고자질을 했기 때문이라는 사실, 엄마가 화해를 시키려고 캠프에 찾아왔지만 엄마를 믿을 수 없어 피했다는 사실 등을 고백하고 있다. 나는 그림을 그리며 안정을 찾았고 그런 나를 이해하지 못하는 것은 네 살 때부터 나를 키우지 않아서라고 생각한다.

「카나카」는 카나카인 이웃집 라카 할머니에 대한 이야기이다. 그녀는 술주정뱅이로, 형의 죽음으로 우리 가족이 일본으로 돌아가기 전날 밤 마련한 간단한 송별모임에 나타난다. 그녀는 이웃인 자신을 초대하지 않았다고 원망을 하지만, 엄마의 해명에 바로 납득을 한다. 그녀는 백발이 많기는 하지만, 자세는 꼿꼿하고 혈색은 선명하다. 일본인들과는 누구나 이웃처럼 지냈는데, 지난 해 외동딸인 카히나리가 도회(호놀룰루)의 지나인과 행방을 감추자 홀로 남겨져 개만 의지하고 와인만 자꾸 마시고 있다. 술에 취한 그녀는 엄마가 샤미센을 연주하고 분위기가 고조되자, 자리에 나와 훌라 댄스를 춘다. 한 남자가 같이 춤을 추기 시작했고, 흥분한 삼촌이 남자에게 달려드는 바람에 그녀는 넘어져서 머리를 다친다. 다음날 그녀는 출항 시간에 맞추어 떠나는 마차를 울타리에서 내다보며 몇 번이고 하얀 손수건을 흔들며 작별 인사를 한다.

「하와이 태생의 감정」은 열여섯이 된 하와이 출신의 소년인 '나' 유타카가 처음으로 혼자 꿈에 그리던 모국— 일본을 방문하는 배 안에서 겪은 일을 고가미 교사 부부와 우에하라 씨의 에피소드를 중심으로 기록하는 형식으로 되어 있다. 나는 가나자와 출신 하와이 이주민 부모를 둔 이민 2세이지만, 엄마는 두 살 때 일본으로 돌아갔고 아버지는 1년 전에 돌아가셨다. 지금은 혼자 엄마를 찾아 가는 중이다. 삼등객실에서는 고가미와 리사코 부부와 같이 지내지만, 배멀미가 심하고 아내 리사코에게 집착하는 고가미는 나를 경계하며 반감을 표한다. 동시에 선원 우에하라 씨는 샌프란시스코 항을 출발하면서 바다에서 건져 올린 원통에 든 편지를 나에게 건넨다. 편지에는 아내를 잃은 선원의 슬픔이 적혀 있고, 아내의 모어인 일본어로 낭만적인 이야기를 써서 보내면 좋겠다는 부탁도 담겨 있다. 요코하마에 접근하면서 아름다운 후지산이 보이자, 선객들은 흥분과 감격에 설레고 나는 이 흥분과 감동을 그림으로 그려 답장을 보낸다.

■ 문화와 문화의 만남, 아이덴티티의 표현과 하와이 일본어문학

   이상의 내용에서 알 수 있듯이, 이들 작품은 제각각 독립된 단편이지만, 작품에서 그려지고 있는 세계는 전체적으로는 일가족이 와이피오로 이민을 오는 데에서 시작하여 형의 사고사로 이민 생활을 접고 일본으로 귀국을 하는 항해 여정을 그리고 있다. 즉, 하와이 이민 생활의 시작과 이민 생활의 현실, 그리고 그 결말을 그린 장편소설로 읽어도 상관없는 구성을 취하고 있다. 물론 그 안에서 작가 혹은 작가의 가족들로 여겨지는 등장인물들의 이름과 성격은 조금씩 변주가 되고 있지만, 전체적인 구성과 등장인물의 성격은 일관성 있게 조형되고 있다.
   이들 작품에는 하와이 2세 고유의 작가로서, 당시 하와이 이민사회를 구성하고 있는 일본인, 중국인, 하와이 원주민(카나카), 백인(하오레), 포르투갈인, 필리핀인, 미국 본토인 등의 인종적, 민족적 위계질서, 대타적 자아인식이나 국가와 민족에 대한 개념, 낯선 자연과 이민 2세로서의 일상생활의 애환, 고향에 대한 그리움 등이 그려지고 있다. 아울러 작품에서 그려지고 있는 하와이 이민사회의 문화는 일본

고유의 문화와 하와이의 토착문화, 혹은 다른 이민 민족들의 문화와 문화가 혼효하는 복잡한 양상을 띠고 있다. 특히 이와 같은 복잡한 문화 혼효의 양상은 일본어, 영어, 카나카어가 자연스럽게 어우러진 하와이 고유의 일본어로 표현되는 것으로 드러나고 있다는 점에서 매우 흥미롭다.

이러한 점에서 본서 『하와이 이야기』는 비슷한 시기 재조일본인들의 손에 의해 이루어진 식민지 일본어 문학과는 많은 점에서 공통점과 상이점을 보인다. 즉 낯선 곳에서의 자연에 대한 인식이나 고향에 대한 그리움은 비슷하다 할 수 있을 것이다. 그러나 조선과 하와이라는 물리적 거리의 차이, 계절의 변화가 없는 하와이라는 기후상의 차이도 있을 것이다. 그러나 무엇보다 중요한 차이는 하와이는 문명국인 미국으로 가는 중간 정착지이고, 조선은 아시아에서 가장 먼저 근대화에 성공한 일본 제국이 식민지의 대상으로 삼았던 곳이다. 따라서 그들이 인식하고 표현하는 대타적 자아인식이나 국가와 민족에 대한 개념, 자연과 일상생활의 묘사, 고향은 큰 차이가 있을 수밖에 없을 것이다.

본서의 번역이 이와 같은 식민지 일본어 문학만이 아니라 글로벌시대에 그 어느 때보다 활발해진 이민과 이동의 현상을 바라보는 새로운 관점 제시의 실마리가 된다면 역자로서는 더없는 보람을 느낄 것이다.

2023년 1월
역자 김효순

저자 **나카지마 나오토**中島直人, 1904~1940

일본 하와이 2세 작가. 『신과학적 문예(新科學的文藝)』, 『나무신발(木靴)』의 동인이다. 일본에서 하와이 섬 와이파후로 이민 온 부모 밑에서 태어났다. 펄 시티 공립학교와 펄 시티 혼간지 학원(本願寺學園)을 졸업하고 1919년 열네 살에 호놀룰루 카이울라니 스쿨로 진학했으나 형의 사망으로 아버지를 제외한 일가족은 일본으로 귀국했다. 이후 와세다대학 영문학과에 진학했지만 중퇴, 1928년 동인지 『1928(一九二八)』에 「물소(すゐぎゆう)」로 데뷔했다. 1936년 단편 모음집 『하와이 이야기(ハワイ物語)』(砂子屋書房)를 간행하고 같은 해 하와이로 도항하여 하와이중학교에서 교편을 잡았다. 하와이 일계 3세 여성과 결혼한 후, 1939년 미국 본토 일본인학교 길로리학원(ギルロイ學園)의 교장이 되었지만, 1940년, 사고로 사망했다.

역자 **김효순**

고려대학교 글로벌일본연구원 교수. 고려대학교와 쓰쿠바대학에서 아쿠타가 와 류노스케 문학을 연구하였고, 현재는 조선총독부 기관지 『경성일보』 게재 일본어 문학을 연구하고 있다. 주요 논문으로 「3·1운동 직후 재조일본인 여성의 조선 표상과 신경쇠약 −『경성일보』 현상문학 후지사와 게이코의 『반도 의 자연과 사람』을 중심으로−」(2021), 「식민지 조선의 문화정치와 『경성일보』 현상문학 연구 −「파도치는 반도」와 나카니시 이노스케 작 「동아를 둘러싼 사랑」을 중심으로−」(2018) 등이 있고, 저역서에 다니자키 준이치로 저 『열쇠』 (역서, 2018), 『현상소설 파도치는 반도·반도의 자연과 사람』(공역, 2020), 『식민지 문화정치와 『경성일보』 : 월경적 일본문학·문화론의 가능성을 묻다』 (편저, 2021) 등이 있다.

일본 동남아시아 학술총서 11

하와이 이야기

2023년 2월 17일 초판 1쇄 펴냄

저 자 나카지마 나오토
역 자 김효순
발행자 김흥국
발행처 보고사

책임편집 이경민
표지디자인 김규범

등록 1990년 12월 13일 제6-0429호
주소 경기도 파주시 회동길 337-15
전화 031-955-9797
팩스 02-922-6990
메일 bogosabooks@naver.com
http://www.bogosabooks.co.kr

ISBN 979-11-6587-432-2 94830
      979-11-6587-169-7 (세트)
ⓒ 김효순, 2023

정가 20,000원
사전 동의 없는 무단 전재 및 복제를 금합니다.
잘못 만들어진 책은 바꾸어 드립니다.